南山大学学術叢書

マネジメント・バイアウトの経済分析

動機・パフォーマンス・株主の富

川本真哉 著

中央経済社

はしがき

　前著『日本のマネジメント・バイアウト：機能と成果の実証分析』（有斐閣，2022年）を世に問うてから3年が経過しようとしている。同書では，MBO（マネジメント・バイアウト）を上場廃止を目指す「非公開化型」と子会社・事業部門独立を目指す「ダイベスメント型」とに大別し，それぞれの推移や機能などを体系的に扱い尽くしたものと理解していた。そして，次のように感じていた。おそらく「もうMBOの研究を手掛けることはないであろう」と。

　ただ，その後の日本のコーポレート・ガバナンスを取り巻く環境の変化は目まぐるしく，ひいてはそれはMBOのあり方を激変させた。本書序章でも言及したが，その環境変化とは，新型コロナウイルスの蔓延，その収束，ポストコロナへの移行，東京証券取引所の市場区分の再編，改定が進む2つのコード（コーポレートガバナンス・コードとスチュワードシップ・コード），株主アクティビズムと活発化，など枚挙にいとまがない。そして，MBO注目への決定打となったのが，カナダ法人・アリマンタシォン・クシュタールによるセブン＆アイ・ホールディングスへの買収提案であった。これに対抗するため，セブン創業家が同社経営陣にMBOを提案したと報道されていることから，史上最大のM&Aが実現するのではないかとの観測がもたれている。

　こうしたMBOを取り巻く情勢の変化をフォローする目的と，前著で扱えなかったトピックを補う目的で，MBOの経済的機能に関する論文を書き足していったところ，思いのほかの文量に達したことに気が付いた。こうして上梓されたのが本書『マネジメント・バイアウトの経済分析：動機・パフォーマンス・株主の富』である。とはいえ，本書では単なる「論文の寄せ集め」とならぬよう，その構成が体系的になるよう，あるいは問いがシャープになるよう注力して，より洗練された書籍への昇華を目指した。具体的には「MBOはいかなる動機で行われるか」，「MBOの結果，パフォーマンスは改善したのか」，「MBOは少数株主の富の向上をもたらしたのか」などが主な関心事項である。

こうした試みが成功しているかどうかは読者諸氏の評価を待ちたい。

　本書の執筆にあたって，共著論文のダイジェストの掲載を家田崇先生（南山大学法学部）には許可をいただいた。また，中央経済社の浜田匡氏には本書の企画のブラッシュアップの相談に乗っていただいた。同社の武山沙織氏には，徹底した校正をしていただくとともに，タイトルや構成に関するアドバイスをいただいた。本書がいささかなりとも完成度の高いものになっているとしたら，関係諸氏のご尽力のおかげである。心よりお礼申し上げたい。

　なお本書の刊行にあたっては，南山大学学術叢書の出版助成と「2024年度南山大学パッヘ研究奨励金Ⅰ-A-2（Nanzan University Pache Research Subsidy Ⅰ-A-2 for the 2024 academic year）」，および「JSPS科研費21K01711」の研究助成を受けた。これらに関しても，厚くお礼申し上げるしだいである。

2024年師走の研究室にて
川本真哉

目　次

はしがき

序章　MBO の新たな展開 ― 1
1. 本書の目的：何を明らかにするのか … 1
2. ディールで振り返る日本の MBO 史 … 2
   - 2.1 MBO の登場（2000年代初頭）・2
   - 2.2 大型案件と係争案件（2000年代半ば）・3
   - 2.3 創業者によるエグジット（2010年前後）・4
   - 2.4 再上場とアクティビストの介入（2010年代半ば以降）・6
   - 2.5 コロナショックによる需要縮減（2020年代初頭）・6
   - 2.6 東証再編と自主的退出（2020年代以降）・7
3. 本書の構成と意義 … 10

第1章　MBO は何をもたらしたのか：動機，株主の富，事後パフォーマンスに関するサーベイ ― 13
1. はじめに：構造的利益相反 … 13
2. MBO の動機 … 14
   - 2.1 アンダーバリュエーションの解消・16
   - 2.2 エージェンシーコストの削減・16
   - 2.3 経営陣の toehold の効果・17
   - 2.4 少数株主は報われているのか・17
3. MBO 実施前の利益調整行動 … 19
   - 3.1 裁量的発生高・19
   - 3.2 業績予想の下方修正・20
4. 公正性担保措置が少数株主の富に与える影響 … 21

5　MBO とパフォーマンス改善 …………………………………… 22
5.1　事後パフォーマンス・22
5.2　ファンドによるバリューアップ・23
6　おわりに：これからの MBO 研究に向けて ………………… 23

第2章　どのような企業が MBO を選択するのか：非公開化型 MBO の実証分析 ── 25
1　はじめに：変化する MBO の実施動機 ……………………… 25
2　MBO の動機 ……………………………………………………… 26
2.1　動機の変遷・26
2.2　バイアウト・ファンドの関与・27
2.3　ファミリーによる MBO・28
2.4　本章の論点・29
3　データセットと推計モデル …………………………………… 29
3.1　データセット・29
3.2　推計モデル・30
3.3　基本統計量・30
4　推計結果 ………………………………………………………… 31
4.1　全期間・31
4.2　期間分割・36
4.3　バイアウト・ファンドのターゲット選択・37
5　おわりに：2010年代半ばが転換点 …………………………… 41

第3章　株式非公開化の動機に関するテキストデータ分析：MBO と完全子会社の比較を中心に ── 43
1　はじめに：金銭を対価とする TOB の増加 ………………… 43
2　非公開化の動機と単語頻度 …………………………………… 47
2.1　非公開化の動機・47
2.2　全体の出現頻度・49

2.3　「動機」に関連する単語頻度・52
　　2.4　共起語・54
3　推計モデル……………………………………………………………57
　　3.1　非公開化の動機・57
　　3.2　買収プレミアム・59
4　推計結果………………………………………………………………62
　　4.1　テキスト情報の決定要因・62
　　4.2　買収プレミアムへの影響・64
5　おわりに：同じ非公開化でも異なる動機……………………………66

第4章　MBO とアクティビズム：介入の動機と成果 ── 69

1　はじめに：相次ぐアクティビストの介入……………………………69
2　先行研究………………………………………………………………72
　　2.1　ターゲット企業の特徴・72
　　2.2　MBO 実施企業の特徴・73
　　2.3　アクティビスト介入と株主リターン・74
　　2.4　MBO と株主リターン・75
　　2.5　経営政策への影響・76
　　2.6　敵対的 TOB への発展・77
3　各案件の概要…………………………………………………………78
　　3.1　テーオーシー（不動産賃貸業，東証1部）・78
　　3.2　東栄リーファーライン（冷凍・冷蔵食品輸送，ジャスダック）・80
　　3.3　廣済堂（商業印刷，東証1部）・81
　　3.4　ユニゾホールディングス（不動産賃貸，東証1部）・83
　　3.5　ニチイ学館（医療事務受託，東証1部）・85
　　3.6　日本アジアグループ（航空測量，東証1部）・87
　　3.7　サカイオーベックス（アパレル，東証1部）・89
4　ターゲット企業の特徴………………………………………………90
　　4.1　データセット・90
　　4.2　変数の選択・91

4.3　グループ間の差・92
　5　株主利益への影響 ………………………………………………… 94
　　　5.1　分析手法・94
　　　5.2　計測結果・96
　6　介入後の経営行動 ……………………………………………… 101
　7　おわりに：過度な規制は株主の富を毀損する ……………… 105

第5章　MBOと経営者属性：
非公開化の形態とエグジットの経路 ——————109

　1　はじめに：経営者の役割 ……………………………………… 109
　2　先行研究と検証ポイント ……………………………………… 110
　3　経営者プロフィールとエグジット …………………………… 112
　　　3.1　データセット・112
　　　3.2　経営者属性・113
　　　3.3　再上場の状況・114
　　　3.4　M&Aの状況・116
　　　3.5　ファミリー，エグジット，ファンド・116
　4　データセットと推計モデル …………………………………… 120
　　　4.1　バイアウト・ファンド関与の決定要因・120
　　　4.2　エグジットの決定要因・121
　5　推計結果 ………………………………………………………… 123
　　　5.1　バイアウト・ファンドの関与とファミリー・123
　　　5.2　どのような経営者がエグジットを選択するか・123
　6　おわりに：一律ではない創業者一族の態度 ………………… 126

第6章　キャッシュアウト法制の実証分析 ——————129

　1　はじめに：2014年会社法改正 ………………………………… 129
　2　キャッシュアウト法制の整備過程 …………………………… 130

  2.1 法制度の整備過程の概要・130

  2.2 周辺制度の整備・131

  2.3 キャッシュアウトを可能とする制度の導入・132

  2.4 2005年会社法制定・135

  2.5 2006年の証券取引法改正・137

  2.6 2014年の会社法改正・137

3 買収主体とタイムライン …………………………………… 140

  3.1 キャッシュアウトの件数推移・141

  3.2 買収主体とスキーム・143

  3.3 スキーム選択と事前保有比率・146

  3.4 会社法改正の効果・149

4 キャッシュアウトの動機と少数株主の富 …………… 150

  4.1 キャッシュアウトの動機・151

  4.2 キャッシュアウト実施企業の特徴・152

  4.3 買収プレミアムへの影響・156

5 おわりに：
** キャッシュアウト法制へのインプリケーション** ………………… 160

第7章　MBO対応における特別委員会の役割 ——— 163

1 はじめに：MBOのコストとベネフィット ……………………… 163

2 MBOに関連する3つの指針 ……………………………………… 164

  2.1 2007年指針・165

  2.2 2019年指針・166

  2.3 2023年指針・167

  2.4 その他注目される公正性担保措置・168

3 特別委員会に関する基礎的情報 ………………………………… 169

  3.1 設置の推移とその権限・169

  3.2 MoMとフェアネス・オピニオン・172

  3.3 買収プレミアムへの影響・173

3.4　不成立案件の特徴・176
　4　特別委員会が留意すべき案件 ………………………………………… 178
　　　4.1　独立ではなかった社外取締役：シャルレ・178
　　　4.2　MBO公表前の業績予想修正：レックス，サンスター・179
　　　4.3　社外取締役が買い手となったケース：ニチイ学館・181
　　　4.4　社外監査役がMBOに反対した案件：廣済堂・183
　　　4.5　アクティビストに介入された案件：村上ファンドの復活・184
　5　おわりに：特別委員会に求められる役割 ……………………………… 185

第8章　MBOと再上場 ——— 187

　1　はじめに：増加傾向にある再上場 …………………………………… 187
　2　先行研究と分析課題 …………………………………………………… 189
　　　2.1　米国企業を対象とした研究・189
　　　2.2　日本企業を対象とした研究・190
　3　再上場企業の事前の特徴 ……………………………………………… 192
　　　3.1　データセットと推計モデル・192
　　　3.2　推計結果・193
　4　再上場化とバリューアップ …………………………………………… 197
　　　4.1　計測方法・197
　　　4.2　非公開化前と再上場後の比較・199
　5　おわりに：再上場の動機とは ………………………………………… 202

第9章　リバースMBO：MBOの効果はサスティナブルか ——— 205

　1　はじめに：効果の持続性 ……………………………………………… 205
　2　先行研究と論点 ………………………………………………………… 206
　3　資本構成，所有構造，ガバナンス構造 ……………………………… 209
　　　3.1　データセット・209

3.2　諸指標の推移・209
　4　株式リターン……………………………………………………212
　　4.1　初期収益率・212
　　4.2　BHAR と CAR・213
　5　再上場とパフォーマンス……………………………………216
　6　おわりに：株価パフォーマンスの顕著な改善……………219

終章　結論と展望 ———————————————————— 221

　1　はじめに：何が明らかとなったのか ……………………221
　2　MBO の動機 …………………………………………………221
　3　バリューアップを実現したのか ……………………………223
　4　キャッシュアウト法制への示唆 ……………………………224
　5　公正性担保措置の評価 ………………………………………227
　6　アクティビストの介入をいかに捉えるのか ………………227

初出一覧・229
参考文献・230
索　　引・236

MBO の新たな展開

1　本書の目的：何を明らかにするのか

　本書の目的は，MBO（Management Buy-outs: マネジメント・バイアウト）[1]の経済的機能について，最新のデータセットと分析手法を駆使し，体系的に解明する点にある。

　筆者は，前著（川本 2022）において，日本の MBO を「非公開化型」と「ダイベストメント型」に大別し，MBO の動機，それらが少数株主の富や事後的なパフォーマンスに与える影響についての分析を試みた。このほか，公正性担保措置の効果，MBO 実施前の利益調整行動の有無もカバーし，MBO の経済的機能に関して網羅的に扱ったと理解していた。

　しかしながら，その執筆後の MBO マーケットをめぐる動向は，筆者の予想を上回るものであった。詳細は後述することになるが，新型コロナウイルスの蔓延による経営環境の激変，東京証券取引所の市場区分の見直し，M&A 取引におけるアクティビズムの高まり，経済産業省による M&A に関する指針の提示，などである。これらの目まぐるしい動きまではもちろん前著ではカバーすることができなかった。そこで本書では，上記のような直近のトピックについてまでカバーし，MBO に関するメカニズムと帰結を明らかにすることとし

---

[1] 日本マーケットの M&A 調査機関であるレコフデータでは，「マネジメント・バイアウト（Management Buyout, MBO）とは，自社の経営陣が，自社又は自社の事業の一部を買収することをいう」と定義されている。

たい．本書を通読することで，MBO の経済的機能についての到達点を推し量ることが可能となろう．

　以下，本章ではまず，これからの内容の前提知識を提供するために，日本で行われた MBO の20年の歴史について，特に象徴的なディールを紹介しながら振り返ることとしたい．ついで，本書の構成と各章の意義について確認していくこととする．

2　ディールで振り返る日本の MBO 史

2.1　MBO の登場（2000年代初頭）

　レコフデータの情報によると，日本における非公開化型 MBO の嚆矢は，ジャフコと組んで行われたトーカロの案件であった（2001年1月公表）．親会社の日鐵商事の事業見直しの一環として同社非公開化は実施された．非公開化後，同社はジャフコの下で経営改革に取り組み，半導体装置の部品加工を伸ばすとともに，月次決算制度を導入するなどしてパフォーマンスを引き上げた[2]．同様に，2003年7月に MBO を公表したキトーは，カーライルのネットワークを活用し，米中への国際展開，従業員への経営指標に基づく新たなインセンティブ制度の採用，不採算事業の売却を進めた[3]．そして前者は2003年12月に，後者は2007年8月に再上場を果たした．これら両案件は MBO による非公開化のマイルストーンとして語り継がれている．

　このほか，東芝，日産，ダイエーが傘下事業や子会社を当該部門の経営陣に売却する「ダイベストメント型」が増加し，「選択と集中」のツールとして MBO が活用される様子を見せつけた．

---

　[2]　「ジャフコ　店頭のトーカロ買収」『日本経済新聞』2001年1月30日，「トーカロが再上場」『日本経済新聞』2003年11月18日．
　[3]　「米カーライル傘下のキトー　5年以内の再上場をめざす」『日本経済新聞』2003年10月28日，「早期再建・上場二人三脚で」『日経産業新聞』2007年9月13日．

2.2 大型案件と係争案件（2000年代半ば）

　この局面には，世の中を賑わせる大型MBOが成立した。2005年7月にはアパレル大手のワールドが，中央三井キャピタルから優先株（メザニン）500億円の出資を受け，2,185億円のディールを成立させた。その背景には，情報開示等の上場維持コストの削減に加え，同社の外国人投資家の比率が上昇し，買収防衛リスクが高まっていたことに対応する意図もあったと報道された[4]。2006年6月には，外食大手のすかいらーく経営陣が，野村プリンシパル・ファイナンス，CVCキャピタル・パートナーズと共同で2,700億円超のMBOを公表した。創業家に株式を集中したうえで，過剰気味になった既存店の統廃合，新業態の開発を進めるためであったという[5]。

　このように2000年代半ばには，大型案件が相次ぎ成立し，華やかなM&Aの「光」の部分を見せた反面，同時に「影」の部分もあらわになった。それは買収価格を引き下げることを意図してか，TOB（Takeover Bid：株式公開買付け）公表前に業績予想の下方修正を公表する案件が相次ぎ発生することによって起こった（第7章）。MBOでは買い手と売り手を現経営陣が兼ねるため，買い手の利害が優先され，経営陣が安価な価格で買収しようとすると少数株主との利益相反構造が生まれる。これを原因として，株式の買取価格をめぐって，会社側と少数株主との間で法廷闘争がいくつか起こった。これらを受け，MBO取引の公正性を担保するため，2007年9月には経済産業省から「特別委員会」に代表されるMBO実施についてのガイドライン（「企業価値の向上及び公正な手続確保のための経営者による企業買収（MBO）に関する指針」）が公表されるなどがしたが，現在まで我々はこの問題に対する本質的解決策を見出せずにいる。

　4　「ワールド，株式非公開へ」『日本経済新聞』2005年7月25日。
　5　「すかいらーく株非公開に」『日本経済新聞』2006年6月9日。

図序-1 MBO による非公開化の推移

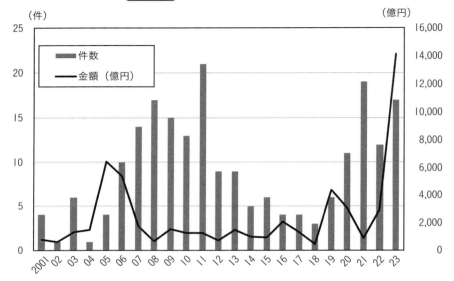

出所：レコフデータ「レコフ M&A データベース」より作成。

2.3 創業者によるエグジット（2010年前後）

　2011年には21件もの MBO による非公開化が公表されるなど，第１次の MBO ブームが起こった（**図序-１**）。もっとも，この局面の MBO の規模は，ユー・エス・ジェイ（2009年３月公表，1,112億円）が目立つぐらいで，その多くは小規模な創業者企業によるエグジットであった。いま１件当たりの買収金額の推移を追うと，2000年代後半以降は100億円程度に落ち込んでいる（**図序-２**）。その一方で，MBO を実施する経営陣の事前保有比率（いわゆる"toehold"）を確認すると，平均して13％を超え，それは上場企業平均の9.4％を優に上回る（**図序-３**）。2008年からは内部統制，四半期決算制度が導入されたが，これら上場維持コストの高まりが小規模企業の経営に重くのしかかり，創業者経営による小規模企業を MBO に走らせたものとみられる（第５章）。

序章　MBOの新たな展開　　5

図序-2　MBOの平均金額の推移

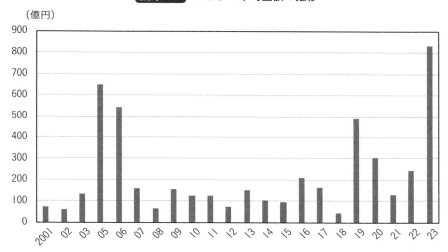

出所：レコフデータ「レコフM&Aデータベース」より作成。

図序-3　役員のtoehold（事前保有比率）

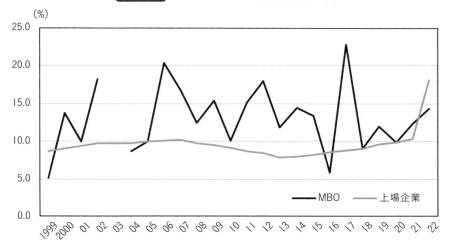

注：2003年のMBO案件についてはデータが取得できなかった。
出所：日経メディアマーケティング「NEEDS-FinancialQUEST」より作成。

2.4 再上場とアクティビストの介入（2010年代半ば以降）

この局面には，ワールドやすかいらーくなど，かつて市場からエグジットした企業が再上場を果たした。かつてそれら企業と組んでバイアウトを行ったファンドの投資フェーズがリターンの回収に入っていったのである（第8章）。

またこうした再上場案件の発生と並行して，MBO案件にアクティビストが介入し株式を取得し，取引成立のキャスティングボードを握ることで，さらなる買取価格の引き上げを要請する行為（Bumpitrage：バンプトラージ）が目立った（第4章）。彼らの不満の最たるものは，仮にプレミアムを上乗せしたTOB価格でも，その価値が1株当たりの純資産よりも低く，いわゆる「解散価値割れ」しているという点であった。こうしたアクティビストの経営介入を受け，マーケットではさらなる買取価格の引き上げに対する思惑が蔓延し，TOB価格よりも市場価格の方が高値で推移し，結局MBO自体が失敗に終わるケースも起こるようになった。いま，MBO銘柄に対するアクティビストをはじめとする多くの株主の目線は，表面上のプレミアムから，当該企業の資産価値に移りつつある。

2.5 コロナショックによる需要縮減（2020年代初頭）

2020年代に入ると，MBOは再び増加局面に移っていった。特に2023年11月にはベネッセホールディングス（買収金額2,087億円），大正製薬ホールディングス（同7,086億円）と大型案件が相次ぎ公表され，取引金額も1兆円を突破した（前掲図序-1）。ベネッセホールディングスのケースでは，主力商品である少子化による「進研ゼミ」の低迷が，大正製薬ホールディングスのケースでは大衆薬の低迷が非公開化のきっかけになったという[6]。

この時期にMBOが増加した背景としては大きく分けて次の2つが挙げられる。第1は，新型コロナウイルスの蔓延である。経済活動の低迷による需要の

---

6 「ベネッセ，少子化逆風」『日本経済新聞』2023年11月11日，「大正製薬HD，大衆薬低迷で非公開化」『日本経済新聞』2023年11月25日。

減少や，在宅勤務の普及など需要の質の変化に対応するため，多くの企業にとって事業再構築が不可欠となった。その際，リストラクチャリングの断行と株価の低迷のハレーションを回避するため，MBO が選択された。たとえば，オフィス向けコーヒーサービスのダイオーズ（東証プライム）は，インテグラルと組んで MBO を公表（2022年9月）したが，その背景には「コロナ下で在宅勤務が増え，2021年3月期は最終赤字に転落した。22年3月期は最終黒字を確保したが，オフィスサービスの事業環境は大きく変わった。中長期でグローバルでの成長を目指すためにいったん株式を非公開化し，ファンドの資金やノウハウを活用するのが有効」との判断があったという[7]。

2.6　東証再編と自主的退出（2020年代以降）

増加の背景の第2は，2022年4月からの東証証券取引所の市場区分の変更であった。グローバル企業から構成される「プライム」，国内有力企業が視野となる「スタンダード」，成長ポテンシャルを秘める「グロース」の3つにマーケットは再編された。その狙いは，多すぎる上場企業の新陳代謝を促し，海外機関投資家の期待を喚起することにあった。上場している意義に乏しい企業の退出を促すため，それぞれのカテゴリーに流通株式比率や流通時価総額などの側面で上場基準が設定され，それらを満たせない企業は市場からの退出を求められた[8]。このため，創業家や親会社など，支配株主が存在する企業は特に上位市場になるほど基準のクリアーが困難となり，市場からの退出が視野に入ったのである（**表序-1**）。実際，MBO 案件ではないが，セコム上信越の完全子会社化のケース（2021年8月公表）では，「セコム上信越がプライムに残るにはセコム上信越の創業家もしくはセコム本社の所有株を売却するほかなく」，「セコム上信越が東証プライムに上場するために必要な株主の流動性基準

---

7 「ダイオーズが株式非公開化へ，MBO を発表」『日経速報ニュースアーカイブ』2022年9月2日。

8 再編当初，同基準については経過措置が取られていたが，2023年1月には同措置が実質4年で終了する案が発表された。

表序-1　基準ごとの適合していない会社数（2022年12月末時点）

プライム市場	流通株式時価総額（100億円以上）	227社
	流通株式比率（35％以上）	38社
	売買代金（0.2億円以上／日）	77社
	合計（重複除く）	269社

注：別途，8社が移行後の判定で適合確認，33社が自社試算ベースで適合した旨を公表。

スタンダード市場	流通株式時価総額（10億円以上）	136社
	流通株式比率（25％以上）	73社
	株主数（400人以上）	11社
	合計（重複除く）	200社

注：別途，8社が移行後の判定で適合確認，16社が自社試算ベースで適合した旨を公表。

グロース市場	流通株式時価総額（5億円以上）	51社
	流通株式比率（25％以上）	21社
	時価総額（10年経過後40億以上）	17社
	合計（重複除く）	41社

注：別途，6社が移行後の判定で適合確認，5社が自社試算ベースで適合した旨を公表。
出所：神田秀樹「株式市場の評価，常に意識を」『日本経済新聞』2023年4月5日。
　　　原資料は「論点整理を踏まえた今後の東証の対応」（2023年1月30日）。

を満たせなくなることが要因となった」という[9]。

　さらに，コーポレートガバナンス・コードの改訂（2021年6月）により，東証プライム上場企業は，取締役会において独立社外取締役を3分の1超選任することが求められていることや，1倍割れ銘柄を対象とした，東証のPBR（株価純資産倍率）の改善に向けた計画策定の要請など[10]，上場維持に伴う有形・無形のコストは高まっている。マーケットからの退出のツールとして，MBOはますます企業経営者の有力な選択肢として存在感を増してこよう。

---

[9]　「セコム，上信越上場廃止へ「東証再編が後押し」」『日本経済新聞』2021年8月5日。
[10]　2024年1月からは，PBR改善に向けた取り組み企業の公表が開始された。

序章　MBOの新たな展開

付表-1　MBO年表

年	月	イベント
2001	1	ジャフコと組んだトーカロのMBO公表。
2003	7	カーライル・グループと組んだキトーのMBO公表。
	11	東芝タンガロイ（現タンガロイ）のダイベストメント型MBO公表。
	12	トーカロ再上場。
2004	2	スティール・パートナーズの敵対的TOBを受け、ソトーのMBO失敗。
2005	7	ワールドのMBO公表（金額2,185億円）。
2006	6	すかいらーくのMBO公表（金額2,718億円）。
	10	東芝セラミックス（現クアーズテック）のダイベストメント型MBO公表。
	12	年間公表金額7,000億円を超える。
2007	5	ダヴィンチ・アドバイザーズの敵対的TOBを受け、テーオーシーのMBO失敗。
	8	キトー再上場。
	9	旧MBO指針公表。
	11	サイバードホールディングスがMBOではじめて特別委員会を設置。
2008	9	レックス・ホールディングス東京高裁決定。
	12	創業者一族による社外取締役への不当な働きかけがあったことが原因となり、シャルレのMBO失敗。
	12	MBOの年間公表件数94件を記録。
2009	3	ユー・エス・ジェイによるMBO公表（金額1,112億円）。
	9	サンスター大阪高裁決定。
2010	10	幻冬舎のMBO公表（金額682億円）。
	12	非公開化型MBO案件が年間18件を記録。
2011	2	カルチュア・コンビニエンス・クラブのMBO公表（金額696億円）。
2012	12	チムニー再上場。
	12	非公開化型において純粋MBO案件が主流となる（9件中8件）。
2013	4	メガネトップのMBO公表（金額465億円）。
2014	5	ローランドのMBO公表（金額416億円）。
	10	すかいらーく再上場。
2015	2	日立機材（現センクシア）のダイベストメント型MBO公表。
	12	ツバキ・ナカシマ再上場。
2016	6	ソラスト（旧日本医療事務センター）再上場。
	10	アデランスのMBO公表（金額228億円）。
2017	3	TASAKIのMBO公表（金額318億円）。
	3	オークネット再上場。
	3	あきんどスシロー再上場。
	4	ウェーブロックホールディングス再上場。
2018	1	レノ（旧村上ファンド系）による介入が背景となり、東栄リーファーラインのMBO失敗。
	9	ワールド再上場。
2019	4	南青山不動産（旧村上ファンド系）の敵対的TOBが原因となり、廣済堂のMBO失敗。
	6	改訂MBO指針公表。
	12	ローン・スターと組んだユニゾホールディングスのMBO公表。
2020	5	ベインキャピタルと組んだニチイ学館のMBO公表。
	11	日本アジアグループのMBO公表（2021年2月にシティインデックスイレブンスの対抗TOBを受け、解消）。
	12	ローランド再上場。
2021	3	シティインデックスイレブンスの介入を受け、サカイオーベックスのMBO失敗。
	6	サイブリッジグループの同意が得られず、光陽社のMBO失敗。
	7	サカイオーベックスが再MBOを公表（同年9月、TOB成功）。
	11	TOB応募基準が満たせず、パイプドHDのMBO失敗。
2022	1	鹿児島東インド会社の同意が得られず、片倉工業のMBO失敗。
	6	パイプドHDが再MBOを公表（同年8月、TOB成功）。
2023	8	経済産業省より「企業買収行動指針」が公表。
	11	ベネッセホールディングスがMBO公表（金額2,087億円）。
	11	大正製薬ホールディングスがMBO公表（金額7,086億円）。

出所：レコフデータ「レコフM&Aデータベース」、新聞報道より作成。

3　本書の構成と意義

　本書の構成は以下のとおりである。まず**第1章「MBOは何をもたらしたのか：動機，株主の富，事後パフォーマンスに関するサーベイ」**では，これまでの日本のMBO研究を振り返り，その経済的機能について体系的に理解することを目指す。より具体的には，①MBOはいかなる動機でなされるのか，②MBO公表前において，経営陣は株価の安値誘導をするような行動を取っているのではないか，③仮にそれら行動の蓋然性がある場合，それを抑止する措置としてのいかなる仕組みがあり，それはどの程度実効的なのであろうか，④MBOによってパフォーマンスは改善したのか，の諸点について整理する。

　第2章「どのような企業がMBOを選択するのか：非公開化型MBOの実証分析」では，先行研究の成果と比較可能なように包括的な仮説を設定したうえで，推計において時期区分を行いMBOの実施変遷を探る。本章の検証を通じ，わが国のMBOの選択要因にいかなる変化があったのかを特定化することが可能となろう。

　第3章「株式非公開化の動機に関するテキストデータ分析：MBOと完全子会社の比較を中心に」では，引き続きMBOの株式非公開化の動機の解明についてアプローチするが，従来の研究では見られなかったテキスト・アナリティクスの手法を採用する。すなわち，公開買付書の記載を対象に，テキストデータ分析を行い，MBO案件と完全子会社化案件の非公開化の動機，および少数株主の富への影響を探っていくこととする。同書類の文字情報を丹念に分析することで，これまでの財務情報を用いた先行研究とは異なった，非公開化の動機に関する新たな知見を獲得できる可能性がある。

　第4章「MBOとアクティビズム：介入の動機と成果」では，近年続発する，日本のMBOに対するアクティビストの介入行為の効果について，ケーススタディを試みる。検証論点としては，①アクティビストの介入があったMBO案件は，介入がなかったMBO案件や非MBO案件と比べ，株価や財務パフォー

マンス，所有構造に差異はあったのか，②アクティビストの介入は，株主価値にいかなる影響を与えたのか，③アクティビストの介入は，その後の経営政策を変化させたのか（させたとすれば，どのような側面でそれは起こったのか），などが対象となる。これらケースを詳細に検証することを通じ，同行為を規制すべきか促進すべきかの糸口を見出すことが期待できる。

第5章「MBOと経営者属性：非公開化の形態とエグジットの経路」では，日本で行われてきた非公開化型MBOを対象として，経営者の属性（役員持株比率や，彼らの年齢や在職年数など）がMBOのストラクチャーやバイアウト後のステータスに与えた影響について検証する。これら経営者属性は，MBOの実施や成果に多大なる影響を及ぼすことが予想されるものの，これまで十分な分析がなされてこなかった。ここでは，MBOを実施する経営者がどのようなプロフィールを持ち，それはMBOの形態や買収後のエグジット選択にいかなる効果を与えているのかについて検証を行っていく。

第6章「キャッシュアウト法制の実証分析」では，MBO案件をはじめとするバイアウト案件が採用するキャッシュアウトの法制度を経済的に実証分析する。どのような企業がキャッシュアウトを利用しているのであろうか。また，それは締め出される少数株主の富にいかなる影響を与えているのであろうか。本章では，MBOなどバイアウトを類型化し，キャッシュアウトというスキームの観点から，MBO固有の特徴を明らかにする。

第7章「MBO対応における特別委員会の役割」では近年，MBO実施の際に少数株主の富を保護する枠組みとして注目を集めている公正性担保措置をめぐる動向について確認する。まず，これまで関連省庁が提示してきたMBOに関連する公正性担保措置の指針について紹介する。ついで，実際にいかなる公正性担保措置が採用されているのか，そしてそれが一般株主の利益にいかなる影響を与えているのかについて，独自のデータセットを用いて，特に特別委員会の役割の観点から確認していくこととする。さらに，公正性担保措置を検討するうえで，これまでのMBO取引で留意しておかねばならない案件について紹介する。

第 8 章「MBO と再上場」では，再上場を果たした MBO 案件がどのような特性を事前に有し，そしていかなる側面でパフォーマンスの向上を実現したのかについて明らかにする。いわゆる MBO の成功事例として捉えられるこれら案件は，バリューアップを実現しているのであろうか。また実現しているのならば，それはどのような側面において表れるのであろうか。このような分析を行うことを通じて，今後エグジットが活発化すると予想される MBO の実施に関する選択肢に関する新たな知見を得ることができよう。

第 9 章「リバース MBO：MBO の効果はサスティナブルか」では，上記の再上場案件がその後いかなる推移をたどったのかの「後日譚」の分析となる。具体的には，これらの企業の再上場後の財務と株価パフォーマンスを検証する。また，再上場後の資本構成や所有構造も観察し，非公開化時点の性質はいつまでサスティナブルなのかについての実証も試みる。以上の分析を通じ，MBO という M&A のツールの有効性を確かめる。

最後の終章は本書の分析結果の整理と，そこから導き出される今後の MBO の実務や研究へのインプリケーションの提示にあてられる。

MBOは何をもたらしたのか：
動機，株主の富，事後パフォーマンスに関するサーベイ

1　はじめに：構造的利益相反

　日本において非公開化型 MBO（Management Buy-outs：経営陣による自社買収）が登場してから，20数年が経過した[1]。レコフデータの調査によると，2022年末までに194件もの企業が MBO によって市場から退出を図ったという（前掲図序 - 1）。この間，MBO はワールドやすかいらーくなどの大型案件に代表されるように，M&A という舞台の華やかさをアピールする反面，TOB 価格をめぐって経営陣と少数株主が法廷闘争を繰り広げるなど，その「いびつ」な取引構造に起因する軋轢を生みだしてもきた。

　MBO による非公開化は，企業にとって「劇薬」のようなものである。バイアウトに経営陣が参加することによって，彼らのインセンティブが増強され，それまでのエージェンシーコスト問題が解消に向かう。その一方で，買い手が売り手を兼ねることから，少数株主に対して売り圧力がかかり，安価な価格での買付けを強いているおそれがある。後者こそが，まさに「構造的利益相反」（経済産業省 2007; 2019）と呼ばれるものであり，筆者が「いびつ」と表現したゆえんである。

　このような諸刃の剣のような特性をもつがゆえに，そのコストとベネフィッ

---

[1]　非公開化型以外の MBO の類型化とその状況については，川本（2022：第 1 章）を参照のこと。

トをめぐって，実務だけにとどまらず，アカデミックの分野においても MBO は常に高い関心を持ち続けられてきた。これまでの研究の着目点を挙げれば，次のとおりである。

- *MBO はいかなる動機でなされるのか（**第2節**）。*
- *MBO 公表前において，経営陣は株価の安値誘導をするような行動を取っているのではないか（**第3節**）。*
- *仮にそれら行動の蓋然性がある場合，それを抑止する措置としていかなる仕組みがあり，それはどの程度実効的なのであろうか（**第4節**）。*
- *MBO によってパフォーマンスは改善したのか（**第5節**）。*

これらの問いについては，日本企業を対象とした研究についても蓄積がなされてきたが，必ずしもそれら成果は整理されているとはいいがたい。そこで本章では，これまでの日本の MBO 研究を振り返り，その経済的機能について体系的に理解することを目指す。

2　MBO の動機

MBO 実施の決定要因に関しては，これまで①アンダーバリュエーションの解消，②負債の節税効果（tax shield：タックス・シールド），③フリーキャッシュフローの削減，④インセンティブ・リアライメント（incentive realignment），⑤ブロックホルダーによるコントロール強化，⑥上場維持コストの削減（＝情報の非対称性の緩和），⑦リストラクチャリングの実施，⑧従業員からの富の移転，等の観点から検証がなされてきた（各仮説の詳細な内容については，**表1-1** 参照）。以下では，日本における MBO の動機について，その実施確率と買収プレミアムの分析から紹介したい[2]。

2　MBO の実施確率とプレミアムに与える要因については，同一の方向性を取るため，本章ではこれらを特に区別せず検討する。

表 1-1 非公開化の動機に関する仮説

	仮説	内容	先行研究	代理変数	符号条件
①	アンダーバリュエーションの解消	株価が低迷していると、インサイダーにとっては安価に当該企業が買収できる。	Amihud (1989)	PBR、株式収益率	(−)
②	負債の節税効果 (tax shield)	買収がLBOのスキームを取る場合、利払いは損金加算となるので、節税を狙って買収を行う。	Kaplan (1989b)	総資産負債比率、売上高利子率	(−)
③	フリーキャッシュフローの削減	買収コストを手元流動性で賄うことで、将来的な浪費が抑制でき、企業価値が維持できる。	Lehn and Poulsen (1989)	トービンのqが1未満の企業の手元流動性比率（(現預金＋有価証券＋投資有価証券)／総資産）	(+)
④	インセンティブ・リアラインメント	バイアウトに経営陣が参加することで、彼らのインセンティブ向上につながり、企業価値向上が期待できる。	Kaplan (1989a)	役員持株比率	(−)
⑤	ブロックホルダーによるコントロール強化	対象企業にブロックホルダーが存在しない場合、バイアウト後に登場する支配株主のモニタリングによって、経営効率が上昇する。	Renneboog et al. (2007)	外国人持株比率	(−)
⑥	上場維持コストの削減	株主総会開催費用、IR、四半期決算、内部統制など上場時に必要となるコストを節約できる。	Thomsen and Vinten (2014)	総資産対数値、時価総額対数値	(−)
⑦	リストラクチャリングの実施	非公開化することで、短期的なマーケットの動向を気にせず、抜本的な事業再構築が行える。	Slovin and Sushka (1998)	ROA（業種平均調整済み）	(−)
⑧	従業員からの富の移転	買収者は雇用や賃金に関する従業員との「暗黙の契約」を破棄することで、短期的な利益を獲得することができる（信頼の破壊）。	Shleifer and Summers (1988)	従業員1人当たり売上高（業種平均調整済み）	(−)

2.1 アンダーバリュエーションの解消

まず，上記仮説のうち，日本の MBO を分析した結果として共通して挙げられるのがアンダーバリュエーションの解消である。たとえば，Kawanishi et al. (2014)，河西ほか（2015）では，MBO 公表前のトービンの q や株式収益率が低い企業ほど，MBO の実施確率と買収プレミアムが上昇することを明らかにしている。経営陣が自社株式を過小評価されていると認識している企業ほど，（将来的な潜在的な価値の引き出しをねらって）非公開化を選択していると解釈できる。このアンダーバリュエーションが与える効果は，国内外の研究においてロバストで共通する結果である[3]。

2.2 エージェンシーコストの削減

ついで，概ね支持されているのがエージェンシーコストの削減仮説である。松田（2016）では，業種と資産規模でマッチさせたコントロール企業に比べて，MBO 実施企業はキャッシュフロー総資産比率，売上高現預金比率が高い傾向にあることを明らかにしている。また，川本（2022）でも同様に，2000年代後半以降，低成長企業の高い手元流動性比率が MBO 実施を促すことを確認している。MBO を実施することで買収資金調達のために負債依存度が上昇し，利払いも増加するが，それは当該企業のフリーキャッシュフローの削減につながる。フリーキャッシュフローは企業価値を毀損するような投資に費やされやすいから，それが削減されることで企業価値が維持される。こうした経路で，フリーキャッシュフローの削減は，MBO の動機や買収プレミアムの源泉になっているものと考えられる[4]。

---

[3] なお，MBO 案件と親会社による完全子会社化を比較した川本（2022）では，低い PBR が MBO 実施確率に対してのみ影響を与えていることから，アンダーバリュエーションの解消が MBO 案件固有の要因であることを指摘している。

2.3　経営陣の toehold の効果

　見方が分かれるのが，役員持株比率の効果に関してである。松田（2016），Kawanishi et al.（2014）では，役員持株比率が低い企業ほど，MBO を実施する確率や買収プレミアムが高まることを報告している。バイアウトに経営陣が参加することで彼らのインセンティブが増強され，経営者・株主間のエージェンシー問題が緩和される。それによる将来の価値創造の一部分が少数株主の買収プレミアムに回されていると理解できる[5]。

　これに対して川本（2022）では，期間分割した検証を行い，2000年代後半以降の局面においては，バイアウトをしなかったその他上場企業に比べて，役員持株比率が高い企業ほど MBO を実施する傾向にあることを明らかにしている。すなわち，今日ではファミリーによる MBO がトレンドになっていると主張している。この理由として同研究では，toehold（事前保有比率）が高く，ディールの成功確率が高い企業ほど，MBO に踏み切りやすいためと説明している。

　その他，日本企業を対象とした多くの研究において，買収前の負債比率の水準や利払い費率が実施確率やプレミアムの水準に与える影響は観察されず，負債の節税効果は MBO の実施動機やプレミアムの源泉にはなっていないようである。

2.4　少数株主は報われているのか

　ところで MBO によってスクイーズアウトされる少数株主は，十分な対価を買収者から受け取っているのであろうか。買収プレミアムの水準は MBO 案件

---

[4]　なお，アンダーバリュエーションの解消とフリーキャッシュフローの削減に関する結果は，非上場化案件全体を検証した野瀬（2022）でも同様の結果が報告されている。
[5]　このほか，川本（2022）では，ファンドと共同して MBO を行う案件は，役員持株比率と外国人持株比率が低いことから，ファンドは株式の流動性の高い企業をターゲットにして，経営陣と組んで MBO を行っていることを明らかにしている。

表1-2 MBO案件の買収プレミアムに関する先行研究の結果（日本）

出所	分析期間	基準株価	N	プレミアムの平均値(%)
前澤（2008）	1998-2007	20日前	24	31.5
吉村（2010）	2006-2009	1カ月平均	52	64.2
井上ほか（2010）	2000-2010	1カ月平均	71	57.0
Kawanishi et al.（2014）	2000-2011	20日前	101	57.6
森田（2016）	2006-2013	1カ月平均	99	59.3
中村（2019）	2005-2019	1カ月平均	137	52.5
川本（2022）	2000-2019	20日前	143	51.8

注：「基準株価」はTOB価格と比較する非公開化前の株価（終値）をとった時点を示す

　全体で初期の研究を除き50％台以上と報告されている（**表1-2**）。それは欧米の先行研究で報告された水準を概ね上回り，アメリカの非公開化案件を検証したDeAngelo et al.（1984）の56.3％に匹敵する水準である。プレミアムの水準で判断する限り，日本のMBOにおいて少数株主の富が棄損されているとはいえない。

　ただし，注意を要するのが，MBO実施のタイミングの問題である。川本（2022）では，MBOと支配株主による完全子会社化案件（以下，「完全子会社化案件」）とでは，プレミアムの水準は変わらないものの，MBO案件は株価の下落局面で実施される確率が高いことを明らかにしている。まさに「MBOは個人投資家など少数株主の利益がもっとも損なわれやすいタイミングで実施されがち」[6]なのである。

　なお，バイアウト・ファンドが関与するケースでは，バイアウトを経営陣の出資のみで行う純粋MBO案件に比べ，株価が下落するタイミングで行われやすく，かつ十分なプレミアムを付与されていない状況が観察されている（吉村

6　早稲田大学商学学術院大学院経営管理研究科の鈴木一功教授のコメント。「しくじりMBO，関門は「PBR」　1倍割れで株主激怒」『日経ヴェリタス』2022年2月13日号。

2010)。同様に，Kawanishi et al.（2014）でも，ファンド関与案件のプレミアムは相対的に低いことを確認している。ファンドはファイナンシャルバイヤーであり，買収コストを節約し将来の負担を軽減しようとしているため，特にこれら案件で少数株主の富の棄損は顕著になっているおそれがある。

3 　MBO 実施前の利益調整行動

レックス・ホールディングスやサンスターの MBO に代表されるように，2000年代後半において株式の買取価格をめぐって，買収者側と少数株主との間で係争案件が続発した。そして，いくつかの案件では裁判所において少数株主側の申し立てが認められ，買取価格の引き上げの決定がなされた。これら案件の発生を受け，買収者側が買取価格の引き下げをねらって，事前の株価を引き下げる行動に出ているのではないかとの懸念が提示され，それをチェックする検証がいくつかなされた。

3.1 　裁量的発生高

その検証方法の 1 つとして採用されているのが，TOB の基準株価を低下させるために，MBO 公表前の会計上の利益額が押し下げられているか否かをチェックするものである。具体的には，会計上の利益は営業活動によるキャッシュフローと会計発生高の和によって求められる。さらに会計発生高は経営者が裁量でコントロールできる部分（裁量的発生高）とそれができない部分（非裁量的発生高）に分けられるが，前者は会計発生高の実現値から営業キャッシュフロー等より求めた非裁量の期待値を差し引くことで間接的に求められる（Kasznik 1999）。ポイントは，この裁量的発生高が非 MBO 実施企業に比べて低くなっているかどうかである。

その先駆的な研究として，北川（2008）がある。同研究では，MBO 公表 2 期前から 1 期前にかけて裁量的発生高が小さくなり，利益圧縮の会計行動がとられる傾向にあることを示している。同様に，月岡（2013）でもリーマン

ショック前においては，業種と利益率でマッチしたコントロール企業に比べて，裁量的発生高が低くなる傾向があることを確かめている[7]。

それに対し，川本（2022）では，傾向スコア法で MBO 企業と属性を近似したコントロール企業と比較し，MBO 実施企業が裁量的発生高を小さくして，利益圧縮型の行動を行っているとはいえないとしている。もっとも，ファミリーが主導する MBO 案件においては，コントロール企業に比べて裁量的発生高が低くなる傾向があるという。つまり，利益を計上しないことで，「利益の圧縮→株価の上昇の回避→買収コストの節約」を図っている可能性を指摘している。さらに，利益圧縮を行っている企業は，株価の下落を実現するとともに，買収プレミアムは他の MBO 案件並みにとどまっている。これについて，川本（2022）では，買収者は，TOB 価格の基準株価を押し上げつつ，表面上のプレミアムは維持し，買収コストの節約と円滑な買収の実行の両立を目指しているのではないかと推察している。

3.2 業績予想の下方修正

河西・川本（2019）では，ダイレクトに MBO 公表前の業績予想の下方修正の有無について検証している。それによると，完全子会社化案件と業績予想の下方修正の割合に差異はないことが明らかにされている。ただし，業績予想の下方修正があった案件では，公表前株価は下落している。もっとも，買収プレミアムは業種・規模とマッチさせたコントロール企業と同水準であることから，川本（2022）と同様，買収の円滑な実施と買収コストの節約を同時に図っているのではないかと主張している。

総じて，MBO 指針の公表や判例が蓄積され，スクイーズアウトされる株主の富を棄損するような会計行動が露骨に採用されるおそれは後退している。ただし，会計操作を実施している案件では，株価の下落に基づく TOB 価格の引

---

[7] なお，リーマンショック後にそれが観察されなくなった理由として，そもそも株価の下落局面であり，利益圧縮行動を行わなくとも，株価の下落が実現できたためだとしている。

き下げを実現している。今後，公正な MBO 遂行の実務においては，一律の会計上の規制ではなく，利益圧縮行動を採用する企業に対する個別具体的な対策が必要となってくるであろう。

4　公正性担保措置が少数株主の富に与える影響

　MBO に関連する公正性担保措置は，二度にわたって経済産業省によってガイドラインが提示されてきた（経済産業省 2007; 2019）。ではそれらの措置は，少数株主の富にいかなる影響を与えているのであろうか。中村（2019）では，特別委員会の設置，MoM（Majority of Minority）[8]の設定，フェアネス・オピニオンの取得[9]などの公正性担保措置の影響を体系的に検証し，MBO 案件においては，それらは全体としてプレミアムに対して有意な影響を与えていないことを確かめている。また，井上（2010）では特別委員会を設置した案件ほど，買収プレミアムは低下する傾向にあることを明らかにしている。あるいは，川本（2022）でも特別委員会における社外取締役選任がプレミアムに対して有意に負の効果を持つことを報告している。

　なぜ，このように公正性担保措置とプレミアムは負の関係性を持つのであろうか。その理由として，2つのシナリオが考えられる。その1つは，もとよりガバナンスが優れている企業が公正性担保措置も充実させているという点である。つまり，それら企業はそもそも企業価値が高いため，MBO 実施による価値創造の余地も少なく，プレミアムの提示も低くなるということである。2つ目としては，買収者が公正性担保措置を充実させるコストとプレミアムの上乗

---

[8] 「一般株主，すなわち買収者と重要な利害関係を共通にしない株主が保有する株式の過半数の支持を得ることを当該 M&A の成立の前提条件とし，当該前提条件をあらかじめ公表すること」を指す（経済産業省 2019：3.5.1）。

[9] 「専門性を有する独立した第三者評価機関が，M&A 等の当事会社に対し，合意された取引条件の当事会社やその一般株主にとっての公正性について，財務的見地から意見を表明するもの」を指す（経済産業省 2019：3.3.2.2）。

せのコストを勘案し，前者のコスト負担の方が安上がりだと判断している可能性である。すなわち，プレミアムが公正性担保措置に影響を与える「逆の因果」が存在し，それら措置を充実させることでプレミアムを節約している可能性がある。高いプレミアムを提示できないエクスキューズとしてそれら措置が充実しているおそれがある。

5　MBOとパフォーマンス改善

5.1　事後パフォーマンス

非公開化後は財務情報の利用が制限されるが，わずかながらそれらを扱った検証も存在する[10]。たとえば，川本（2022）では帝国データバンクから得られたMBO案件53社と傾向スコア・マッチング法で抽出されたコントロール企業とを比較し，全体としてROA（使用総資本経常利益率）の改善は観察されなかったとしている。ただし，バイアウトを経営陣の出資のみで行う「純粋MBO」案件とMBOによって負債比率が上昇した案件では，経営陣のインセンティブ強化，および負債による経営規律が働き，総資産回転率の上昇が観察されたとしている。また，ファミリーによるMBOでは，ROAが改善傾向にあるが，それはインサイダーであるファミリーが当該企業に関する私的情報（insider information）を保有しており，収益改善に関する見込みがあったためではないかと述べている。

同様に，Kawanishi（2021）は企業活動基本調査のデータを利用し，製造業，情報・通信業に属するMBO実施企業39件とcoarsened exact matching法によって属性を似させたコントロール企業とを比較し，非公開化後のイノベーション，リストラクチャリング，パフォーマンスについて検証している。その

10　再上場したMBO案件を対象に，非公開化前と再上場後の株主価値を比較し，株主リターンを計測した研究として伊藤・メイズ（2016）がある。

分析結果によると，特許取得件数や研究開発費には変化はみられず，それらが削減されているともイノベーションを活発化させているともいえないとしている。また，従業員数は削減傾向にあることを確認しているが，それはMBO実施にあたって負債を利用したことで倒産リスクが高まったため，従業員集団の交渉力が低下したためではないかと推察している。

5.2　ファンドによるバリューアップ

バイアウト・ファンドの関与の効果については定かではない。MBO案件ではないが，飯岡（2020）では帝国データバンクから取得した財務情報を利用し，ファンドが買収した60件のデータと業種・規模でマッチしたコントロール企業とを比較している。その結果，ファンドが関与した案件は経営支援のノウハウやそれまでのディールで構築したネットワークを活用し，パフォーマンス改善に寄与したとしている。特に，親会社の培ったネットワークが活用できる企業系・外資系ファンドが関与するケースでバリューアップの程度が大きくなるという。これに対し，川本（2022），Kawanishi（2021）ではファンド関与案件でのパフォーマンス改善に関する証拠を見出していない。

このようにファンドのバリューアップに関しては，一致した検証結果が得られていない。今後，サンプルの拡充をまって，ファンドのより精緻な類型化，そして成功事例とそれに該当しない事例とのファンド関与の差異の比較を通じ，ファンドの経済的機能がより発揮される状況の特定がなされる必要性があろう。

6　おわりに：これからの MBO 研究に向けて

以上，日本企業を対象としたMBO研究の経過を振り返ってきた。筆者の印象では，その動機，株主の富に与える影響，公正性担保措置の有効性，事後パフォーマンスの推移など，アカデミック，あるいは実務の分野で求められる基本的なトピックについては概ね検証がなされたように理解している。ただし，世界水準の研究を視野に入れた場合，多角的，かつ深化させる形での研究の蓄

積がさらに必要となってくる。今後，MBO 研究に関して，どのようなテーマの着手が求められていくのであろうか。それらについて，筆者が必要だと思われる論点を挙げると，下記のとおりである。

- 近年，MBO 公表後にアクティビストが株式取得し，TOB 価格の引き上げを求める案件が相次いでいる。なかには MBO が失敗に終わるケースもある。どのような案件がこのようなアクティビストの介入のターゲットになっているのか。また彼らの要求は妥当なのか（第 4 章など）。
- MBO の際，しかるべき公正性担保措置が施され，少数株主には十分な富が提供されていると理解してよいのか。日本の MBO では，TOB 価格で測った PBR（= TOB 価格／1 株当たり純資産）が 1 倍割れの案件が過半を占めるが（川本 2023），こうした案件の MBO 実施は正当化できるのか（第 6 章，第 7 章）。
- 非公開化後，再上場や株式売却などでエグジットを実現する企業はどのような特徴を持っているのか。また，エグジット後のパフォーマンスはいかなる推移をたどっているのか（第 5 章，第 8 章，第 9 章）。

このように MBO をめぐる研究テーマには枚挙にいとまがない。日本の MBO 研究はまさにブルーオーシャンである。さまざまな論者により，多角的な角度から MBO の機能と成果についての研究がさらに蓄積され，その経済的役割に関する理解が深まることを期待している。

第2章

どのような企業が MBO を選択するのか：
非公開化型 MBO の実証分析

1　はじめに：変化する MBO の実施動機

　2023年は日本の MBO マーケットにとって，印象的な年となった。大正製薬ホールディングス（11月公表，取引金額7,086億円），ベネッセホールディングス（11月公表，同2,079億円）など大型案件が相次ぎ公表され，取引金額も1兆円を超えた（前掲図序-1）。もっとも，MBO 件数自体は，リーマンショック後の2010年代前半期から打って変わり，2010年代半ば以降から増加傾向にあった。その背景には，2つのコード（コーポレートガバナンス・コード，スチュワードシップ・コード）の制定を背景とした株主価値向上に対するプレッシャーの高まり，コロナ禍による事業構造転換の必要性の増大，あるいは東京証券取引所の市場区分再編に起因する（有形無形の）上場維持コストの上昇などによって，マーケットを退出し，中長期視野で事業構造転換を行いたいという動機が顕著になっているということが指摘できる[1]。つまり，それまでと経営環境が一変し，MBO の実施動機に変化が生じている可能性がある。

　これら MBO の選択要因に関しては，日本で非公開化型 MBO が登場してから20年以上が経過したということもあり，研究も蓄積されている。たとえば，Renneboog et al.（2007）などの仮説に依拠し非公開化型 MBO の決定要因に

1　「数字でみる2023年⑷上場廃止へ TOB，最多の65社」『日本経済新聞』2023年12月29日。

ついて検証した河西ほか（2015），非公開化型MBOと親会社による子会社の完全子会社化とを比較した川本（2022），（必ずしもMBOにフォーカスしたものではないが）バイアウト・ファンドのターゲット選択について検証した河西・川本（2020），野瀬（2022）などが挙げられる。ただし，これらの研究は，上記のようなMBO実施動機の変化の有無を検証しようとしたものにはなっていない。そこで本章では，先行研究の成果と比較可能なように包括的な仮説を設定したうえで，データセットを最新のものまでカバーし（2022年まで），推計において時期区分を行ったうえでMBOの実施要因を探る。こうしたアプローチを取ることで，わが国のMBOでその選択要因がいかなる変遷をたどったのか（変化があったのかなかったのかも含め）を特定化することが可能になろう。さらに本章では，以下でも述べるとおり，ファンドが関与する案件も同取引形態の重要な側面と考え，追加的検証として，ファンドと組んで行うMBOの特徴についても検証を行っている。

　本章の構成は以下のとおりである。第2節では，主に日本のMBOを扱った先行研究を対象として，これまで提示されてきたMBOの実施動機について確認する。第3節では，本章で用いられるデータセットと推計モデルについて解説する。第4節は推計結果，第5節は結論と今後の課題にあてられる。

2　MBOの動機

2.1　動機の変遷

　第1章でも紹介したように，MBO実施の決定要因に関しては，①アンダーバリュエーションの解消，②負債の節税効果（タックス・シールド），③フリーキャッシュフローの削減，④インセンティブ・リアライメント，⑤ブロックホルダーによるコントロール強化，⑥上場維持コストの削減（＝情報の非対称性の緩和），⑦リストラクチャリングの実施，⑧従業員からの富の移転，等の観点から検証がなされてきた。そして，そのなかでも，①アンダーバリュ

エーションの解消，③フリーキャッシュフローの解消（＝エージェンシーコストの削減）が有力な動機として挙げられることを指摘した。ただし，繰り返しになるが，これら動機の変遷については，これまで明らかにされてこなかった。本章ではまずこの点についてアプローチする。

2.2 バイアウト・ファンドの関与

本章のMBOサンプルでは39.2%がファンド参画案件となっている（**図2-1**）。MBOのストラクチャーを理解するうえでファンドの役割は看過することはできない。ファンドのバイアウトへの関与の有無については，少ないながらいくつかの研究がある。

野瀬（2022）では，戦略的非公開化（＝自ら上場廃止を選択する案件）を対象にファンド参画の有無を検証し，有利子負債依存度と会社関係者持株比率が低い企業ほど，ファンドの参加比率が上昇する傾向を見出している。河西・川本（2020）では，ファンドの投資先決定について，その他上場企業と比較し，

図2-1　MBO案件へのファンド関与確率

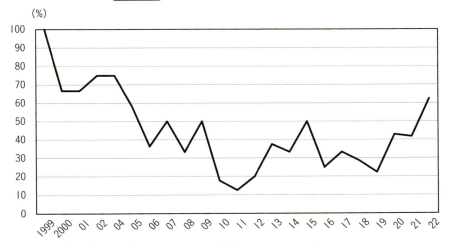

出所：レコフデータ「レコフM&Aデータベース」より作成。

インタレスト・カバレッジ・レシオが1未満で，役員持株比率が低い企業ほど，ファンドがバイアウトに参加する確率が上昇することを報告している。川本（2022）では，純粋 MBO 案件，および規模・業種で近似させた上場企業と比較し，外国人持株比率が高く，フリーキャッシュフロー比率が低い企業ほど MBO のストラクチャーを組む際にファンドを参画させる傾向にあることを確認している。

これら結果をまとめると，ファンドは流動性の高い企業をターゲットとして選択している。それは低い役員持株比率，高い外国人持株比率という特徴に表れている。一方，財務状態については見方が分かれる。つまり，負債比率が低く追加的なレバレッジを効かせる余地がある企業（＝ Leverage Buy-outs の形態を取りやすい企業）がバイアウトを実施しているとの見解を示す研究がある反面，手元流動性に乏しく高い利払いに直面しているデフォルトリスクの高い企業がバイアウトを実施していると報告する研究もある。本章では，MBO 案件へのファンドの参加についても取り上げ，これら結果の再検証についても試みる。

2.3　ファミリーによる MBO

ファンドと組んだバイアウトに並んで，バイアウトマーケットにおいて無視しがたい比重を占めているのがファミリー主導のバイアウトある。たとえば，Martinez and Serve（2011）によれば，バイアウトは新たな支配株主によって行われる「非自発的」なバイアウトと，ファミリーや既存の支配株によって行われる「自発的」なバイアウトに区分されるという。また，Croci and Giudice（2014）は1997年から2005年のヨーロッパ諸国の非公開化429件を調査し，支配株主（買収前の持株比率20％以上）によるバイアウトは118件（27.5％），そのうちファミリーによるバイアウトは67件（15.6％）を数えるという。

この傾向は日本でも同様である。本章のサンプル中，買収前の役員持株比率は上場企業のその平均値を上回り（前掲図序-3），また同持株比率が20％を超える MBO 案件は31.03％に達する。ただし，こうしたファミリーの存在が

MBO の実施においていかなる影響を与えてきたのかについては，よくわかっていない。こうした現状を踏まえ，本章では役員の持株比率が MBO の選択にどのような効果を有してきたのかに関して検証を試みる。

2.4 本章の論点

以上の先行研究の成果を踏まえ，本章で取り組む論点は以下のとおりである。

- そもそもいかなる企業が MBO によって非公開化を選択しているのか。
- アンダーバリュエーション，エージェンシーコスト，ファミリーによる事前保有比率を始め，それら MBO の実施動機は，時期によって異なるのか。
- バイアウト・ファンドと組んで行う MBO は，純粋 MBO 案件（＝ファンドが関与しない案件）と比較して，どのような差異が観察されるのか。

現状，MBO の実施動機についての先行研究の間で見方が分かれるなかにおいて，①最新のデータセットを利用している点，② MBO 案件の比較対象を非 MBO 実施の全上場企業にまで拡張し，体系的に検証を試みようとしている点に本章の意義や独自性があると考えられる。

3 データセットと推計モデル

3.1 データセット

分析対象としては，2022年末までに非公開化を公表した MBO 案件となる[2]。案件の特定はレコフデータ「レコフ M&A データベース」を，財務・所有構

---

[2] 2001年1月に MBO を公表したトーカロが最初の案件となる。なお，金融業，TOB が不成立となった案件は分析から除く。

造のデータは日経メディアマーケティング「NEEDS-FinancialQUEST」を，株価データは同「NEEDS株式日次収益率データ」，東洋経済新報社「株価CD-ROM」を用いた。これらデータ利用が可能になった非公開化型MBOは，最終的に176件となった。

3.2 推計モデル

推計に用いられたのは，以下のようなモデルである。

$$P(MBOD) = G[UV, TAX, FCF, ALIGN, CONTROL, \\ ASYINF, RESTR, TRANSFER, MANU, YD] \quad (1)$$

被説明変数である $MBOD$ は，MBOによって非公開化した時点に1の値を，その他上場企業に0の値を与えるダミー変数である[3]。説明変数である，UV はアンダーバリュエーション，TAX はタックス・シールド，FCF はフリーキャッシュフロー，$ALIGN$ はアライメント，$CONTROL$ はブロックホルダーによるコントロール，$ASYINF$ は情報の非対称性，$RESTR$ はリストラクチャリング，$TRANSFER$ は従業員からの富の移転に関する諸仮説のカテゴリーを表す。それぞれの仮説を構成する変数の定義，符号条件は第1章第2節，あるいは前掲表1-1を参照されたい。このほか，製造業ダミー $MANU$，年次ダミー YD が挿入されている。

なお，推計方法としては，プロビットモデルとCOX比例ハザードモデルを用いた。

3.3 基本統計量

以上の変数の基本統計量は**表2-1**のとおりとなる。MBO案件と非MBO案件の平均値を比較してみると（パネルB），前者は超過収益率 $ADJRTN$，負債

---

[3] MBOが公表された年次のみに1の値が与えられるため，その前後，およびその他MBOを実施しなかった案件がリファレンス（= 0）となる。

比率 DA, 時価総額対数値 $LNMKTV$ が低く, 手元流動性比率 $CASH$, フリーキャッシュフロー比率 FCF, 役員持株比率 OWN が有意に高くなっている。MBO 案件はアンダーバリュエーションに陥っており, 負債調達によるタックス・シールドが働く余地があり, かつ過剰流動性を有している企業という意味で, 仮説通りの結果となっている。また, 役員持株比率が高いということは, MBO 実施案件のうちファミリーが主導するものが相応のウェイトを占めることを表している。

パネル C ではファンド関与型 MBO と純粋 MBO とを比較している。前者は, PBR, 売上高利子率 $INTEREST$, 外国人持株比率 $FOREIGN$, $LNMKTV$ が高く, $CASH$, FCF, OWN が有意に低くなっている。ファンドは株価パフォーマンスが優れ, 手元流動性に乏しく, 所有構造が流動的(外国人持分が高く, 役員持分が低い)な企業を MBO のターゲットにしていると読むことができる。

もっとも, 上記の結果は, 2変数の相関関係を見たものに過ぎない。そこで以下では, その他の要因を条件づけたうえでの当該変数の効果を確認するため, (1)式による重回帰分析を試みる。

4　推計結果

4.1　全期間

MBO 全体の推計結果を整理したものが**表 2-2** である。コラム(1)と(2)がプロビットモデル, コラム(3)から(4)が COX 比例ハザードモデルの結果である。

まず, 株価関連指標については, MBO ダミーに対して, 全コラムで超過収益率 $ADJRTN$, PBR で有意に負の結果が得られている。そのマグニチュードを測定すると, コラム(1)によれば, PBR の2標準偏差の低下は, MBO の実施確率を0.12% 上昇させる (= 23.17× -0.0001)。小さな値であるが, そもそも MBO の実施確率が上場企業のうち0.23% に過ぎないので, その57.13% に相当

表2-1 基本統計量

パネルA：全体

カテゴリー	変数	変数	N	平均値	標準偏差
UV	ADJRTN	超過収益率	78,048	0.1375	0.4693
	PBR	株価純資産倍率	78,048	1.9031	11.5855
TAX	DA	負債比率	78,048	0.5080	0.2497
	INTEREST	売上高利子率	78,048	0.0054	0.0302
FCF	CASH	手元流動性比率	78,048	0.2562	0.1724
	FCF	フリーキャッシュフロー比率	78,048	0.1180	0.1536
ALIGN	OWN	役員持株比率	78,048	0.0933	0.1443
CONTROL	FOREIGN	外国人持株比率	78,048	0.0858	0.1166
ASYINF	LNMKTV	時価総額絶対数値	78,048	9.6307	1.7443
RESTR	ROA	総資産経常利益率	78,048	-0.0029	0.1004
TRANSFER	LABORPS	従業員一人当たり売上高	78,048	15.5192	152.0005

パネルB：MBO実施と非実施

カテゴリー	変数	変数	MBO実施企業 N	平均値	標準偏差	上場企業（非MBO実施）N	平均値	標準偏差	平均値の差	
UV	ADJRTN	超過収益率	176	0.0264	0.4093	77,872	0.1377	0.4694	-0.1113	***
	PBR	株価純資産倍率	176	0.9753	1.3690	77,872	1.9052	11.5983	-0.9299	
TAX	DA	負債比率	176	0.4703	0.2238	77,872	0.5081	0.2498	-0.0378	**
	INTEREST	売上高利子率	176	0.0062	0.0169	77,872	0.0054	0.0302	0.0007	
FCF	CASH	手元流動性比率	176	0.2803	0.1643	77,872	0.2562	0.1724	0.0242	*
	FCF	フリーキャッシュフロー比率	176	0.1912	0.1891	77,872	0.1178	0.1535	0.0734	***
ALIGN	OWN	役員持株比率	176	0.1347	0.1255	77,872	0.0932	0.1444	0.0415	***
CONTROL	FOREIGN	外国人持株比率	176	0.0783	0.0966	77,872	0.0858	0.1167	-0.0075	
ASYINF	LNMKTV	時価総額絶対数値	176	8.7565	1.3508	77,872	9.6326	1.7446	-0.8761	***
RESTR	ROA	総資産経常利益率	176	0.0024	0.0722	77,872	-0.0029	0.1004	0.0053	
TRANSFER	LABORPS	従業員一人当たり売上高	176	1.8111	51.8561	77,872	15.5502	152.1509	-13.7391	

パネルC：ファンドと非ファンド

カテゴリー	変数		ファンド			非ファンド			平均値の差	
			N	平均値	標準偏差	N	平均値	標準偏差		
UV	ADJRTN	超過収益率	69	0.0582	0.4738	107	0.0059	0.3626	0.0524	
	PBR	株価純資産倍率	69	1.3661	2.0350	107	0.7233	0.5234	0.6428	***
TAX	DA	負債比率	69	0.4884	0.2169	107	0.4586	0.2284	0.0299	
	INTEREST	売上高利子率	69	0.0093	0.0257	107	0.0041	0.0062	0.0051	**
FCF	CASH	手元流動性比率	69	0.2547	0.1596	107	0.2969	0.1659	-0.0422	*
	FCF	フリーキャッシュフロー比率	69	0.1258	0.1783	107	0.2334	0.1846	-0.1076	***
ALIGN	OWN	役員持株比率	69	0.0972	0.1092	107	0.1588	0.1298	-0.0616	***
CONTROL	FOREIGN	外国人持株比率	69	0.1163	0.1138	107	0.0539	0.0744	0.0624	***
ASYINF	LNMKTV	時価総額対数値	69	9.3580	1.3174	107	8.3686	1.2295	0.9894	***
RESTR	ROA	総資産経常利益率	69	0.0033	0.0913	107	0.0018	0.0571	0.0014	
TRANSFER	LABORPS	従業員一人当たり売上高	69	4.5662	41.1758	107	0.0345	57.8247	4.5317	

注：***，**，* はそれぞれ 1％，5％，10％水準で有意であることを表す

表2-2　MBOの選択要因（全期間）

カテゴリー	変数	(1) Probit	(2) Probit	(3) Cox	(4) Cox
UV	ADJRTN 超過収益率	-0.0006** (0.0595)	-0.0006* (0.0630)	-0.4788** (0.2100)	-0.4610** (0.2220)
	PBR 株価純資産倍率	-0.0000*** (0.0015)	-0.0000*** (0.0014)	-0.0154*** (0.0045)	-0.0127* (0.0069)
TAX	DA 負債比率	-0.0015** (0.1358)	-0.0002 (0.1256)	-0.3002 (0.4138)	-0.3278 (0.4265)
	INTEREST 売上高利子率	0.0029*** (0.1880)	0.0029*** (0.1836)	1.7924*** (0.4614)	1.7296*** (0.4587)
FCF	CASH 手元流動性比率	-0.0007 (0.1576)		0.9135* (0.4802)	
	FCF フリーキャッシュフロー比率		0.0027*** (0.1482)		0.9136* (0.4915)
ALIGN	OWN 役員持株比率	0.0007 (0.1336)	0.0009 (0.1320)	3.1604*** (0.4350)	3.2944*** (0.4324)
CONTROL	FOREIGN 外国人持株比率	0.0038*** (0.1771)	0.0039*** (0.1815)	2.7340*** (0.5107)	2.8316*** (0.5184)
ASYINF	LNMKTV 時価総額対数値	-0.0007*** (0.0188)	-0.0006*** (0.0189)	-0.5210*** (0.0581)	-0.5042*** (0.0593)
RESTR	ROA 総資産経常利益率	0.0048*** (0.3410)	0.0056*** (0.3853)	4.7175*** (1.4964)	5.1913*** (1.6283)
TRANSFER	LABORPS 従業員1人当たり売上高	-0.0000 (0.0006)	-0.0000 (0.0006)	-0.0013 (0.0017)	-0.0014 (0.0017)
OTHER	MANU 製造業ダミー	-0.0005* (0.0536)	-0.0005* (0.0532)	-0.5528*** (0.1613)	-0.5839*** (0.1613)
	年次ダミー	Yes	Yes	Yes	Yes
N		74,606	74,606	78,048	78,048
Groups		5,502	5,502	5,503	5,503
R-squared		0.0612	0.0665	0.1171	0.1172
log-likelihood		-1,164.5825	-1,158.0546	-1,588.5746	-1,588.3514
Wald		212.3685	217.1573	36,739.6726	35,737.1941

注1：上段は係数（プロビットモデルは平均値周りの限界効果）を，下段は企業ごとにクラスタリングしたロバストな標準誤差を示す。
注2：***，**，* はそれぞれ1％，5％，10％水準で有意であることを表す。

する規模である。アンダーバリュエーションは全期間にわたって，有力なMBOの実施動機といえる。

また，フリーキャッシュフロー比率 FCF も，いずれのコラム（(2)(4)）でも有意に正の係数をとっている。トービンのqが1を下回り成長機会に乏しく，かつキャッシュを有している企業がMBOに踏み切る傾向にあると解釈できる。

さらに，外国人持株比率 $FOREIGN$ の係数は有意に正となっている。外国人持株比率が高く，流動性の高い所有構造下にある企業がMBOによって非公開化している，あるいは「物言う株主」からのプレッシャーが高い企業で，非公開化が行われているといえる。一方，役員持株比率 OWN はCOXモデルで有意に正の係数を示している。インセンティブ・リアラインメントを期待して事前の役員持株比率は低い水準になっていると想定したが，その見方は当てはまらない。むしろ日本のMBOマーケットでは，ファミリー企業によるMBOが無視できないウェイトを示していることが報告されているが（川本2022），そうした状況を反映した結果だと推察できる。

そのほか，有意になっている変数に目を向けると，時価総額対数値 $LNMKTV$ はすべてのコラムにおいて有意に負の係数を示している。小規模企業ほど投資家と当該企業の情報の非対称性の程度が大きく，その解消を目指してMBOを実施していると予想したが，それに合致する結果となっている。

最後に，売上高利子率 $INTEREST$ が有意に正，負債比率DAはほとんど非有意である。Kaplan（1989b）にもあるように，事前の利払い比率と負債依存度が低く，利払いによる損金加算の余地が高い企業ほど，タックス・シールドの享受を目指しMBOを実施すると予想したが，先行研究と同様，本章の分析でも仮説に合致する結果は得られなかった。

同様に，パフォーマンスが低迷し，リストラクチャリングの余地がある企業ほどMBOを実施して改革に取り組むと予想したが，ROA は正の係数を取っており，その予想とは逆の符号となっている。また，産業メディアンで調整した従業員1人当たり売上高は非有意であり，労働生産性が低い企業ほど，MBOが実施されているとは限らない。つまり，日本の案件において，（事前

の特徴の意味において）「従業員からの富の収奪」を目的として MBO を行っているとは判断できない。

4.2 期間分割

では，以上の結果は，MBO 実施時期によって差異はあるのであろうか。この点を考慮して，期間分割して推計を行ったのが**表 2 - 3** となる。コラム(1)から(4)がリーマンショック後までの2013年まで，コラム(5)から(8)がアベノミクス以降の2014年からの推計となる。有意な結果が得られている変数に着目すると，両期間でほとんど差は生じていない。おおむね *PBR, LNMKTV* が負の係数を，*FCF, OWN, FOREIGN* が正の係数を取っている。すなわち，アンダーバリュエーション，情報の非対称性が深刻である一方で，株式所有構造が流動的で（あるいは支配株主がファミリーの持分が高く）フリーキャッシュフローを抱える企業が MBO という手段によって非公開化を選択している。

もっとも，ここで注目すべきは，上記変数の「効き」が後半期によくなっているという点である。たとえば，*FCF* についてみてみると，前半期（コラム(2)）においては同変数の 2 標準偏差の上昇が0.10%（0.3026×0.0034）だけ MBO 実施確率を上昇させるのに対し，後半期（コラム(6)）においては 2 標準偏差の上昇は0.16%（＝0.3154×0.0051）の実施確率の上昇をもたらしている。こうした傾向は，*PBR, FOREIGN* についても同様である。近年になり，アンダーバリュエーションや過剰なキャッシュを抱えることへの外国人を中心とする投資家からの厳しい視線とプレッシャーが増しているが，そうした傾向が当該企業を MBO 実施に向けて促しているものと理解できる。

4.3 バイアウト・ファンドのターゲット選択

前述のように，ファンドの関与も MBO の実施において無視できない比重を占めている。そこで追加的検証として，純粋 MBO（非ファンド関与型）をリファレンスにして，ファンドが関与する MBO の実施要因を探ったのが**表 2-4**である。それによると，ファンドの投資選択は，主にターゲット企業の所有構造の状態によって規定されていることがわかる。つまり，役員持株比率 OWN が低く，外国人持株比率 $FOREIGN$ が高い企業がファンドのターゲットになっていることがわかる。ファミリーは家族による支配権の保持を目的としており，ディール組成の際にファンドが関与する MBO に親和的でないと考えられる。その反面，ファンドは外国人持株比率が高く，流動的な所有構造の企業に対し，同企業の経営陣と組んで MBO を遂行するのを選好しているとも解釈できる。

さらに，ファンド関与型 MBO において，フリーキャッシュフロー FCF 比率（コラム(2)）が低く，売上高利子率 $INTEREST$（コラム(4)）が有意に高いという結果が示されている。財務的に余力がない企業がファンドからの資金的バックアップを得て，非公開化を実施していると考えられ，MBO 案件におけるファンドのターゲット選択を検証した川本（2022）と整合的な結果が得られている。

なお，$ADJRTN$ と PBR はいずれのコラムでも非有意である。前項の結果を踏まえれば，MBO 実施企業はアンダーバリュエーションに陥っているものの，これら他の MBO 案件との間に株価の過小評価に関する差異はないという結果となっている。

表2-3 MBOの選択要因（期間分割）

カテゴリー	変数	2013年まで (1) Probit	(2) Probit	(3) Cox	(4) Cox
UV	ADJRTN 超過収益率	-0.0006 (0.0708)	-0.0006 (0.0744)	-0.4213 (0.2617)	-0.4117 (0.2736)
	PBR 株価純資産倍率	-0.0000*** (0.0017)	-0.0000*** (0.0017)	-0.0172*** (0.0065)	-0.0136 (0.0118)
TAX	DA 負債比率	-0.0022*** (0.1584)	-0.0012 (0.1508)	-0.7941* (0.4757)	-0.8591* (0.5001)
	INTEREST 売上高利子率	0.0040*** (0.2887)	0.0042*** (0.2821)	5.7464*** (0.7341)	5.8320*** (0.7450)
FCF	CASH 手元流動性比率	-0.0006 (0.1912)		0.9033 (0.5750)	
	FCF フリーキャッシュフロー比率		0.0023** (0.1835)		0.8056 (0.6018)
ALIGN	OWN 役員持株比率	0.0013 (0.1595)	0.0014* (0.1589)	2.8641*** (0.4900)	2.9789*** (0.4865)
MONITOR	FOREIGN 外国人持株比率	0.0038*** (0.2142)	0.0039*** (0.2186)	2.4773*** (0.6065)	2.5750*** (0.6160)
ASYINF	LNMKTV 時価総額対数値	-0.0007*** (0.0219)	-0.0006*** (0.0219)	-0.4927*** (0.0667)	-0.4797*** (0.0668)
RESTR	ROA 総資産経常利益率	0.0058** (0.4404)	0.0066*** (0.4838)	5.2223*** (1.8069)	5.7418*** (1.9196)
TRANSFER	LABORPS 従業員1人当たり売上高	-0.0000 (0.0006)	-0.0000 (0.0006)	-0.0017 (0.0017)	-0.0017 (0.0017)
OTHER	MANU 製造業ダミー	-0.0004 (0.0621)	-0.0004 (0.0622)	-0.4473** (0.1847)	-0.4724** (0.1864)
	年次ダミー	Yes	Yes	Yes	Yes
N		48,767	48,767	52,209	52,209
Groups		4,762	4,762	4,763	4,763
R-squared		0.0604	0.0632	0.0926	0.0925
log-likelihood		-840.4213	-837.9167	-1,149.0819	-1,149.1796
Wald		139.5527	138.7784	247.9883	253.4749

注1：上段は係数（プロビットモデルは平均値周りの限界効果）を，下段は企業ごとにクラスタリングしたロバストな標準誤差を示す。
注2：***，**，* はそれぞれ1％，5％，10％水準で有意であることを表す。

第2章 どのような企業がMBOを選択するのか

2014年以降			
(5) Probit	(6) Probit	(7) Cox	(8) Cox
-0.0007*	-0.0006	-0.8470*	-0.7801
(0.1169)	(0.1268)	(0.5018)	(0.5305)
-0.0000***	-0.0000***	-0.0139**	-0.0119*
(0.0025)	(0.0024)	(0.0054)	(0.0065)
0.0002	0.0013**	1.0864	1.2032
(0.2654)	(0.2081)	(0.8336)	(0.8013)
0.0018	0.0011	1.3907**	1.2889**
(0.3138)	(0.3735)	(0.6183)	(0.6187)
-0.0006		1.0397	
(0.2861)		(0.8433)	
	0.0030***		1.3949*
	(0.2397)		(0.8032)
-0.0005	-0.0000	4.0396***	4.2582***
(0.2544)	(0.2407)	(0.7854)	(0.7733)
0.0036***	0.0035***	3.3644***	3.4631***
(0.3061)	(0.3154)	(0.8259)	(0.8364)
-0.0007***	-0.0005***	-0.6198***	-0.5851***
(0.0362)	(0.0360)	(0.1180)	(0.1258)
0.0029	0.0034*	4.7119**	4.9079*
(0.4973)	(0.5844)	(2.3293)	(2.5915)
-0.0000	-0.0000	-0.0005	-0.0006
(0.0010)	(0.0010)	(0.0034)	(0.0035)
-0.0006	-0.0006*	-0.8753***	-0.9189***
(0.1089)	(0.1081)	(0.3284)	(0.3212)
Yes	Yes	Yes	Yes
25,839	25,839	25,839	25,839
4,087	4,087	4,087	4,087
0.0700	0.0849	0.0840	0.0853
-319.4413	-314.3325	-384.7440	-384.1644
80.5040	101.8953	125.8446	138.7865

表 2-4 MBO へのバイアウト・ファンドの関与（リファレンス：純粋 MBO）

カテゴリー	変数	(1) Probit	(2) Probit	(3) Cox	(4) Cox
UV	ADJRTN 超過収益率	0.0166 (0.3674)	0.0441 (0.3859)	-0.1186 (0.3876)	-0.0852 (0.3892)
	PBR 株価純資産倍率	0.1260 (0.2422)	0.1064 (0.2262)	0.1129 (0.0966)	0.1342 (0.0852)
TAX	DA 負債比率	0.4071 (0.8467)	0.0960 (0.7811)	1.4280 (0.9692)	0.3940 (0.7620)
	INTEREST 売上高利子率	3.2637 (6.8002)	3.6692 (6.5927)	7.8345 (5.0383)	9.3366* (4.8614)
FCF	CASH 手元流動性比率	0.0243 (0.9012)		0.6170 (1.1336)	
	FCF フリーキャッシュフロー比率		-0.5509* (0.8766)		-1.9272* (1.1381)
ALIGN	OWN 役員持株比率	-1.2846*** (1.0535)	-1.3236*** (1.0387)	-2.3001 (1.5836)	-2.0488 (1.4899)
MONITOR	FOREIGN 外国人持株比率	1.2923** (1.4619)	1.2837** (1.5223)	5.1703*** (1.7604)	4.9073*** (1.7825)
ASYINF	LNMKTV 時価総額対数値	0.1119** (0.1371)	0.0830* (0.1337)	0.1571 (0.1427)	0.0602 (0.1408)
RESTR	ROA 総資産経常利益率	-1.2998* (2.0784)	-1.4022* (2.0964)	-2.6772 (3.4252)	-2.9613 (3.3627)
TRANSFER	LABORPS 従業員1人当たり売上高	0.0000 (0.0022)	0.0000 (0.0022)	0.0010 (0.0027)	0.0010 (0.0026)
OTHER	MANU 製造業ダミー	-0.0689 (0.2804)	-0.0651 (0.2843)	-0.1974 (0.2782)	-0.1513 (0.2969)
	年次ダミー	Yes	Yes	Yes	Yes
N		176	176	176	176
R-squared		0.3205	0.3340	0.1988	0.2042
log-likelihood		-80.0874	-78.4942	-252.9158	-251.2092
Wald		599.4558	605.0182	3,232.5881	1,321.8308

注1：上段は係数（プロビットモデルは平均値周りの限界効果）を，下段は企業ごとにクラスタリングしたロバストな標準誤差を示す。

注2：***，**，* はそれぞれ1%，5%，10%水準で有意であることを表す。

5 おわりに：2010年代半ばが転換点

　本章では，非公開化型 MBO の決定要因について，国内外の先行研究のフレームワークや成果を踏まえて総括的な仮説を立てたうえで，最新のデータセットを用いて検証してきた。分析の結果，以下の点が明らかにされた。第1に，PBR や超過収益率が低い企業ほど，MBO によって市場から退出する確率が上昇することが観察された。アンダーバリュエーションの解消が MBO による非公開化のシステマティックな要因であることが確認されたということであり，先行研究と整合的な結果が得られた。

　第2に，成長機会が乏しい企業の手元流動性の存在は，株式非公開化を促す要因になっていることも示された。アンダーバリュエーションの解消と同じく，フリーキャッシュフローの削減も MBO を促すファクターになっていると考えられる。第3に，所有構造も MBO の実施にとって見逃せない要因となっている。特に外国人投資家の持分が高い企業ほど MBO による非公開化に踏み切っている。「物言う株主」のプレッシャーが上場企業の自発的な市場退出を促していると捉えられよう。もっとも，経営者の株式保有率は非公開化に対し，ニュートラルである。日本の MBO マーケットにおいて，役員持株比率が低い専門経営者企業だけではなく，支配株主がファミリーである企業の非公開化が無視できないウェイトを占めていることを表す結果ともいえる。

　そして何より重要なことは，以上の非公開化を促すファクター（特にフリーキャッシュフロー比率と株価パフォーマンス）が，2010年代半ば以降において，より明確に確認できるという点である。近年の日本企業において，エージェンシー問題とアンダーバリュエーションの解消が重要な経営課題になっており，それを解消するツールとして MBO が利用されていることを示す結果だと理解できる。

　また，本章では，どのような企業がバイアウト・ファンドと組んで MBO を行うのかについての追試も行った。これも先行研究と同様，ファンドの投資先

選択はターゲット企業の所有構造によって規定されていることが明らかにされた。すなわち，ファンドは，役員持株比率が低い一方で，外国人持株比率，あるいは出来高やボラティリティが高い流動性に富む企業と組んでMBOを実施していることがわかった。オーナー企業は投資対象に入らない（あるいは，投資させてもらえない）という点で，日本のMBOマーケットにおいてファンドの投資対象は制約されている可能性がある。

　上述したように，本章では，MBOの実施要因に変化があることが明らかにされた。ではそうしたMBOは，キャッシュアウトされる少数株主の富に寄与しているのか。さらに言えば，ファンドMBOや純粋MBO，あるいはファミリーMBOなどの企業特性の差異によって，株主の富への影響は異なるのであろうか。これらの課題についても，買収プレミアムや，近年注目されているTOB価格で測ったPBRなどを指標として本書第7章，最新のデータセットで検証されることがアカデミックな分野だけではなく，実務でも有用と考えられる。

第3章
株式非公開化の動機に関する テキストデータ分析： MBO と完全子会社の比較を中心に

1　はじめに：金銭を対価とする TOB の増加

　1999年に旧商法が改正されて以来，長らく株式交換は日本の M&A の実施において主流を占めてきた。ただし，ここ数年では，こうした動きに変化が起こっている。レコフデータの調査によると，株式交付による M&A は減少傾向にあり，金銭を対価とする TOB が増加しているという。2020年には52件中43件（82.7％）が金銭対価に該当した（吉富 2021）。

　その要因としては，近年のキャッシュアウトのスキーム進化が指摘できる。日本のキャッシュアウトは2003年の産業活力再生特別措置法（以下，「産活法」）の特例で認められ，2006年施行の会社法における全部取得条項付種類株式によって普及した。そして，2014年改正会社法では，「特別支配株主の株式等売渡請求」の新設や「株式併合」制度の見直しもあり，少数株主の締め出しの機動性が向上するとともに，株式買取請求制度が追加され，少数株主の保護に留意が払われた[1]。このほか，キャッシュアウトを利用する理由として，外国人投資家のプレゼンスが高まり，手元流動性の活用方法に厳しい視線が注がれている状況下において，キャッシュを M&A に戦略的に利用しつつ，株主数の増加を回避したいという企業側の思惑もあるとみられる。この結果，

1　キャッシュアウトスキームの内容，変遷については，松尾ほか（2021），川本（2022），家田・川本（2022a），および第6章を参照されたい。

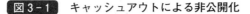

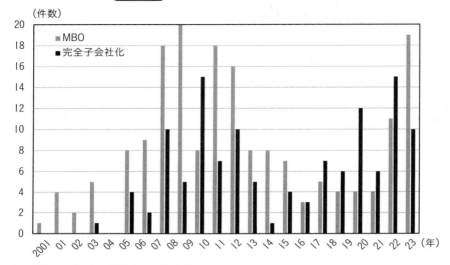

図3-1　キャッシュアウトによる非公開化

注：公表年のカウント。解消となった案件も含む。
出所：レコフデータ「レコフM&Aデータベース」より作成。

　キャッシュアウトによる非公開化の件数は増加し，2021年までにMBOと支配株主による完全子会社化（以下，「完全子会社化」）の2つのケースで累計245件を数え，直近では29件と最高水準に達した（**図3-1**）。キャッシュアウトは株式非公開化のスキームとして，いまやスタンダードになったと理解できよう。

　こうした非公開化の動機や少数株主の富に与える影響に関しては，国内外で多くの研究が蓄積されている。特に，株価が低迷している際にバイアウトが行われる傾向にあるという「アンダーバリュエーションの解消」仮説，買収に手元資金を使用することで将来的な浪費を抑制するために行われるという「フリーキャッシュフローの削減」仮説，買収資金に借入を活用することで利払いが上昇（その上昇分を損金算入）するという「負債の節税効果（タックス・シールド）」仮説，バイアウトに経営陣が参加することを通じ彼らのモチベーションアップが期待できるという「インセンティブ・リアライメント」仮説，などが有力である。

ただし，以上の検証は，企業の財務情報を使用したもので，非公開化を実施した企業の「生の声」を聞いたものではない。実際に，買収側はいかなる動機をバイアウトの理由として挙げているのであろうか。それを知るアプローチの1つとして，各案件の公開買付届出書の記載に着目するという方法がある[2]。今日ほとんどの案件において，公開買付届出書のフォーマットは「公開買付概要」，「公開買付者の状況」以下，5部構成となっている（**表3-1**）。公正性担保措置の内容など，その多くは企業間で差異のない画一的な記載である。ただし，第1部の3「(2)本公開買付けの実施を決定するに至った背景，目的及び意思決定の過程，並びに本公開買付け後の経営方針」（以下，「公開買付けの背景」）の箇所は，それぞれの企業が置かれている業界環境，それまでの経営への取り組みの経緯もあって，かなり企業間で記載にバリエーションがある。この箇所を丹念に分析することで，これまでの財務情報を用いた先行研究とは異なった，非公開化の動機に関する新たな知見を獲得できる可能性がある。

そこで本章では，上記「公開買付けの背景」の記載を対象に，テキストデータ分析を行い，キャッシュアウトを実施したMBO案件と完全子会社化案件の非公開化の動機，および少数株主の富への影響を探っていくこととする。

本章の構成は以下のとおりである。第2節では，テキストデータ分析の手順を説明したうえで，「公開買付けの背景」で多く登場した単語，非公開化に関連する用語の頻度等について概観する。第3節と第4節では，テキストデータを導入して，回帰分析を試みる。具体的には，非公開化の動機を特徴づける用語の決定要因，それらテキスト情報が買収プレミアムに与えた影響について検証する。第5節は結論と今後の研究の展望にあてられる。

---

[2] なお，有価証券報告書のテキストデータ分析を行った成果として，矢澤ほか（2022）がある。

表 3-1 公開買付届出書の構造（チトセア投資，2019 年 12 月 24 日）

第 1【公開買付概要】
1　【対象者名】 2　【買付け等をする株式等の種類】 3　【買付け等の目的】 　　(1) 本公開買付けの概要 　　(2) 本公開買付けの実施を決定するに至った背景，目的及び意思決定の過程，並びに本公開買付け後の経営方針 　　(3) 本公開買付価格の公正性を担保するための措置及び利益相反を回避するための措置等，本公開買付けの公正性を担保するための措置 　　(4) 本公開買付け後の組織再編等の方針（いわゆる二段階買収に関する事項） 　　(5) 上場廃止となる見込み及びその理由 　　(6) 本公開買付けに係る重要な合意に関する事項 4　【買付け等の期間，買付け等の価格及び買付予定の株券等の数】 5　【買付け等を行った後における株券等所有割合】 6　【株券等の取得に関する許可等】 7　【応募及び契約の解除の方法】 8　【買付け等に要する資金】 9　【買付け等の対価とする有価証券の発行者の状況】 10　【決済の方法】 11　【その他買付け等の条件及び方法】
第 2【公開買付者の状況】
1　【会社の場合】 2　【会社以外の団体の場合】 3　【個人の場合】
第 3【公開買付者及びその特別関係者による株券等の所有状況及び取引状況】
1　【株券等の所有状況】 2　【株券等の取引状況】 3　【当該株券等に関して締結されている重要な契約】 4　【届出書の提出日以後に株券等の買付け等を行う旨の契約】
第 4【公開買付者と対象者との取引等】
1　【公開買付者と対象者又はその役員との間の取引の有無及び内容】 2　【公開買付者と対象者又はその役員との間の合意の有無及び内容】
第 5【対象者の状況】
1　【最近 3 年間の損益状況等】 2　【株価の状況】 3　【株主の状況】 4　【継続開示会社たる対象者に関する事項】 5　【伝達を受けた公開買付け等の実施に関する事実の内容等】 6　【その他】

2 非公開化の動機と単語頻度

2.1 非公開化の動機

　冒頭で触れたように，非公開化の動機として，先行研究では①アンダーバリュエーションの解消，②負債の節税効果，③フリーキャッシュフローの削減，④インセンティブ・リアライメント，⑤ブロックホルダーによるモニタリング（コントロール），⑥上場維持コストの削減，⑦抜本的なリストラクチャリングの実施，⑧親会社やグループ企業とのシナジーの創造，などが取り上げられてきた（**表3-2**）[3]。本章では，これら動機を代理する単語として，冒頭で言及したように，公開買付届出書の「公開買付けの背景」部分から，同表で挙げたような「対象語」の記載を抽出していく[4]。

　対象とする案件は，表3-1のような届出書のフォーマットが採用された，2005年から2021年末までの非公開化型MBO122件，完全子会社化74件である。各案件の公開買付届出書はプロネクサス「eol」から取得した。テキスト情報の分析にあたっては，プログラミング言語としてはR，形態素解析システムとしてはMeCab，辞書としてはIPAdicを使用した[5]。

　イメージを得るための一例として，アートコーポレーションの公開買付届出書（2011年2月7日提出）の該当部分の一部を挙げておこう。

---

[3] これら仮説の背景については川本（2022）で解説する機会があった。詳しくは，同書第1章等をご覧いただきたい。

[4] 同表で示したような対象語のほか，「アンダーバリュエーションの解消」仮説については「過小評価」，「負債の節税効果」仮説については「利払い」，「フリーキャッシュフローの削減」については「余剰資金」といった単語でも検索してみたが，それらはほとんど抽出されることはなかった。

[5] 形態素解析辞書としてこのほか，NEologdなどがあるが，「シナジー」などが単独で抽出できないため，今回は使用しなかった。

表3-2 非公開化の動機に関する仮説と対象語

仮説	内容
① アンダーバリュエーションの解消	株価が低迷していると，インサイダーにとっては安価に当該企業が買収できる。
② 負債の節税効果（tax shield）	買収がLBOのスキームを取る場合，利払いは損金算入となるので，節税を狙って買収を行う。
③ フリーキャッシュフローの削減	買収コストを手元流動性で賄うことで，将来的な浪費が抑制でき，企業価値が維持できる。
④ インセンティブ・リアライメント	バイアウトに経営陣が参加することで，彼らのインセンティブ向上につながり，企業価値向上が期待できる。
⑤ コントロール	対象企業にブロックホルダーが存在しない場合，バイアウト後に登場する支配株主のモニタリングによって，経営効率が上昇する。
⑥ 上場維持コストの削減	株主総会開催費用，IR，四半期決算，内部統制など上場時に必要となるコストを節約できる。
⑦ リストラクチャリング	非公開化することで，短期的なマーケットの動向を気にせず，抜本的な事業再構築が行える。
⑧ シナジーの創造	親会社，グループ企業との連携が図りやすくなり，シナジーが生み出されやすい。

　近年，金融商品取引法の改正を始め，資本市場に対する各種規制が強化されたことに伴い，株主総会運営，監査・内部統制制度関連の対応等，株式の上場を維持するために必要な負担が急速に増大しております。また，こうした傾向は，今後さらに増大することが予想されることから，株式の上場を維持することが対象者の経営上の負担になる可能性があります。

　これらの状況を踏まえ，公開買付者は，企業価値の向上を図るための経営改革に伴うリスクから対象者の一般株主の皆様の利益を守るとともに，対象者を中長期的に支援するため，MBOの手法により，公開買付者が対象者の株式を取得することによって対象者の普通株式を非公開化して，公開買付者の代表取締役である寺田千代乃氏のリーダーシップの下で，短期的な業績の変化に左右されることなく，対象者の経営陣及び従業員が一丸となって変革に取り組む体制を構築し，経営の変革を遂行していくとともに，併せて上場維持に伴うコストの削減を図ることが最も有効な手段であるという結論に至りました。

先行研究	対象語
Amihud（1989）	過小
Kaplan（1989b）	節税
Lehn and Poulsen（1989）	キャッシュフロー
Kaplan（1989a）	インセンティブ，モチベーション
Renneboog et al.（2007）	支配，コントロール，モニタリング
Thomsen and Vinten（2014）	コスト
Slovin and Sushka（1998）	抜本，改革
Slovin and Sushka（1998）	シナジー

　以上の記載から，同社が上場維持コストの削減，中長期視野でのリストラクチャリング実施（それによる短期的な株価への負の影響）を目的として，非公開化を選択した様子がよくわかる。

2.2　全体の出現頻度

　まず，「公開買付けの背景」に記載された総単語数から確認していこう（**図3-2**）。同図によると，2007年には平均1,500字程度であった単語数が，その後，右肩上がりに増加し，直近では4,800字を超えていることがわかる。少数株主に対する非公開化の目的や影響，買収後のプランなどの説明が充実している（あるいは，買収者にとっては説明責任が増している）状況が確認できる。

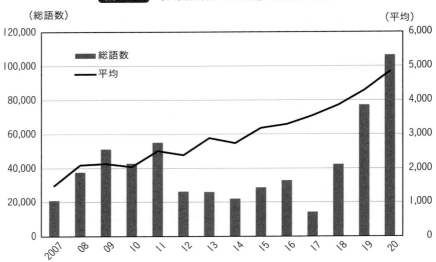

図3-2 「公開買付けの背景」総語数の推移

　つぎに，同記載における単語の出現頻度（名詞，50位）を確認してみた[6]。MBO案件では，「対象者」（1位，4,526語）がトップとなっており，ついで，「公開買付」（2位，2,453語），「事業」（3位，1,983語）と続く（**表3-3**パネルA）。そのほか，50位以内に入った名詞で特徴的なものとして，「価値」（17位，542語），「グループ」（19位，505語），「改革」（32位，368語），「維持」（39位，344語），「中長期」（40位，337語）などがみかけられる。

　一方，完全子会社化案件についても，「対象者」，「事業」など上位の顔ぶれはMBOと変わらない。それ以外の名詞でこのケースでは，「グループ」（5位，786語），「子会社」（8位，404語），「価値」（17位，297語），「完全」（22位，252語），「販売」（28位，232語），「戦略」（34位，192語），「製品」（35位，191語），「技術」（37位，183語）などが注目される。

　6　表3-3から表3-5にかけて，記号や数値，名詞の一部など，明らかに名詞ではない（あるいは独立した語として判断するのが難しい）単語が抽出された場合は除いた。

第 3 章　株式非公開化の動機に関するテキストデータ分析　　51

表 3-3　「公開買付けの背景」出現頻度（名詞，上位 50 単語）

パネル A：MBO（総語数 =297,826）

順位	単語	出現頻度	順位	単語	出現頻度	順位	単語	出現頻度
1	対象者	4,526	18	可能	525	35	予定	362
2	公開買付	2,453	19	グループ	505	36	会社	352
3	事業	1,983	20	環境	484	37	代表	345
4	経営	1,492	21	価格	483	37	成長	345
5	平成	1,383	22	投資	446	39	維持	344
6	取引	1,049	23	証券	441	40	中長期	337
7	株式	1,046	24	決定	429	41	結果	335
8	企業	771	25	検討	405	42	皆様	327
9	取締役	760	26	開発	399	43	収益	319
10	株主	732	27	強化	388	43	サービス	319
11	株式会社	693	28	利益	387	45	商品	315
12	市場	677	29	販売	385	46	実行	313
13	上場	603	30	状況	377	47	実現	310
14	向上	597	31	拡大	369	48	業績	305
15	必要	573	32	体制	368	49	顧客	302
16	実施	548	32	今後	368	50	現在	301
17	価値	542	32	改革	368			

パネル B：完全子会社化（総語数 =139,033）

順位	単語	出現頻度	順位	単語	出現頻度	順位	単語	出現頻度
1	対象者	2,252	18	決定	278	35	製品	191
2	事業	1,494	19	向上	274	36	株主	185
3	公開買付	1,306	20	開発	269	37	技術	183
4	当社	870	21	会社	263	38	構築	180
5	グループ	786	22	完全	252	39	情報	175
6	平成	655	22	拡大	252	40	協議	174
7	経営	612	24	体制	241	41	買付け	171
8	子会社	404	25	成長	235	42	必要	169
9	取引	371	26	システム	234	42	実現	169
10	企業	363	27	環境	233	44	意思	164
11	株式	351	28	販売	232	45	利益	163
12	強化	336	29	実施	226	45	関連	163
13	サービス	317	30	可能	207	47	算定	161
14	価格	314	31	検討	203	48	展開	156
15	株式会社	303	32	提供	201	48	措置	156
16	市場	302	33	分野	194	50	活用	153
17	価値	297	34	戦略	192			

両タイプで「価値」の向上を目的としつつも、MBOが中長期的な経営視野での改革を目的とする一方で、完全子会社化がグループ企業との戦略や技術上の連携を志向している様子がうかがえる。

2.3 「動機」に関連する単語頻度

では、先行研究で取り上げられてきた非公開化の動機を表す用語の登場頻度はどのようなものなのであろうか[7]。MBO案件では、「価値」（頻度：542語、千語当たりの相対頻度：0.18語、以下同）、「コスト」（274語、0.09語）、「抜本」（219語、0.07語）の頻度が高い（**図3-3**(a)）。非公開化による上場維持コストの削減、抜本的な改革、それらによる価値向上が主な動機として記載されていることがわかる。また「創業」がそれらに続き（181語、0.06語）、創業者一族によってMBOが実行されている可能性も示唆される。これはファミリーによるMBOが一定割合占めることを明らかにした川本（2022）と整合的な結果である。

それに対し、「キャッシュフロー」、「モチベーション」、「インセンティブ」、「過小」、「節税」は2語以下に過ぎない。従来、MBOの実施要因で取り上げられてきた、フリーキャッシュフローの削減やインセンティブ・リアライメントは、少なくとも公開買付届出書における動機としては強調されていない。

完全子会社化案件については、「価値」（297語、0.21語）や「コスト」（63語、0.05語）が上位にくるのは同様である（**図3-3**(b)）。MBOの動機と異なる点は、「シナジー」（54語、0.04語）が第4位に入っていることである。やはり当該企業と親会社、あるいはグループ企業との連携強化が完全子会社化の動機となっていることがイメージできる。

---

7 両案件とも、全期間の集計に加え、前半（2013年まで）と後半（2014年以降）で分割してみたが、全期間の傾向とそれほど変わらなかった。

第3章 株式非公開化の動機に関するテキストデータ分析

図3-3 非公開化の動機を表す用語の頻出頻度

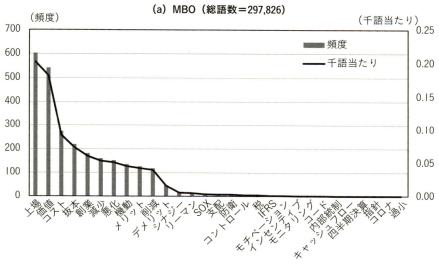

(a) MBO（総語数＝297,826）

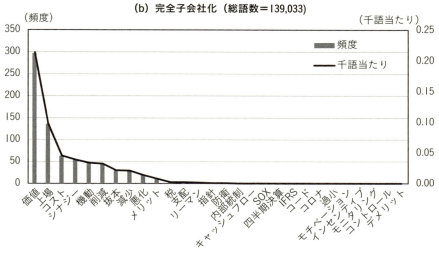

(b) 完全子会社化（総語数＝139,033）

2.4 共起語

　ところで，上記の「動機」を特徴づける単語は，他のどのような単語とともに登場しやすいのであろうか。この点については，対象となっている語（ここでは，「コスト」「価値」など動機に関する語）の「共起語」（対象語の前後近くに登場する語）を検索することによって調べることが可能である。以下では，登場頻度が高かった，MBO 案件では「コスト」，「抜本」，「価値」，「創業」（**表3-4**），完全子会社化案件では「コスト」，「価値」，「シナジー」の共起語を検出してみた（**表3-5**）[8]。検索語と対象語の共起頻度は，平均値の差の検定で使用される T 値，言語学における相互情報量に基づく MI 値で判断できる。前者については 2，後者については 1.58 が目安になるが（石田 2017），掲載したいずれの単語もこの基準をクリアーしていることがわかる。

　その中身についてみていくと，MBO 案件の「コスト」においては，やはり「削減」との共起性が高い（表3-4パネル A）。この単語と並んで，「総会」，「維持」，「運営」といったところが入っていることから，コストのなかでも，特に上場維持コスト，とりわけ株主総会の運営コストの削減を目的としていることがわかる。上場維持コストの削減といえば，従来，四半期決算の公表や内部統制に関わる監査報酬などの直接的，あるいは事務作業などに要する間接的なコストが指摘されてきたことから，これは興味深い結果である。また，「抜本」は「改革」，「構造」，「事業」とともに，（パネル B），「価値」は「中長期」といった単語とともに記載される傾向にある（パネル C）。注目されるのは「創業」であり，「一族」といった用語のほか，「カーライル・グループ」が上位に入り，共起性も高い。同グループが創業者一族と組んで MBO を行っている様子がうかがえる。

　完全子会社化案件に関しては，「コスト」は「削減」，「維持」といった単語

　8　本章では共起語のスパンとして，検索語の前後 5 つまでの単語を対象とするよう設定した。

表3-4　MBOの共起語

パネルA：コスト

単語	Before	After	Span	Total	T	MI
削減	3	76	79	119	8.7615	6.1325
必要	56	5	61	573	7.1160	3.4919
増加	3	43	46	206	6.4949	4.5606
総会	3	29	32	69	5.5414	5.6150
維持	32	1	33	344	5.1779	3.3417
運営	2	26	28	163	5.0000	4.1822
株主	5	31	36	732	4.8456	2.3778
上場	26	4	30	603	4.4355	2.3944
増大	0	13	13	69	3.4245	4.3154
キャッシュ	0	11	11	60	3.1454	4.2761

パネルB：抜本

単語	Before	After	Span	Total	T	MI
改革	2	125	127	368	11.0225	5.5119
構造	19	26	45	189	6.4951	4.9764
経営	18	42	60	1,492	6.2892	2.4106
事業	29	36	65	1,983	6.2020	2.1157
視点	33	0	33	100	5.6129	5.4473
見直し	4	20	24	68	4.7940	5.5443
機動	0	20	20	136	4.2421	4.2812
取り組み	0	14	14	50	3.6406	5.2103
構築	5	11	16	295	3.4422	2.8422
戦略	12	0	12	224	2.9750	2.8244

パネルC：価値

単語	Before	After	Span	Total	T	MI
企業	380	5	385	771	18.8859	4.7375
向上	2	328	330	597	17.5508	4.8842
中長期	87	15	102	337	9.4749	4.0152
算定	7	63	70	148	8.0355	4.6592
付加	62	0	62	63	7.7242	5.7163
株式	75	3	78	1,046	6.6149	1.9942
対象者	165	3	168	4,526	6.4253	0.9877
持続	25	4	29	72	5.1349	4.4275
資する	0	26	26	39	4.9559	5.1545
視点	10	12	22	100	4.2913	3.5550

パネルD：創業

単語	Before	After	Span	Total	T	MI
以来	1	46	47	101	6.7636	6.2181
者	15	44	59	1,472	6.4832	2.6808
家	1	27	28	71	5.2076	5.9793
昭和	9	13	22	284	4.3119	3.6314
一族	1	14	15	15	3.8488	7.3217
株主	1	18	19	732	3.3092	2.0539
対象者	34	11	45	4,526	2.4907	0.6696
培う	1	5	6	21	2.3959	5.5144
カーライル・グループ	2	3	5	22	2.1746	5.1842
当初	0	5	5	51	2.0935	3.9712

表3-5　完全子会社化の共起語

パネル A：コスト

単語	Before	After	Span	Total	T	MI
削減	1	27	28	45	5.2517	7.0548
維持	10	0	10	57	3.0779	5.2283
軽減	2	7	9	10	2.9844	7.5873
上場	10	0	10	136	2.9610	3.9737
負担	2	6	8	13	2.8069	7.0388
構造	2	6	8	50	2.7457	5.0954
低減	0	6	6	12	2.4266	6.7393
管理	6	0	6	59	2.3368	4.4416
伴う	4	1	5	49	2.1335	4.4465
期待	0	5	5	78	2.0728	3.7758

パネル B：価値

単語	Before	After	Span	Total	T	MI
企業	187	2	189	363	13.1652	4.5606
向上	1	162	163	274	12.2936	4.7529
株式	71	0	71	351	7.5071	3.1967
算定	10	46	56	161	7.0086	3.9787
付加	26	0	26	31	4.9649	5.2485
全体	26	1	27	130	4.6442	3.2348
グループ	45	4	49	786	4.5226	1.4986
両社	23	0	23	79	4.4324	3.7220
資する	0	19	19	44	4.1362	4.2907
図る	2	18	20	204	3.4657	2.1517

パネル C：シナジー

単語	Before	After	Span	Total	T	MI
効果	0	20	20	62	4.4388	7.0664
実現	0	15	15	169	3.7680	5.2046
事業	14	1	15	1,494	2.9445	2.0606
向ける	0	8	8	76	2.7638	5.4507
追求	0	6	6	27	2.4230	6.5287
見込む	4	2	6	61	2.3896	5.3529
発生	4	1	5	15	2.2199	7.1137
最大限	0	4	4	33	1.9603	5.6542
創出	0	4	4	34	1.9591	5.6112
グループ	7	0	7	786	1.9307	1.8876

とともに登場するという点では，MBOと同様である（表3-5パネルA）。ただし，「価値」は「グループ」と，「シナジー」は「事業」と共起度が強く，この企業群においては，やはり当該企業にとどまらず，グループの企業価値上昇を目指して非公開化がなされていることが理解できる。

以上をまとめると，両案件とも非公開化の目的として企業価値の向上を掲げ，その手段として上場維持コストの削減を挙げているところでは共通している。もっとも，それに付け加え，MBO案件では抜本的な経営改革による中長期的な価値向上が強調されているのに対し，完全子会社化案件では，親会社，そしてグループ企業とのシナジー創出によるグループ価値向上が志向されているという点も違いがある。では，これらの将来的な企業価値向上に向けた手段の差異は，どのように決定され，そして少数株主がキャッシュアウトされる際の買収プレミアムにいかなる影響を与えているのであろうか。以下，これらの点について検証を試みる。

3　推計モデル

3.1　非公開化の動機

以上の公開買付届出書のテキスト分析からは，「上場維持コストの削減」や「シナジーの創出」，あるいは「企業・株主価値向上」などが非公開化の動機となっていることがわかった。これを踏まえ，以下ではそれら動機の記載の決定要因，および同記載が買収プレミアムに与えた効果について検証していく。分析は2020年末までに公開買付けを実施したMBO122件，支配株主（親会社）による完全子会社化74件を対象とする。財務データは日経メディアマーケティング「NEEDS-FinancialQUEST」から，株価データは同「NEEDS株式日次収益率データ」，東洋経済新報社「株価CD-ROM」から取得した。

推計については，つぎの2つのモデルからアプローチする。いずれもOLS（Ordinary Least Squares：最小二乗法）を利用した[9]。

$$TEXT = F[MBO, FUND, PF, DA, OST, LNASSET, \\ LNTWORDS, MANU, AFTER2009, AFTER2014] \quad (1)$$

　まず，非公開化の動機に関する被説明変数 $TEXT$ として，頻出度数と相対頻度が高かった「コスト（$COST$）」，「シナジー（$SYNERGY$）」，「抜本（$DRASTIC$）」，「価値（$VALUE$）」の各案件の記載数を取り上げる。一方，説明変数は，MBO ダミー（MBOの場合 1，完全子会社化の場合 0），ファンドダミー $FUND$（バイアウト・ファンド関与案件の場合 1，非関与案件の場合 0）を挿入した。

　また，コーポレート・ガバナンスをテーマとする際に使用される，標準的な要因も説明変数とする。具体的には，パフォーマンス PF，資本構成を表す負債比率 DA（負債／総資産），所有構造 OST，企業規模 $LNASSET$，製造業ダミー $MANU$，リーマンショック期の影響を捉えるための $AFTER2009$（2009年度から2013年度までに 1 の値を与えるダミー変数），アベノミクス期の影響を捉えるための $AFTER2014$（2014年度以降に 1 の値を与えるダミー変数）を設定した。PF は，産業平均のパフォーマンスで調整した ROA，TOB公表240日前から41日前までの株式収益率を同期間のTOPIXリターンで差し引いた超過リターン SPF，株価純資産倍率 PBR から構成される。OST は，ファミリーによるバイアウトの増加，および外国人投資家のプレゼンスが高まっていることを考慮して，役員持株比率 OWN，外国人持株比率 $FOREIGN$ を加えた。このほか，トータルの語数が被説明変数に与える影響をコントロールするため，総語数対数値 $LNTWORDS$ も入れている。

　分析の焦点はもちろん，パフォーマンス，ガバナンス要因を条件づけたうえで，MBOと完全子会社化案件，あるいはファンド関与案件と非関与案件とで，公開買付届出書で強調する非公開化の動機が異なるのかという点である。

9　テキスト情報については，ゼロの値を取る案件もあるため，下限をゼロ切断と設定したトービットモデル（Tobit Model）によっても推計を行ってみたが，OLSの結果との間に論旨に影響を与えるような差異は生じなかった。

3.2 買収プレミアム

ついで，アプローチの2つ目として，上記で被説明変数として設定したテキスト情報が，買収プレミアムの水準に及ぼした影響について測定する。買収プレミアムを取り上げるのは，先行研究で繰り返し検証されてきたように，その高低が非公開化のモチベーションに直結すると理解するからである。本章では，Renneboog et al.（2007）にならい，TOB 公表1日前の株価終値に対する買取価格 $PREM1$，同終値が10日前の場合の $PREM10$，20日前の $PREM20$，40日前の $PREM40$ を用いた。説明変数としては，上記(1)式の被説明変数に加え，プレミアムの決定要因を検証する際のスタンダードな変数である，SPF，PBR（＝アンダーバリュエーションの程度），ROA（＝リストラクチャリングの余地）のパフォーマンス変数 PF，DA（＝タックス・シールドの余地），手元流動性比率 $CASH$（＝フリーキャッシュフローの程度），役員持株比率 OWN（＝インセンティブ・リアライメントの余地），外国人持株比率 $FOREIGN$（＝非公開化前のモニタリングの程度），およびコントロール変数（$LNASSET$, $LNTWORDS$, $MANU$, $AFTER2009$, $AFTER2014$）を挿入した[10]。なお，買収プレミアムに与える案件の性質の差異をみるために，MBO ダミーと $FUND$ ダミーも加えている。

$$PREM = F[MBO, FUND, PF, DA, CASH, OST, \\ LNASSET, LNTWORDS, MANU, AFTER2009, AFTER2014] \quad (2)$$

(2)式の分析の焦点は，4つのテキスト情報が，買収プレミアムに与えた影響である。仮に非公開化後のコスト削減やシナジー創出，あるいは経営改革がプレミアムの源泉となっている場合，これらテキストの登場単語数が多い案件ほど，買収後の価値も高まるため，それがプレミアムとして事前に少数株主に支

---

[10] 総語数対数値 $LNTWORDS$ はテキスト情報と相関が強いが，同変数を外してみても，テキスト情報がプレミアムに与える効果については，ほぼ変わりがみられなかった。

表 3-6 基本統計量

パネル A：全体

変数	N	平均値	標準偏差	最小値	最大値
COST	201	2.5373	2.8407	0.0000	23.0000
SYNERGY	201	1.0498	2.4935	0.0000	16.0000
DRASTIC	201	1.4925	1.7864	0.0000	9.0000
VALUE	201	9.2388	9.3125	0.0000	49.0000
TWORDS	201	2,904.0	1,141.4	532.0	6,748.0
PBR	201	1.0269	0.8486	0.1327	5.0947
SPF	174	-0.0327	0.3035	-1.0376	1.1656
ROA	201	0.0073	0.0634	-0.1858	0.2002
DA	201	0.4769	0.2147	0.0978	0.9616
OWN	201	0.0879	0.1156	0.0000	0.4359
FOREIGN	201	0.0916	0.1263	0.0000	0.6778
MANU	201	0.3234	0.4689	0.0000	1.0000
LNASSET	201	10.0121	1.3355	6.7593	15.7422
PREMI	174	0.4791	0.4702	-0.9869	3.4248
PREMI0	174	0.5000	0.3733	-0.9868	2.2258
PREM20	174	0.5139	0.3854	-0.9838	2.2292
PREM40	174	0.4958	0.3516	-0.9839	2.2172

パネル B：MBO と完全子会社化

		MBO					完全子会社化				平均値の差
変数	N	平均値	標準偏差	最小値	最大値	N	平均値	標準偏差	最小値	最大値	
COST	124	2.6129	2.8845	0.0000	23.0000	77	2.4156	2.7832	0.0000	14.0000	0.1973
SYNERGY	124	0.1613	0.4666	0.0000	3.0000	77	2.4805	3.5564	0.0000	16.0000	-2.3192 ***
DRASTIC	124	2.0000	1.8827	0.0000	9.0000	77	0.6753	1.2507	0.0000	6.0000	1.3247 ***
VALUE	124	6.9839	7.0411	0.0000	41.0000	77	12.8701	11.2394	0.0000	49.0000	-5.8863 ***
TWORDS	124	2,731.4	897.4	532.0	5,020.0	77	3,181.9	1,413.6	916.0	6,748.0	-450.5030 ***
PBR	124	0.9240	0.6674	0.1327	3.4582	77	1.1925	1.0627	0.1327	5.0947	-0.2686 **
SPF	114	-0.0796	0.2669	-1.0376	1.1656	60	0.0564	0.3483	-1.0376	1.1656	-0.1360 ***
ROA	124	0.0133	0.0654	-0.1858	0.2002	77	-0.0023	0.0593	-0.1858	0.1667	0.0157 *
DA	124	0.4796	0.2176	0.0978	0.9616	77	0.4726	0.2112	0.0978	0.9616	0.0070
OWN	124	0.1373	0.1223	0.0000	0.4359	77	0.0085	0.0241	0.0000	0.1835	0.1288 ***
FOREIGN	124	0.0771	0.0959	0.0000	0.4414	77	0.1149	0.1619	0.0000	0.6778	-0.0378 **
MANU	124	0.2903	0.4558	0.0000	1.0000	77	0.3766	0.4877	0.0000	1.0000	-0.0863
LNASSET	124	9.7328	1.0651	6.7593	13.4496	77	10.4619	1.5891	7.6921	15.7422	-0.7291 ***
PREMI	114	0.5164	0.5377	-0.9869	3.4248	60	0.4082	0.2943	-0.0115	1.5605	0.1082
PREMI0	114	0.5211	0.4153	-0.9868	2.2258	60	0.4598	0.2753	-0.1294	1.2584	0.0613
PREM20	114	0.5263	0.4271	-0.9838	2.2292	60	0.4904	0.2921	0.0000	1.6800	0.0359
PREM40	114	0.5163	0.3916	-0.9839	2.2172	60	0.4570	0.2578	-0.1148	1.2346	0.0592

パネルC：ファンドとファンド非関与

変数	ファンド関与					ファンド非関与					平均値の差
	N	平均値	標準偏差	最小値	最大値	N	平均値	標準偏差	最小値	最大値	
COST	44	1.5455	1.7713	0.0000	10.0000	157	2.8153	3.0209	0.0000	23.0000	-1.2698 ***
SYNERGY	44	0.3182	0.9829	0.0000	6.0000	157	1.2548	2.7407	0.0000	16.0000	-0.9366 **
DRASTIC	44	1.1591	1.7646	0.0000	9.0000	157	1.5860	1.7869	0.0000	8.0000	-0.4269
VALUE	44	7.6364	8.5211	0.0000	41.0000	157	9.6879	9.4996	0.0000	49.0000	-2.0515
TWORDS	44	2,738.7	1,068.4	532.0	4,748.0	157	2,950.3	1,160.1	916.0	6,748.0	-211.5910
PBR	44	1.2644	0.7979	0.1767	3.4582	157	0.9603	0.8529	0.1327	5.0947	0.3041 **
SPF	40	-0.0620	0.3021	-0.5715	1.1656	134	-0.0240	0.3045	-1.0376	1.1656	-0.0381
ROA	44	0.0110	0.0731	-0.1858	0.2002	157	0.0063	0.0607	-0.1858	0.2002	0.0046
DA	44	0.5145	0.1978	0.1662	0.8682	157	0.4664	0.2186	0.0978	0.9616	0.0482
OWN	44	0.0993	0.1142	0.0000	0.3507	157	0.0848	0.1161	0.0000	0.4359	0.0145
FOREIGN	44	0.1311	0.1272	0.0000	0.5142	157	0.0805	0.1243	0.0000	0.6778	0.0506 **
MANU	44	0.2727	0.4505	0.0000	1.0000	157	0.3376	0.4744	0.0000	1.0000	-0.0649
LNASSET	44	9.9516	1.1475	7.7681	13.3496	157	10.0291	1.3865	6.7593	15.7422	-0.0775
PREM1	40	0.5485	0.5570	0.0408	3.0000	134	0.4584	0.4412	-0.9869	3.4248	0.0901
PREM10	40	0.5174	0.3471	0.0603	1.6667	134	0.4948	0.3818	-0.9868	2.2258	0.0227
PREM20	40	0.5298	0.3911	0.0220	1.9338	134	0.5092	0.3850	-0.9838	2.2292	0.0206
PREM40	40	0.5324	0.4314	0.0000	2.2172	134	0.4849	0.3252	-0.9839	1.6316	0.0475

注1：総語数（TWORDS）は推計の際、対数変換している。
注2：アスタリスクは平均値の差に関するt検定、比率の差に関するカイ2乗検定の結果を表しており、***、**、*は、それぞれ1%、5%、10%水準で有意であることを示す。
注3：各変数について、1%タイルと99%タイルでwinsorizeする異常値処理をしている。

払われるであろう。

　以上の基本統計量は**表3-6**のとおりである。テキスト情報について，MBO案件と完全子会社化案件で比較した場合（パネルB），MBOの方が「抜本」の登場数が高い反面，「シナジー」，「価値」の登場数，「総語数」では低くなっている。また，ファンド関与案件とファンド非関与案件でみた場合（パネルC），「コスト」と「シナジー」で前者が低いという結果になっている。MBO案件では非公開化の経営改革を，完全子会社化案件では親会社やグループ企業の事業とのシナジーを創出することを目的としていることが推察される。もっとも，これらの結果は，プリミティブな2変数間の相関をチェックしただけに過ぎない。他の要因を条件づけても，これらの関係が維持されるか，以下の重回帰分析でチェックしていく。

4　推計結果

4.1　テキスト情報の決定要因

　テキスト情報の決定要因に関する推計結果は，**表3-7**にまとめられている。コラム(1)(2)が各案件の株式公開買付届出書に記載された「コスト」の数を，(3)(4)が「シナジー」を，(5)(6)が「抜本」を，(7)(8)が「価値」をそれぞれ被説明変数として，前節で挙げた各仮説を代理する説明変数に回帰させた結果である。まず，*MBO*ダミーに目を向けると，「シナジー」に対して有意に負（コラム(3)(4)），「抜本」に対しては有意に正（コラム(5)(6)）の効果が観察される。MBO企業は，完全子会社化企業に比べ，「シナジー」の登場頻度は2.05語だけ低く（コラム(3)），「抜本」は1.79語だけ高い（コラム(5)）ということになる。MBO案件が経営改革を目的として非公開化を行っていること，完全子会社化案件はグループ企業とのシナジーの獲得を目指して実施されていることがうかがわれる。MBOの結果については，財務パフォーマンスが低迷している企業ほど，非公開化後の経営効率の改善を目指して非公開化を行う傾向にあること

表3-7　テキスト情報の決定要因

	(1) COST	(2) COST	(3) SYNERGY	(4) SYNERGY	(5) DRASTIC	(6) DRASTIC	(7) VALUE	(8) VALUE
MBO	0.2304	0.6411	-2.0456***	-1.3827***	1.7858***	1.6824***	-1.0694	-0.6877
	(0.4746)	(0.4565)	(0.3907)	(0.3249)	(0.3505)	(0.3466)	(1.1428)	(1.0834)
FUND	-1.1503**	-1.3106***	0.1167	0.1046	-1.1061***	-1.1774***	0.5909	0.4083
	(0.4450)	(0.4738)	(0.2582)	(0.1650)	(0.3882)	(0.3826)	(1.0413)	(0.8462)
ROA	-4.7439	-6.8865*	-3.2549	1.4213	-2.1703	-1.6718	-1.7939	-2.3702
	(3.4643)	(4.0041)	(3.5157)	(2.8941)	(1.8496)	(1.8932)	(6.3476)	(7.1166)
PBR	-0.4158**		0.1285		-0.2189**		0.5424	
	(0.1739)		(0.2600)		(0.1069)		(0.6215)	
SPF		0.0299		-1.1574**		-0.7448**		0.8501
		(0.5337)		(0.5303)		(0.3475)		(2.1393)
DA	-0.3523	-0.6381	-1.3526**	-0.7322	-0.6628	-1.1275*	-1.4286	-1.1244
	(1.0310)	(1.0565)	(0.5996)	(0.5139)	(0.6279)	(0.6395)	(1.9009)	(1.7128)
FOREIGN	-1.4172	-0.3174	0.6878	-1.0415	0.8014	-0.7139	-4.5252	-3.6849
	(1.3499)	(1.4502)	(1.4222)	(1.0034)	(1.0046)	(1.1086)	(3.6417)	(3.2337)
OWN	1.9798	2.3474	0.9151	-0.3899	-0.7887	-0.4976	-3.4217	-1.6829
	(1.6780)	(1.7029)	(0.8503)	(0.6535)	(1.3739)	(1.4008)	(3.9601)	(3.5300)
LNTWORDS	3.8312***	2.7559**	2.3835***	1.2160***	0.0435	-0.2065	10.6921***	7.9988***
	(1.0670)	(1.0611)	(0.7521)	(0.3991)	(0.4390)	(0.5114)	(1.7353)	(1.3746)
LNASSET	-0.1202	-0.2034	0.2462	0.2555	0.0172	0.1166	1.2893**	1.2320**
	(0.1532)	(0.1481)	(0.1858)	(0.1595)	(0.0871)	(0.0938)	(0.4997)	(0.4999)
AFTER2009	-1.2873*	-1.0355	-0.4158	-0.1856	0.7097**	0.7769***	-2.2214***	-1.4617**
	(0.6784)	(0.7126)	(0.2618)	(0.2011)	(0.2812)	(0.2795)	(0.7330)	(0.6322)
AFTER2014	-1.6917	-1.4399	-0.5589	0.3628	0.4291	0.5292	5.1658***	4.2743***
	(1.1514)	(1.2024)	(0.5841)	(0.3837)	(0.4487)	(0.4968)	(1.8358)	(1.4574)
Constant	-24.7741***	-16.4559**	-18.2617***	-10.0561***	0.2769	1.3234	-87.7211***	-66.8929***
	(7.9732)	(7.6465)	(6.4700)	(3.6955)	(3.3359)	(3.9800)	(14.7736)	(13.1785)
Obs	201	174	201	174	201	174	201	174
F-values	4.4834	2.9474	5.0178	3.3683	6.5021	5.6984	25.5355	16.5151
Adj. R-Squared	0.1939	0.1308	0.3384	0.2760	0.2151	0.2162	0.6555	0.5739

注1：括弧内は不均一分散にロバストな標準誤差を表す。
注2：***, **, * はそれぞれ1%, 5%, 10%水準で有意であることを示す。

を明らかにした Martinez and Serve（2011）と整合的な結果となっている。一方，完全子会社化の結果については，親株主の富の創造が期待されるという点において，親子間合併の株式リターン効果を観察し，親会社株主と子会社株主のトータルリターンが正であることを明らかにした Slovin and Sushka（1998）に通じる結果といえる。

　注目されるのはファンドダミーの効果である。「コスト」，「抜本」に対して

有意に負の係数をとっている（コラム(1)(2)(5)(6)）。前述のように，先行研究ではファンドによる事業面，あるいは金融面での買収後の改革を強調してきたことから意外な結果である。いまだファンドといえば「ハゲタカ」のイメージも根強くあることから，届出書におけるリストラクチャリングの文言の記載を抑制することで，バイアウトへのファンドの関与による従業員の抵抗感の緩和，ファンド自体のイメージ低下の回避をねらっていると推察できる[11]。

　他の変数では，株式収益率 SPF と株価純資産倍率 PBR で有意に負を示すコラムが多くなっている。株価パフォーマンスが低迷する企業で，「コスト」，「シナジー」，あるいは「抜本」の登場頻度が高くなる傾向がある。買収後のリストラクチャリングによる株価のアンダーバリュエーションの是正が非公開化のトリガーとなっていると理解できる。これについては，Martinez and Serve (2011)，Pour and Lasfer (2013) など，イギリス，大陸ヨーロッパなどの非公開化企業の特徴を探った海外の研究と共通した内容といえる。

　「価値」を被説明変数とした場合に関しては，$AFTER2014$ が有意に正となっている。2014年以降に届出書に「価値」を記載する案件数が増加していると理解できる。アベノミクス下で株主価値，企業価値向上による国富の増大が目指されたこと，そして，少数株主との利害対立など非公開化案件に厳しい視線が向けられたことの影響を受け，バイアウトの際にも「価値向上」という効用を買い手が強調するようになったのかもしれない。

4.2　買収プレミアムへの影響

　一方，上記のテキスト情報が買収プレミアムに与える影響を推計したものが

11　実際，Amess and Wright (2007) では，バイアウト・ファンドが買収を主導する MBI (Management Buy-ins) 案件では，事後的な雇用削減と賃金カットが観察されることを明らかにしている。また，ファンドと従業員の富に関しては，ユニゾホールディングスの EBO (Employee Buy-outs) のケースにおいて，従業員の雇用と待遇維持をめぐって，複数のファンドとの合意が得られず，雇用保障と内部者による経営権維持にコミットしたローン・スターとの買収に合意したという事例がある。

第 3 章　株式非公開化の動機に関するテキストデータ分析

表 3-8　買収プレミアムの決定要因

	(1) PREM1	(2) PREM1	(3) PREM10	(4) PREM10	(5) PREM20	(6) PREM20	(7) PREM40	(8) PREM40
COST	0.0406	0.0412	0.0390**	0.0396**	0.0411**	0.0417**	0.0390**	0.0399**
	(0.0284)	(0.0294)	(0.0168)	(0.0175)	(0.0188)	(0.0195)	(0.0166)	(0.0173)
SYNERGY	0.0150	0.0084	0.0066	-0.0001	0.0179	0.0119	0.0040	-0.0028
	(0.0151)	(0.0167)	(0.0136)	(0.0143)	(0.0159)	(0.0173)	(0.0129)	(0.0133)
DRASTIC	0.0137	0.0121	0.0174	0.0157	0.0114	0.0101	0.0046	0.0033
	(0.0181)	(0.0178)	(0.0160)	(0.0153)	(0.0170)	(0.0165)	(0.0165)	(0.0162)
VALUE	0.0032	0.0060	0.0059	0.0086	0.0068	0.0094	0.0038	0.0068
	(0.0063)	(0.0066)	(0.0058)	(0.0059)	(0.0066)	(0.0065)	(0.0060)	(0.0054)
ROA	0.7708	0.4335	0.8668	0.5354	0.5870	0.2524	0.6583	0.2337
	(0.5834)	(0.5437)	(0.5347)	(0.5100)	(0.5769)	(0.5596)	(0.5627)	(0.5267)
PBR	-0.1249**		-0.1238**		-0.1210**		-0.1497***	
	(0.0592)		(0.0489)		(0.0495)		(0.0507)	
SPF		-0.2023*		-0.2040**		-0.1872**		-0.2188**
		(0.1189)		(0.0945)		(0.0933)		(0.0896)
DA	0.1127	-0.0138	0.0004	-0.1248	0.0285	-0.0946	-0.0688	-0.2218
	(0.2189)	(0.2204)	(0.1640)	(0.1687)	(0.1673)	(0.1771)	(0.1388)	(0.1504)
CASH	0.3039	0.3018	0.0939	0.0925	0.1113	0.1075	0.0169	0.0098
	(0.2430)	(0.2464)	(0.1850)	(0.1895)	(0.1944)	(0.1998)	(0.1657)	(0.1702)
OWN	-0.2823	-0.3822	-0.2031	-0.3030	-0.1020	-0.1967	-0.0268	-0.1408
	(0.3024)	(0.3179)	(0.2504)	(0.2574)	(0.2764)	(0.2763)	(0.2187)	(0.2448)
FOREIGN	-0.2042	-0.4229*	-0.0144	-0.2324	-0.0372	-0.2463	-0.0107	-0.2650
	(0.1878)	(0.2179)	(0.1674)	(0.1526)	(0.1612)	(0.1614)	(0.1639)	(0.1751)
MBO	-0.1016	-0.0632	-0.1054	-0.0675	-0.1224	-0.0847	-0.0958	-0.0485
	(0.1017)	(0.1005)	(0.0953)	(0.0929)	(0.1040)	(0.1051)	(0.0813)	(0.0824)
FUND	0.1742*	0.1368	0.1056	0.0685	0.1154	0.0792	0.1345	0.0898
	(0.0951)	(0.0927)	(0.0761)	(0.0761)	(0.0858)	(0.0867)	(0.0843)	(0.0821)
LNTWORDS	0.1770	0.1105	0.0806	0.0141	0.0709	0.0081	0.0814	0.0061
	(0.1390)	(0.1544)	(0.1061)	(0.1286)	(0.1071)	(0.1274)	(0.1157)	(0.1440)
LNASSET	-0.0453	-0.0447	-0.0382*	-0.0376*	-0.0394*	-0.0389*	-0.0107	-0.0102
	(0.0282)	(0.0284)	(0.0226)	(0.0226)	(0.0233)	(0.0233)	(0.0192)	(0.0192)
MANU	0.0848	0.1260	0.0391	0.0802	0.0512	0.0904	0.0022	0.0495
	(0.0734)	(0.0782)	(0.0558)	(0.0562)	(0.0607)	(0.0597)	(0.0520)	(0.0558)
AFTER2009	-0.2874***	-0.2767***	-0.2312***	-0.2205***	-0.2426***	-0.2327***	-0.2096***	-0.1981**
	(0.1028)	(0.1051)	(0.0742)	(0.0787)	(0.0750)	(0.0773)	(0.0727)	(0.0767)
AFTER2014	-0.4649***	-0.4204**	-0.3860***	-0.3412**	-0.4053***	-0.3642***	-0.3097***	-0.2617**
	(0.1763)	(0.1766)	(0.1316)	(0.1343)	(0.1383)	(0.1372)	(0.1200)	(0.1272)
Constant	-0.3321	0.0850	0.4263	0.8440	0.5064	0.9001	0.2095	0.6810
	(1.1851)	(1.3309)	(0.9057)	(1.0836)	(0.8889)	(1.0551)	(0.9263)	(1.1579)
Obs	174	174	174	174	174	174	174	174
F-values	2.0425	2.2282	2.2814	2.6676	1.9165	2.0302	1.5913	1.8071
Adj. R-Squared	0.1633	0.1486	0.2066	0.1845	0.2068	0.1845	0.2093	0.1646

注 1：括弧内は不均一分散にロバストな標準誤差を表す。
注 2：***, **, * はそれぞれ 1%, 5%, 10% 水準で有意であることを示す。

表3−8となる。コラム(1)(2)が対前日，(3)(4)が対10日前，(5)(6)が対20日前，(7)(8)が対40日前の終値を基準株価としたプレミアムを被説明変数として，前項と同様の説明変数に回帰させた結果である。それによれば，「コスト」が $PREM10$ から $PREM40$ のケースで有意に正の効果を与えている。（コラム(3)から(8)）。たとえば，コラム(3)で測定すると，「コスト」の単語数が1つ増加すると，買収プレミアムは3.90％上昇することになる。前述のような，株主総会費用など上場維持コストの削減が買収プレミアムの有力な源泉になっていることが裏付けられる。これまで国内外の研究でも，バイアウトのプレミアム推計において上場維持コストの削減は明示的に変数化されることはなかったので，これは本章の貢献といえる。そのほか，買収プレミアムに対して PBR，株価パフォーマンス SPF が有意に負となっており，Amihud (1989) や Renneboog et al. (2007) などの先行研究と同様，アンダーバリュエーションがプレミアムの源泉になっているという点で，本推計に違和感はない。

5　おわりに：同じ非公開化でも異なる動機

本章では，公開買付届出書のテキストデータを解析することで，非公開の動機，少数株主の富への影響について探ってきた。分析の結果，MBO案件と支配株主（親会社）による完全子会社化案件とで，非公開の動機に共通する部分と異なる部分があることがわかった。具体的には，両グループとも，企業価値向上を目的として，その実現のために上場維持コストの削減をしようとしていることでは共通している。そのうえで，MBO案件では，少数株主を排除したうえで，短期的な株価の動向にとらわれない，抜本的なリストラクチャリングを断行することを視野に入れているのに対し，完全子会社化案件では，当該企業だけではなく，親会社やグループ企業との連携を深め，グループ全体の価値向上を目指していることが明らかとなった。

このようなグループ間の差異は，テキスト情報を被説明変数とし，MBO ダミー，完全子会社化ダミーを説明変数とした回帰分析からも支持された。なお，

追加的検証のために，ファンドダミーも同推計に挿入したところ，届出書における「コスト」や「抜本」という単語の記載を避ける傾向にあり，そのイメージ低下を回避したい思惑も垣間見えた。もっとも，少数株主に支払われる買収プレミアムの検証では，「コスト」のみがその水準を引き上げ，リストラクチャリングやシナジー創造に関連する単語には影響を与えていないことも確認された。

　以上の分析結果は，同じ非公開化でも，企業価値向上を目指すルートが異なるということを強く示している。今後の非公開化の動機や事後パフォーマンスの実証分析では，それぞれのグループの特性を見据えたフレームワークを構築したうえで検証を行っていく必要がある。

　また，テキスト情報という観点から分析を行ったことにより，上場維持コストが非公開化の動機として確認されるなど，財務情報を主に用いてきた先行研究の結果とは異なる，非公開の動機や買収プレミアムに関する新たな知見を提供することができた。ただ，課題は残る。たとえば，「抜本的な経営改革」とは，どのような事業やガバナンス体制を対象とした再構築を指すのか。「シナジー」として，いかなる分野での連携が親会社とグループ企業とで想定されているのか。テキストデータ分析の精度をより向上させるとともに，当該企業のケーススタディ，関係者へのヒアリングで補強することにより，より研究面，実務面で有益な非公開化の効用に関するインプリケーションを提供することが可能となろう。

第4章

MBOとアクティビズム：
介入の動機と成果

1　はじめに：相次ぐアクティビストの介入

　新型コロナウイルスの蔓延や東京証券取引所の市場区分の変更等を受けて，MBOの実施が増加傾向にあることは繰り返し述べてきたところであるが，このようななかで目立つ動きは，MBOを公表した案件にアクティビスト[1]が介入するケースが相次いで起こっていることである。レノやシティインデックスイレブンス（以下，「シティ」）などの旧村上ファンド系を中心に，2017年以降，7つのケースを数える（**表4-1**）[2]。その過程でTOBが成立した案件もあれば，買付価格の引き上げにもかかわらず，必要とする買付数に達せず，不成立になった案件も存在する。また，介入したアクティビストと条件交渉を行ったうえで，再MBOに踏み切るケースもみられる。

　こうしたアクティビストの介入は，Bump（衝突）とArbitrage（アービトレージ：鞘取り）を掛け合わせて，Bumpitrage（バンプトラージ）と称される（太

1　井上（2008b：56）では「アクティビスト・ファンドとは，経営陣に影響を与え得るだけのブロック株式を取得し，経営陣との交渉や株主提案など積極的な株主行動（中略）を通して投資先企業の経営効率化を促し，その株主価値の向上を通して超過リターンの獲得を目指す一種のヘッジファンドである」とされている。

2　ソトー（MBO公表，2004年1月16日）とサンテレホン（同2006年12月20日）のケースは，アクティビストのTOBに対抗するための手段としてMBOがされたことから，同表には掲載されていない。

表 4-1 MBO にアクティビストが介入した事例

届出日	会社名	ファンド	アクティビスト，対抗買付者等	TOB 価格変遷（円）（会社側）	MBO 成否
2007/4/9	テーオーシー		ダヴィンチ・アドバイザーズ	800	否
2017/11/9	東栄リーファーライン		オフィスサポート，レノ	600	否
2019/1/18	廣済堂	ベインキャピタル	レノ，南青山不動産	610 → 700	否
2019/12/24	ユニゾホールディングス	ローン・スター	HIS，フォートレスなど	5,100 → 5,700 → 6,000	成
2020/5/11	ニチイ学館	ベインキャピタル	リム・アドバイザーズなど	1,500 → 1,670	成
2020/11/6	日本アジアグループ	カーライル・グループ	シティインデックスイレブンス	600 → 1,200	否
2021/2/9	サカイオーベックス		シティインデックスイレブンス	2,850 → 3,000	否

出所：日経各誌などを参考に筆者作成

田 2023）。こうしたアクティビストの介入は，どのように評価されるのであろうか。それには肯定的なものと，否定的なものとがある。前者としては，アクティビストはフリーキャッシュフローを抱える企業をもっぱらターゲットとしており，介入を通じ株主還元を実現し，株主の富を創造しているという見方である（Jensen 1986）。また，ノンコア事業の売却や資本政策の変更など，アクティビストの経営要求が"wake-up call"（Chatterjee et al. 2003）となり，仮に要求が通らなくとも，経営陣の経営政策変更の呼び水となり，株主価値向上に向けた動きを促進しているという捉え方もある。特に MBO 取引においては，買い手と売り手とを経営陣が兼ねることにより，少数株主との利益相反を引き起こす懸念があることから，アクティビストの介入は，そうした誤った経営者の行動を矯正するシグナル（credible signal; Boyson et al. 2017）になるとして期待する向きもある。

　一方で，アクティビストの介入行為に疑問を投げかける声は根強い。その代表的なものは，アクティビストはブロック取引とそれに基づく経営要求を通じて，一時的な株価の引き上げを狙い，単なる鞘取り（arbitrage：アービト

ラージ），あるいは"stock picking"（Becht et al. 2009）を行っているだけに過ぎないという見方である。このケースでは，アクティビスの介入で経営が混乱することで，経営陣はその対応で時間を浪費し，肝心の経営執行に専念できないため，株主価値にネガティブな影響を及ぼすおそれがある。

また，同様に，アクティビストは成長企業からも必要資金を引き出しており，正のNPV（Net Present Value：正味現在価値）を生み出す投資までもが犠牲にされているのではないかとの見解もある。さらに，介入行為が敵対的買収に発展するなかで，従業員のモチベーション低下や離職を引き起こし，それまで培ってきた経営者・従業員間の信頼を破壊（breach of trust ; Shleifer and Summers 1988）するのではないかとの懸念も指摘されている。

日本のMBOに対するアクティビストの介入行為は，上記のような2つの立場のいずれが支配的なのであろうか。そこで本章では，上記の議論を念頭に，近年のMBOへのアクティビスト介入案件をサンプルとして，以下のような点を検証する。

- *アクティビストの介入があったMBO案件は，介入がなかったMBO案件や非MBO案件と比べ，株価や財務パフォーマンス，所有構造に差異はあったのか。*
- *アクティビストの介入は，株主価値にいかなる影響を与えたのか。*
- *アクティビストの介入は，その後の経営政策を変化させたのか。させたとすれば，どのような側面でそれは起こったのか。*

サンプルも限定されており，あくまでその結果は暫定的なものにとどまるが，以上のような検証を通じ，アクティビストの行動を規制するか促進するかの，政策的インプリケーションの糸口が掴めるであろう。

本章の構成は以下のとおりである。次節ではアクティビスの介入効果とMBO実施動機に関する先行研究をレビューする。第3節では，MBOの実施からアクティビスト介入，そして，その後の経緯について，案件ごとに簡単に紹介する。第4節ではアクティビスト介入案件の特徴について分析する。第5

節ではアクティビスト介入後の株式リターンに関して検証する。第6節では介入の経営政策への影響について，MBO が不成立に終わった案件を中心に確認する。第7節は結論と今後の課題にあてられる。

2 先行研究[3]

本節では，本章の研究目的に関連する先行研究として，①アクティビストのターゲット，および MBO を実施した企業の特徴，②それらの介入・実施の株式リターンへの影響，③介入による経営政策への効果，について紹介する。

2.1 ターゲット企業の特徴

アクティビストのターゲットとなった企業の属性に関し，しばしば取り上げられる研究として Brav et al.（2008）がある。同研究では，ROA や機関投資家の持分は高い反面，トービンの q と配当利回りは低い企業がターゲットとなる傾向が明らかにされている。また，Greenwood and Schor（2009）は経営陣とエンゲージメント（資本構成，ガバナンス，経営戦略，事業売却などに関して）を行ったヘッジファンドによる経営介入（5％以上の株式取得）を対象として，その対象とならなかったサンプルと比べ，時価簿価比率，株式リターンの低い企業の方が，ターゲットになる傾向にあることを報告している[4]。

一方，日本の実証分析としては，井上・加藤（2007）があり，2000年代前半の6ファンドの株式取得行動を扱っている。そこではターゲット企業は，ROE

---

[3] アクティビストの介入動機や効果については，川本（2018）でもレビューする機会があった。

[4] アクティビスト介入に与える企業規模の効果は，先行研究において一致した見方が得られていない。たとえば，日本のケースでは，井上（2008b）において小規模案件が多いと言及されている一方で，田中・後藤（2020）ではむしろ上場企業のなかでも規模が大きな部類のものが多いことが観察されている。また，胥（2007）ではランダムに抽出したコントロール企業と差異がないことが示されている。

（自己資本当期利益率），PBR などの面で資本効率に劣り，少数特定株主持株比率，筆頭株主持株比率が低く，ブロック株式の取得が容易な企業が標的となっている状況が観察されている。同様に，胥（2007）でも2000年代前半の2つのファンド（村上ファンド，スティール・パートナーズ）の投資対象をサンプルとして，フリーキャッシュフローを抱え，経営者・株主間のエージェンシーコストが発生している企業ほど，ファンドのターゲットになる確率が上昇することを示している。さらに，田中・後藤（2020）でも，主に2000年代のブロック株式取得を取り上げて，アクティビストは現預金等の保有率が高い一方で，トービンのqは低く，外国人持株比率が高い企業を標的としていることが指摘されている。

以上の国内外の研究は，アクティビストが，株価が過小評価（アンダーバリュエーション）に陥っていると同時に，フリーキャッシュフロー（成長性が低いにもかかわらず，多くの現預金・有価証券を保有）を抱え，かつ流動的な所有構造を有し，ブロック株式を購入することで影響力の行使しやすい企業をターゲットにしていることを示すものといえよう。

2.2　MBO 実施企業の特徴

一方，上場廃止全般を対象としたものは蓄積されているが，MBOに絞って，その実施前の属性を検証した研究はそれほど多くはない。一例として，Weir et al.（2005ab）は1990年代末の非公開化型 MBO を取り上げ，株式リターンが低く，かつ経営陣の持株比率が高い企業ほど，非公開化に踏み切る確率が高いことを報告している。興味深いことに，これらは，日本の非公開化型 MBO をサンプルとした川本（2022）でも共通する特徴となっている。

株式リターンが低いということは，アンダーバリュエーションの傾向があるということであり，上記のアクティビスト介入案件の特徴と重なる。これを踏まえると，本章の論点は，MBO にアクティビストが介入した案件は，介入がみられなかった案件よりもアンダーバリュエーションの程度が大きいか否か，という点になろう。

また，経営者持分の側面では，理論的には，その事前の持分が低い企業ほど，MBO を実施する可能性が高いとされている。なぜなら，経営者の持株比率が低い案件の方が，バイアウトに経営陣が参加することによる持分上昇幅が大きくなり，彼らの経営インセンティブが増強されるからである（インセンティブ・リアラインメント効果）。だが，実証的には逆の結果となっており，さらにアンダーバリュエーションの程度が大きいほど，その関係性は増強する。この点について，Weir et al. (2005ab) や Halpern et al. (1999) あるいは Croci and Giudice (2014) では，ファミリーのような持分が高い経営者ほど，より多くの内部情報（insider information）を保有しており，非公開化後の価値創造分を一手に獲得することを目指すこと，そして，アンダーバリュエーションの程度が大きい場合，（内部情報を保有するがゆえに，価値が適正に評価されていないとの印象を経営陣が抱きやすいため）MBO を行うのではないかと論じられている。

2.3 アクティビスト介入と株主リターン

アクティビストの介入が株主の富に与える影響については，その介入の目的によって異なることが知られている。たとえば，先の Brav et al. (2008) では，経営戦略の変更を目的とした介入や対抗買付けに発展する場合，バイ・アンド・ホールド・アブノーマル・リターン（Buy and Hold Abnormal Return; BHAR）は高くなる一方で，ガバナンス強化や資本政策変更を目的としたものは，それらよりリターンが低くなることが示されている。後者については，そもそもアクティビストの取得割合は数％にとどまっており，それらの変更を実現するには効果的ではないためだと述べられている。また，Becht et al. (2009) はイギリスの年金ファンド，Hermes U.K. Focus Fund（HUKFF）のエンゲージメント行為（会談や書簡送付）を取り上げ，HUKFF による株式取得に対する株価反応は弱いものの，介入が成果を上げた場合（特に，事業再構築と CEO 交代のケース），他の介入行為よりも高いリターンを獲得したとされている。

日本企業を対象とした研究としては，井上・加藤（2007）があり，イベントスタディ分析の結果からは，イベント日周辺1日で4％程度のリターン，1年でも村上ファンド関連案件以外ではそれまでの超過リターンが残っていることが明らかにされている。また，村上ファンド対象案件でも1年リターンは負にはなっておらず，株主の富を棄損したとはいえないとしている。

以上の実証分析の結果は，アクティビストのリターンの源泉が，しばしば指摘されるような，単なる"stock picking"（Becht et al. 2009）や「割安株発見能力」（井上 2008b）だけではなく，エンゲージメントの選択と行使，その実現に基づくケースが存在することを示唆している。

2.4 MBOと株主リターン

一方，MBOを実施した企業の少数株主のリターンについては，もっぱらプレミアムの測定によって検証されている。たとえば，ヨーロッパ諸国の非公開案件を分析したRenneboog et al.（2007）では，MBO案件のプレミアムは対20日前終値基準で40.6％，対40日前基準で39.1％の水準が報告されている。日本に関しては，川本（2022）が直近までのデータを用いて検証しており，対20日前終値プレミアムで40％台後半から50％台前半のレンジを取っており[5]，それは1970年代アメリカにおける非公開化案件を対象としたDeAngelo et al.（1984）の56.3％にも匹敵する水準であることが確認されている。プレミアムの観点からみる限り，日本の少数株主が非公開化取引において利益を棄損されているとは判断できない。

では，こうしたMBO案件にアクティビストが介入した場合，リターンはどのようになるのであろうか。この点について，Easterwood et al.（1994）が示唆に富む分析をしている。同研究では，1970年代後半から1980年代後半のアメリカにおけるMBO184件を取り上げ，それを"explicit competition"（MBO

---

[5] もっとも，リターンの水準は変化しており，レックス・ホールディングス事件の高裁決定があった2010年前後に上昇し（井上ほか 2010），その後低下し，直近では安定化する傾向をみせている（川本 2022）。

前後において正式な対抗買付けがあったケース，71件）と"implicit competition"（TOBの噂の流布や，正式なオファーにまでいたらなかったケース，30件）に分け，後者はTOBがなかった案件と累積異常リターン（Cumulative Abnormal Return; CAR）に差異はなかったのに対し，前者は有意にリターンが高かったことが示されている。また，TOB価格の修正理由についても検証しており（109件），社外取締役の交渉26件，株主の訴訟27件，対抗ビッド56件と，コントロールメカニズムのなかでもコンテストの状態が効果的であることが明らかにされている。

2.5 経営政策への影響

では，アクティビストは，ターゲットの企業の経営政策にいかなる影響を与えたのであろうか。前述のBrav et al.（2008）では，アクティビスト介入後，業種，規模，時価簿価比率で近似させたコントロール企業に比べ，ROA，株主還元が上昇していることが報告されている。ただし，株主還元と資本政策の変更（負債比率の引き上げ）の関係性は弱く，それは債権者から株主への富の移転を前者が嫌ったためだと論じている。また，Becht et al.（2009）でも，上記HUKFFのエンゲージメント30件のうち28件は，ノンコア事業の売却による事業再構築が介入目的，半数はCEOの交代，もう半数は株主還元の増加としており，そのなかでノンコア事業の売却，多角化投資の中止，CEO・社外取締役の交代，資本政策の変更（新株発行，株主還元の増加）に成果があったと報告している。

日本企業の実証では，田中・後藤（2020）において，傾向スコア・マッチング法を用いて抽出したコントロール企業と比較することで，介入後7期にわたる経営行動をチェックしている。その結果，ROA，トービンのq，自己資本分配率においてはコントロール企業との間に有意な差はみられなかったものの，アクティビストのヴォイス（①社外取締役選任，②株主還元増大，③買収・設備投資の実行，④不採算業の売却などのリストラクチャリング，⑤他社への身売り）が会社側に認められたサンプルに限定した場合，トービンのq，株主還

元の増加があったことが報告されている。また，介入後，設備投資，R&D は減少していないことから，彼らの介入はフリーキャッシュフローの株主還元を実現してはいるが，必ずしも企業の短期志向をもたらしているわけではないと結論付けている。

2.6　敵対的 TOB への発展

以上の研究は，アクティビスト介入の経営政策へのポジティブな影響を見出すものであるが，では彼らの行動が単なるブロック株式の取得にとどまらず，敵対的買収に発展した場合，事後の経営行動にいかなる影響がもたらされたのであろうか。これについては，敵対的 TOB が "wake-up call"（Chatterjee et al. 2003）となり，当該企業を株主価値向上に目覚めさせるという見方もある。たとえば，Boyson et al.（2017）では，TOB 不成立後，経営が効率化し，財務パフォーマンスが改善するとともに，資本政策が変化（負債の活用）し，投資が活発化している状況を明らかにしている。この他，直接アクティビストを対象としたものではないが，Denis and Serrano（1996）では，TOB 不成立後，2 年間の CEO 交代確率は高いが，それは取締役会がイニシアチブを取ったのではなくて，アクティビストがブロックホルダーとして残存し，経営陣にプレッシャーをかけたためだと述べられている。

もっとも，以上のような介入行為が株主価値向上のトリガーとなったとする見方とは異なるものもある。前掲の Greenwood and Schor（2009）は，事後の経営行動も検証しているが，アクティビストによる買収不成立後，ROA，ペイアウト，成長率，時価総額に変化なく，投資行動はかえって抑制されていることを明らかにしている。そのネガティブな影響を過度に強調するものではないが，経営政策に有意な影響はなく，かえって経営の混乱という部分でコストが生じうるという可能性も否定しきれない。日本の MBO のケースで，これらいずれの側面が支配的であるかは，実証的な課題となる。

3　各案件の概要[6]

　本節ではMBOへのアクティビストの介入が発生した案件の概要について，①MBOの動機，②アクティビストの介入目的，③それら介入後における会社支配権の争奪状況等の観点から，簡単に紹介していきたい。

3.1　テーオーシー（不動産賃貸業，東証1部）

　この案件は，MBO不成立後，不動産ファンドが敵対的TOBを仕掛け，それも不成立に終わったケースである。2007年4月6日，テーオーシーはMBOを公表した。買付価格は1株当たり800円，直近3カ月終値平均710円に12.68％のプレミアムをつけた価格であった（図4-1参照）。MBOに踏み切った動機としては，含み益を有する資産（TOCビル）などを保有し，財務が良好であり，それを目当てとした買収を避けることが狙いにあったという[7]。ただし，皮肉なことに，これがアクティビストを呼び込むきっかけとなった。

　4月25日，不動産投資ファンドのダヴィンチ・アドバイザーズ（以下，「ダヴィンチ」）は，買付価格に保有不動産の含み益を反映していないことを理由に，経営陣の賛同を条件としてTOBの実施を提案した。ダヴィンチ介入後，テーオーシー側の価格引き上げが期待され，株価は急騰し，株価が買付価格を上回る展開となった。ただ，会社側はダヴィンチの提案を拒否するとともに[8]，

---

[6] ここで紹介する事例のほか，MBO実施前にアクティビスト（オアシス・マネジメント）が既に介入していたケースとして片倉工業（MBO公表：2021年8月）が，ソフト開発会社が買取価格に対する疑義を呈して介入した案件として光陽社（同2021年3月）がある。

[7] 「テーオーシーがMBO」『日経産業新聞』2007年4月9日。

[8] ダヴィンチのRIET運用子会社が不動産鑑定書の不備のために金融庁から業務停止命令を受けていることを理由に，ダヴィンチ側の法令順守体制に問題があるとして，テーオーシーは買収提案を拒否した。「ダヴィンチの法令順守体制「懸念」の質問書」『日本経済新聞』2007年5月8日。

第4章 MBOとアクティビズム

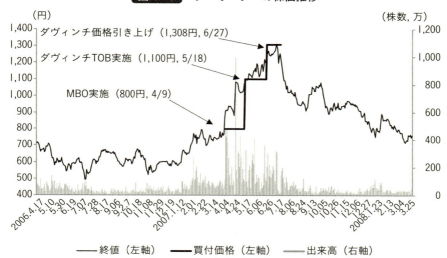

図4-1 テーオーシーの株価推移

出所：日経メディアマーケティング「NEEDS 株式日次収益率データ」、東洋経済新報社「株価CD-ROM」、プロネクサス「eol」より作成。

買収後の財務負担悪化を懸念して、価格の引き上げを行わなかった。結果、5月12日、応募は買付予定数の18.58％とどまり、MBOは不成立に終わった。

こうした両陣営の対立が増すなか、5月18日、ダヴィンチは、敵対的TOBを発表した（買付価格1,100円）。自社の不動産経営のノウハウを移転することで、テーオーシーの企業価値を高めることが可能と判断したという。これに対し、テーオーシーは資産の切り売りやダヴィンチの法令順守体制に懸念があると反発し、創業者一族による株の買い増しを行うとともに、ダヴィンチからの株主名簿閲覧要求を拒絶し[9]、TOB阻止に動いた。

株主構成が把握できず、TOBへの応募交渉が困難をきたすなか、ダヴィン

---

9 その後、ダヴィンチは東京地裁にテーオーシーの株主名簿閲覧を求め仮処分申請を行ったが、ダヴィンチがテーオーシーの同業にあたるとの判断から、地裁はこれを却下した。「テーオーシーTOB 株主名簿閲覧の仮処分申請却下」『日本経済新聞』2007年6月18日。

チは買付価格を引き上げるとともに（6月27日，1,308円へ），海外専門会社を利用し，テーオーシー株を保有する機関投資家40社を特定したうえで，直接訪問し，それらからTOBに応じる意向を確認していった。同意を取り付けた株式数は発行済み株式数の37％にものぼり，これにダヴィンチ子会社の10％を足すと，TOB成立への目途が立ったかにみえた[10]。

ところが，ふたを開けてみると，7月24日，TOBは不成立に終わった。子会社分も含め応募率は発行済み株式総数の4割弱にとどまったのである[11]。原因としては，テーオーシーの安定株主である生命保険会社や取引銀行，一部の資産運用会社が応じなかったことが指摘されている。ダヴィンチ・金子修社長（当時）は「経済合理性で動かない株主がいた点が誤算だった」と語った[12]。

3.2　東栄リーファーライン（冷凍・冷蔵食品輸送，ジャスダック）

この案件は，アクティビストの介入により，いったんMBOが不成立となり，その後，アクティビストとの条件交渉を経て，再MBOに挑んだケースである。2017年11月9日，東栄リーファーライン（以下，「東栄リーファ」）はMBOを公表した。その動機は，上場廃止で経営の自由度を高め，低燃費の小型漁船などに新規投資することにあったとされる[13]。買付価格は1株当たり600円，直近3カ月平均終値434円に38.25％のプレミアムをつけた価格であった（**図4-2**参照）。

ただ，株価はTOB価格を上回って推移し，そうしたなかで，オフィスサポート（旧村上ファンド系）の資本参加が明らかとなった（11月30日には7.4％の取得が判明。その後，2018年1月12日には16.7％まで上昇）。この株価推移の背景には，同ファンドが当該銘柄の割安感に着目し（TOB価格よりも純資

10　「テーオーシーへのTOB」『日本経済新聞』2007年7月7日。
11　「ダヴィンチ，敵対的TOB不成立」『日本経済新聞』2007年7月24日。
12　「TOB不成立，ダヴィンチ社長，「経済合理性で動かず」」『日本経済新聞』2007年7月25日。
13　「東栄リーファ，MBO不成立」『日本経済新聞』2018年1月13日。

図4-2 東栄リーファーラインの株価推移

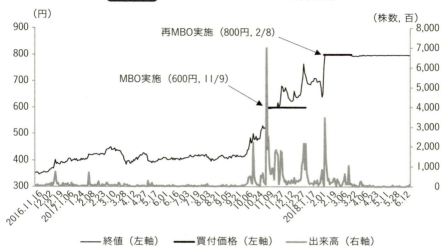

出所：図4-1と同様。

産が安価であった），マーケットも東栄リーファの価格引き上げを期待したからであった。もっとも，会社側は引き上げを実施しなかったことから，議決権の3分の2にあたる株式の応募が集まらず，2018年1月12日，TOBは不成立となった。

もっとも，話はここから一転する。東栄リーファは買付条件について村上氏側と再交渉したうえで同意を得て，2月8日，再MBOに踏み切った。買付価格は800円，直近3カ月終値平均651円に22.89%のプレミアムと試算されている。このバイアウトは成功し，3月24日，TOBは成立をし，6月22日，上場廃止となった。

3.3　廣済堂（商業印刷，東証1部）

この案件は，MBOと，介入したアクティビストによる敵対的TOBの双方が不成立に終わったケースである。2019年1月18日，廣済堂（現広済堂ホールディングス）経営陣はベインキャピタル（以下，「ベイン」）と組み，同社を

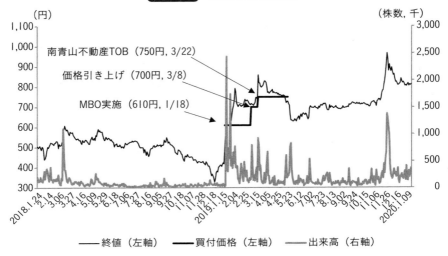

図4-3 廣済堂の株価推移

出所：図4-1と同様。

MBOで買収することを公表した。非公開化の動機としては，「主力の印刷事業の構造改革や迅速な意思決定を実現するため」[14]とされる。買付価格は610円，直近3カ月終値平均424円に43.87%のプレミアムをつけた価格であった（**図4-3**参照）。ただし，会社側の意思は，一枚岩ではなかった。1月18日，創業者，監査役は，買収で負債が膨らむことを問題視して，MBOに反対を表明した。

　こうした状況を背景に，株価は買付価格を上回って推移した。マーケットが，株価の引き上げを期待したからである。また，もう1つの混乱要素があった。アクティビストの介入である。ここでも旧村上ファンド系のレノによる資本参加が明るみとなり，2月4日には5.83%であった持株比率を，同5日には8.31%，同8日には9.55%，3月18日には11.71%にまで段階的に引き上げていった。この動きに会社側も反応し，村上氏側の意見を参考に，買付価格を700円に引き

14　「広済堂がMBO」『日本経済新聞』2019年1月18日。

上げた。ところが、こうした譲歩も、ファンド側には十分なものではなかった。3月22日、レノ、南青山不動産（旧村上ファンド系）によるTOB実施が伝えられた。買付価格は750円、直近3カ月終値平均613円に対し、22.28%のプレミアムを上乗せした価格であった。この介入の動機には、同社子会社の東京博善の収益性に着目し、会社側の買付価格が割安と判断したためであった。

結局、ファンドの攻勢に会社側は抗しきれず、経営陣が提示したTOBへの応募推奨の意見を撤回せざるを得ず、MBOは失敗に終わった（4月9日）。もっとも、ファンドが仕掛けた対抗買付けも成立することはなかった（5月22日、買付予定数の4.69%の応募）。株主が、上記優良子会社の保有など、同社の潜在的な価値を認めたためと報道されている[15]。

3.4　ユニゾホールディングス（不動産賃貸，東証1部）

この案件の発端は、ユニゾホールディングス（以下、「ユニゾ」）へのHISによる敵対的TOBの実施にあった（2019年7月11日）。買付価格は3,100円であり、直近3カ月終値平均1,893円に63.76%のプレミアムをつけた価格であった（図4-4参照）。これに対抗するため、8月19日、ユニゾは、フォートレス・インベストメント・グループをホワイトナイトとしてのMBOに踏み切った（買付価格は4,000円。その後、4,100円に引き上げ）。しかしながら、この試みは「従業員への配慮」をめぐって破談している。続いて、2019年9月17日には、経営陣の同意を条件として、ブラックストーンも買収に名乗り出たが（買付価格は5,000円）、やはり従業員の権利等の面で折り合うことができなかった。

このような状況を受け、2019年12月24日、ユニゾは日本で上場企業初となる従業員によるバイアウト（Employee Buy-outs：EBO）を発表するにいたった。買付価格は5,100円であり、従業員による支配権を確保するために、資金を提供するローン・スターは経営には関与せず、優先株で最大4,500億円を引き受けるとともに、1,300億円の融資を行うという条件であった。ローン・スター

15　松木耕「記者の目　廣済堂」『日経産業新聞』2019年6月11日。

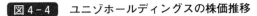

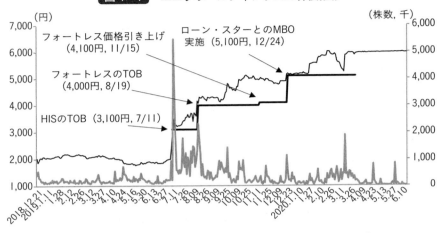

図4-4 ユニゾホールディングスの株価推移

出所：図4-1と同様

側としては，「JR東京駅の八重洲口の近くなど複数の好立地のオフィスビルを保有しており，支払い能力は高い」という判断が背景にあったという[16]。その後，TOBは2020年4月3日に成立し，小崎哲資社長が退任するとともに，子会社のユニゾ不動産の山口雄平・執行役員が新会社の社長に就任した。

なお，本案件には後日譚がある。ユニゾはその後，借入返済のために，優良不動産であるビルを相次ぎ売却し，キャッシュフローの源泉を失っていった。そのため，資金繰りに窮し，ついに2023年4月，東京地裁に民事再生を申請するにいたった。この背景には，同社が「みずほ系」とみられていたことや，それをあてにした地域銀行からの融資の蓄積があったという[17]。日本における初ともいえる非公開化型EBOは破綻という結末に終わったのである。

---

16 「ユニゾ，独立維持へ奇策」『日本経済新聞』2019年12月24日。
17 同社破綻の背景については，「ユニゾ破綻の教訓（上）（中）（下）」『日本経済新聞』2023年6月7日-9日が詳しい。

図4-5　ニチイ学館の株価推移

出所：図4-1と同様

3.5　ニチイ学館（医療事務受託，東証1部）

　この案件では，複数のファンドが買収に関わった。事の発端は，2020年5月8日，同社が社外取締役であったベイン日本代表・杉本勇次氏に声をかけたうえで，同ファンドと組み，MBOを公表したことにあった。「介護や医療関連の市場で労働人口が減少するなか，迅速な経営改革が必要」であり，「上場を維持したまま事業構造改革を行うと，株主に株価下落の迷惑をかける」（ニチイ学館（以下，「ニチイ」）・森信介社長，創業者一族・寺田剛氏）ため，上場廃止を選択したという[18]。買付価格は1,500円で，直近3カ月終値平均1,123円に33.57％のプレミアムを上乗せするという条件であった（図4-5参照）。

　この際，「時間的余裕がない」ため，オークション（入札）を実施せず，ベインと独占契約したことが問題となった[19]。6月11日，香港投資会社のリム・

18　「検証ニチイ学館MBO(2)」『朝日新聞』2020年11月18日。

アドバイザーズ・リミテッド（以下，「リム」）は買付価格は2,400円が妥当と主張し，買付価格とその設定プロセスに疑問を投げかける質問状を公表すると[20]，買いが活性化し，株価がTOB価格を上回って推移した。これに対し，同社は数度の買付期間の引き延ばしで対応したが，買付価格の引き上げは行わなかった。

ただ，別ファンドの動きによって事態は急転した。7月31日，同社に12%程度の出資を行っていた旧村上ファンド系のエフィッシモ・キャピタル・マネージメント（以下，「エフィッシモ」）が，TOB価格の引き上げ（1,670円）と，同ファンドがTOB成立後，新会社に出資することで，買付けへの応募に同意したのであった[21]。

これに対し，リムは，エフィッシモが再出資するのは「公開買付け者は一部の投資家に対して他の投資家とは異なる取引条件を提供することになる」と株主の平等性から疑問を呈し，買付けに応募しない態度を崩さなかったが，買付け成立への流れを食い止めることはできなかった[22]。また，8月17日には別の香港投資ファンドであるベアリング・プライベート・エクイティ・アジアが買収提案を提示（買付価格2,000円）したと表明したが，会社側は正式なオファーを受け取っていないとこれを否定している。

結局，8月18日，発行済み株式数の82%の応募があり，TOBは成立した。同社は11月5日付けで上場廃止となった[23]。

---

19 同上記事。また，オークションの模索をうたったMBO指針のコンセプトに則らなかった理由について，ベインが雇用した森・濱田松本法律事務所は「指針が示した事項は採用するのがベターであってマストではない」と述べている（「検証ニチイ学館MBO（3）」『朝日新聞』2020年11月19日）。

20 LIM Advisors Sends Letter to NichiiGakkan Questioning Fairness of Takeover Price<https://prtimes.jp/main/html/rd/p/000000001.000059804.html>。

21 「ニチイ学館，TOB価格1,670円に上げ」『日本経済新聞』2020年8月1日，「検証ニチイ学館(4)」『朝日新聞』2020年11月20日。

22 「ニチイTOBに応じず」『日本経済新聞』2020年8月4日。

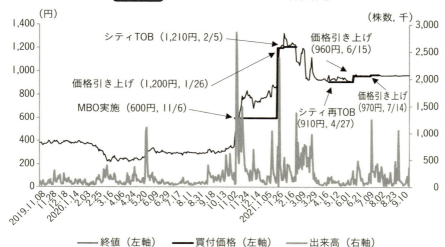

図4-6 日本アジアグループの株価推移

出所：図4-1と同様

3.6 日本アジアグループ（航空測量，東証1部）

　この案件は，当該企業の経営支配権をめぐって，経営陣とファンドが激しく火花を散らしたケースであった。2020年11月6日，日本アジアグループ（以下，「日本アジア」）は，カーライルと組み，MBOを実施することを公表した。買付価格は600円，直近3カ月終値平均307円に95.44％のプレミアムをつけた価格であった。（**図4-6**参照）。こうしたなか，例のごとくというか，旧村上ファンド系のシティによる株式取得が判明し（6.1％），株価はTOB価格を超えて推移した。

　これに対し会社側は奇策を打った。主力子会社（JAG国際エナジー，国際航業）の売却益をTOB価格に上乗せすることをシティ側に提案したのであっ

23　その後，リムは買付価格とそのプロセスが公正ではないとして，東京地裁に申し立てを行った（2021年1月）。詳細については，「ニチイ学館MBOで元株主が提訴」『週刊ダイヤモンド』2021年4月17日を参照。

た。いわゆる M&A のテキストでいう「クラウンジュエル」戦略である。ただ、この提案に対し、シティは拒否し、2021年1月14日、対抗 TOB を公表した[24]。買付価格は840円であった。その後、会社側、シティ側において価格の引き上げがなされ、株価が高止まりしてしまったため、結局日本アジア側の TOB は十分な買付けができず、失敗に終わった。

もっとも、会社側の抵抗は、これで止んだわけではなかった。ファンド側の買収を阻止するために、今度は上記の子会社売却益を原資として、1株当たり300円の特別配当を公表したのである（3月3日）。この純資産を大幅に減らす身を切る戦法は功を奏し、シティは対抗 TOB を撤回するに追いやられた。

ただし、シティは日本アジアの経営権取得を諦めなかった。態勢を整え、4月27日、特別配当実施分の300円を差し引いた910円を新たな買付価格として設定し、再 TOB を公表した。これに対し、会社側は新株予約権の発行により、シティの持株比率を希薄化する買収防衛策の発動を試みたが、シティの請求を受けて、東京地裁での差し止めが決定した。この後、日本アジア側は、シティに子会社売却を原資とした自己株式の取得も打診したが受諾は得られず、ついに対抗買付けに中立の意見を出すに追い込まれた。その後、数度の価格引き上げ、買付期間の延長を経て、ついに7月31日、TOB は成立するにいたった。9月29日に上場が廃止され、日本アジアはシティによって子会社化された[25]。

24　シティは2021年2月5日に公開買付けを開始したが、これに対し、日本アジアグループ経営陣は、①ステークホルダー全体の価値を棄損すること、②買収後の経営に関する情報開示が不十分であること、③買収成立によって取引先、従業員との信頼関係が悪化すること、④公開買付けに強圧性の懸念があることを理由に、反対表明をしていた（同社「シティ社公開買付けに対する意見表明（反対）について」2021年2月19日）。

25　なお、同社の上記子会社2社は、カーライル運営ファンドに売却されることが発表されている。

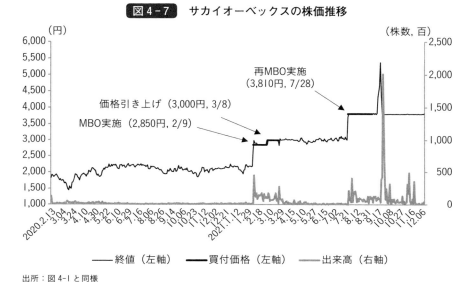

図4-7 サカイオーベックスの株価推移

出所：図4-1と同様

3.7 サカイオーベックス（アパレル，東証1部）

　この案件は，上記の東栄リーファと同様の経緯をたどったケースである。2021年2月9日，サカイオーベックス（以下，「サカイオーベ」）は，MBOを発表した。その背景には，近年のアパレル業界における染色加工の伸び悩みに加え，新型コロナウイルス感染症の打撃も影響したという。そこで「サカイオーベの経営陣は，MBOによる非上場化後，抜本的な経営改革を進め，東南アジアへの生産・販売拠点の新設や，成長を加速させるためのM&Aなどの青写真を描いていた」[26]という。買付価格は2,850円，直近3カ月終値平均2,117円に対し，プレミアムは34.62%であった（**図4-7**参照）。

　しかし，買収の公表後，株価は買付価格を上回る状態が続いた。そこで3月8日にTOB価格を引き上げたが（3,000円），株価の高値推移の状況を変える

26　「サカイオーベ MBO 不成立」『福井新聞』2021年3月26日。

ことはできず，結局，TOB は不成立に終わった。この失敗劇には，同社に対するシティによる株式取得が大きな影響を与えていたことが判明した（7.93%，3月29日）。その後，シティが株主として残り，企業価値向上に向けた支援を行うことで同意し，7月28日，サカイオーベは再MBOに踏み切った。買付価格は3,810円であった。2度目のMBOは成立し，同社は12月10日に上場廃止となった。

4　ターゲット企業の特徴

4.1　データセット

　では，アクティビストのターゲットとなったMBO実施企業の特徴は，いかなるものであったのであろうか。本節ではこの点について，財務や所有構造等の側面から検証していく。対象は，2020年末までに公表されたMBO 164件である。このうち，アクティビストの介入が観察されたのは7件となる[27]。財務データは日経メディアマーケティング「NEEDS- FinancialQUEST」から，株価データは同「NEEDS 株式日次収益率データ」，および東洋経済新報社「株価CD-ROM」から得た。本章では，介入案件の特徴を特定するために，それらと介入が観察されなかったMBO案件，そもそもMBOを行わなかった企業との比較を行う。後者については，LBO（Leveraged Buy-outs）実施企業の特徴を分析した Boucly et al.（2011）での手法を採用した。すなわち，アクティビスト介入案件と規模，業種で近似したペア企業を抽出するために，①日経業種中分類で同一カテゴリー，かつ②アクティビスト介入案件の総資産規模の70%から130%の範囲に入る企業4社を抽出した[28]。結果，23社がペア企業として選ばれた。

　27　サンプルサイズを確保する目的から，サカイオーベのケースも加えた。
　28　4社未満の場合はその社数を，4社を超える場合は，資産規模が絶対値で接近する4社をペアとした。

4.2 変数の選択

では，どのような特徴を持つ MBO 案件がアクティビストのターゲットになったのであろうか。ここでは，①パフォーマンス，②財務，株主還元，③設備投資，R&D，④所有構造，⑤買収プレミアム，の状態から探っていく[29]。

①については，ROA，ROE（親会社株主に帰属する当期純利益／自己資本），PBR，従業員 1 人当たり売上高を採用した。最後の変数は，同指標が低いほど労働生産性が低いと想定され，そうした企業の将来的な人員・給与削減等の労働条件の変更を原資としたプレミアムの引き上げを期待して，アクティビストが介入しているかをチェックするために設定した。

②については，田中・後藤（2020），宮島・齋藤（2020）で用いられた変数を参考に，株主総還元比率（（配当額＋自己株式取得による支出－自己株式の処分による収入）／自己資本），配当性向（配当金／当期純利益），自己資本配当率（配当金／自己資本），手元流動性比率（（現預金＋有価証券＋投資有価証券）／総資産）[30]，負債比率（負債／総資産）を用いた。これらは，アクティビストが現預金を多く保有する一方で，株主還元が十分ではない企業をターゲットにしているか否かを確認するための変数である。

③については，設備投資比率（設備投資額／総資産），研究開発費比率（研究開発費／総資産）を取り上げる。これら変数と，上記保有キャッシュの状況との結果を照合することで，アクティビストがフリーキャッシュを保有している企業を対象としているのか，それとも企業成長にとって必要な資金までをも還元の原資とすることを目的として介入しているのかが判断できよう。

④については，10大株主集中度，少数特定株主持株比率，役員持株比率，外国人持株比率を設定した。これら変数により，アクティビストが自らの要求が通りやすい，あるいは敵対的買収に発展した際，流動的で，そして買付けに応

---

29 いずれも TOB 公表直前の決算期の値を用いている。
30 分子から有利子負債を引いたネットキャッシュの比率でも試してみたが，ほぼ結果に変わりはなかった。

表4-2　ターゲット企業の特徴

変数	(a) ターゲット N	平均値	標準偏差	最小値	最大値	(b) 非介入 MBO N	平均値	標準偏差	最小値	最大値
ROA	7	0.0383	0.0298	0.0034	0.0937	155	0.0584	0.0611	-0.1323	0.2686
ROE	7	0.0921	0.0257	0.0389	0.1178	155	0.0345	0.2004	-1.1827	0.6787
PBR	7	0.8868	0.5887	0.2945	1.7484	155	0.9802	0.7423	0.1327	3.4582
従業員1人当たり売上高	7	54.4398	50.4075	8.0130	145.2150	154	48.4669	57.4265	4.1681	549.9276
株主総還元比率	7	0.0199	0.0125	0.0000	0.0363	155	0.0277	0.0318	0.0000	0.1539
配当性向	7	0.2305	0.2037	0.0000	0.6345	155	0.3313	0.8432	-2.8000	8.2000
自己資本配当率	7	0.0195	0.0189	0.0000	0.0596	155	0.0190	0.0190	0.0000	0.1164
手元流動性比率	7	0.1805	0.0707	0.0947	0.2860	155	0.2837	0.1699	0.0091	0.7860
負債比率	7	0.6004	0.2163	0.3316	0.8368	155	0.4608	0.2188	0.0685	0.9616
設備投資比率	7	0.0322	0.0252	0.0000	0.0715	155	0.0362	0.0427	0.0000	0.2349
研究開発費比率	7	0.0032	0.0080	0.0000	0.0212	155	0.0075	0.0145	0.0000	0.0752
10大株主集中度	7	0.4360	0.0894	0.3270	0.5683	147	0.5905	0.1411	0.2191	0.8545
少数特定株主持株比率	6	0.4991	0.0879	0.4170	0.6300	140	0.6322	0.1371	0.2230	0.8780
役員持株比率	7	0.0240	0.0249	0.0004	0.0664	155	0.1318	0.1231	0.0000	0.4506
外国人持株比率	7	0.1531	0.0860	0.0034	0.2408	155	0.0716	0.0925	0.0000	0.4414
社齢（年）	7	59.6548	18.5794	32.0000	85.4167	155	40.2048	21.5743	4.1667	105.9167
総資産対数値	7	11.4659	1.3104	9.3797	13.4496	155	9.7695	1.0168	7.1846	12.3440
対前日買収プレミアム	7	0.2997	0.2546	0.0403	0.7544	155	0.4682	0.4648	-0.8613	3.0000
対10日前買収プレミアム	7	0.3594	0.2691	0.0603	0.7857	155	0.4788	0.3660	-0.8610	1.8182
対20日前買収プレミアム	7	0.4087	0.3168	0.0220	0.9544	155	0.4967	0.3756	-0.8588	2.0120
対40日前買収プレミアム	7	0.3712	0.3549	0.0000	1.0690	155	0.4996	0.3357	-0.2683	1.9818

注1：アスタリスクは平均値の差に関するt検定を表し，***，**，*はそれぞれ1％，5％，10％水準で有意であることを示す。
注2：各変数について，1％タイルと99％タイルでwinsorizeする異常値処理をしている。

じる株主が見込める企業をターゲットにしているのかを検証する。

⑤は，公開買付価格に対する，対前日，対10日前，対20日前，対40日前のプレミアムである。アクティビスト介入案件のプレミアム水準は，低い傾向にあるのであろうか。この他，社齢（年），総資産額も加えられている。

4.3　グループ間の差

以上の3つのグループの基本統計量，および平均値の差の検定結果を掲載したのが表4-2である。まず，アクティビスト介入案件(a)とペア企業(c)との差をみていくと，前者はPBRが1倍割れしており，アンダーバリュエーション

N	(c) ペア 平均値	標準偏差	最小値	最大値	(a) - (b) 平均値の差		(a) - (c) 平均値の差	
23	0.0450	0.0638	-0.0744	0.2383	-0.0201		-0.0067	*
23	0.0241	0.2579	-0.8478	0.6787	0.0576	***	0.0680	
23	2.0585	2.4242	0.3917	8.5388	-0.0934		-1.1717	**
23	104.4082	126.9685	14.6691	549.9276	5.9730		-49.9684	
23	0.0231	0.0290	0.0000	0.1164	-0.0078		-0.0032	
23	0.4619	1.8282	-2.8000	8.2000	-0.1008		-0.2313	
23	0.0196	0.0259	0.0000	0.1164	0.0005		0.0000	
23	0.2828	0.2078	0.0329	0.7860	-0.1032	***	-0.1024	
23	0.5148	0.2297	0.1060	0.8939	0.1395		0.0855	
23	0.0279	0.0260	0.0000	0.1022	-0.0039		0.0044	
23	0.0041	0.0080	0.0000	0.0316	-0.0043		-0.0009	
21	0.4875	0.1464	0.2637	0.7368	-0.1545	***	-0.0514	
18	0.4808	0.1349	0.2760	0.7013	-0.1331	**	0.0183	
23	0.0801	0.1303	0.0000	0.4506	-0.1078	***	-0.0561	*
23	0.1570	0.1557	0.0000	0.4814	0.0814	**	-0.0039	
23	48.2138	32.2761	5.3333	105.9167	19.4499	**	11.4410	
23	11.3914	0.9571	9.5005	13.4496	1.6963	**	0.0745	
					-0.1685			
					-0.1194			
					-0.0880			
					-0.1284			

に陥っているのがわかる。平均値の差の検定も5％水準で有意となっている。また，ROAはペア企業の4.5％に対し，3.83％と低い。アクティビストが経営効率の劣る企業をターゲットにしていると推察される。もっとも，手元流動性，株主総還元比率に関する変数は，有意な差が観察されない。株主還元に積極的ではなく，フリーキャッシュフローが豊富な企業から，余剰を引き出すために介入していると予想したが，そうした見方は支持されない。この他，役員持株比率の差が有意となっており，介入案件が2.40％，ペア企業が8.01％となっている。アクティビストは，介入の効果が期待できる，分散した所有構造下にある企業に狙いを定めているものと推察される。

一方，介入が観察されなかったMBO企業との間には，主に所有構造の側面で差異が確認できる。10大株主集中度，少数特定株主持株比率，役員持株比率は低い反面，外国人持株比率は高くなっている。上記のペア企業の比較と同様，支配的株主がおらず，介入に対する反応が大きい流動的な所有構造の企業がターゲットにされているものと思われる。

プレミアム，公開前の株価パフォーマンスを示すPBRについては，有意な差が検出されなかった（ROEに関してはターゲット企業の方が有意に高い）。もっとも，表掲はしていないが，PBRについて，アクティビスト非介入のMBO案件とペア企業と比較したところ，前者の方が1％水準で有意に低いという結果になった。すなわち，上記の結果も考慮に入れると，ペア企業に比べ，MBO企業はアンダーバリュエーションの傾向があるものの，介入と非介入のMBO案件とでは過小評価の程度には差はないと理解できる。いずれにせよ，プレミアムは同水準と捉えられることから，介入がみられた案件で特に買収価格を節約しているとは判断できない。

その他，社齢と総資産額の差がプラスに有意となっている。ターゲット企業の社齢は年に直すと，59.65年，非介入のMBO企業の方は40.20年である。MBO案件のなかでも相対的に企業年齢が長く，規模が大きな企業が対象になっているとみられる。

5 株主利益への影響

5.1 分析手法

では以上のようなアクティビストの介入は，当該MBO案件の株主の富にいかなる影響を与えたのであろうか。ここでは，短期的な富への影響をイベントスタディによって，長期的な富への影響をBHARによって検証する。

前者については，(1)式のような市場調整モデルによる累積異常リターン CAR を採用する[31]。R_{it} は銘柄 i の t 日における株式リターン（$(P_{it}-P_{it-1})/$

P_{it-1})を表し(Pは終値),$E(R_{it})$は同日のTOPIXのリターンを表す。そして,各日のR_{it}から$E(R_{it})$を引いて,異常リターンARを算出する。これを累積していったものがCARである。さらに,これらAR, CARについては,対象案件の平均を取ったものをAAR(Average Abnormal Return)とACAR(Average Cumulative Abnormal Return)とする。なお,ACARの累積期間(イベントウィンドウ)については,MBO公表前後1日,2日,3日,10日をみていく。

$$CAR_{it} = \sum_{t=1}^{T}(R_{it} - E(R_{it})) = \sum_{t=1}^{T} AR_{it} \quad (1)$$

一方,$BHAR$に関しては,MBOが失敗に終わった,テーオーシー,東栄リーファ,廣済堂,日本アジア,サカイオーベのケースで観察する。MBO公表1日後から240日後[32]までのリターンを,(2)式で測定する。同式で表現されているように,各銘柄のリターンから期待リターンに相当するTOPIXリターンを差し引くことで,実際の投資によって得られるリターンを求める。MBOの失敗後,株価が急落し,TOB価格を下回ってしまうことで株主利害を損ねることがしばしば指摘されるが[33],マーケット全体の株価動向も考慮した場合でも,同様に評価されるのであろうか。以下,検証していく。

---

31 イベントスタディの別手法として,イベント発生前の個別銘柄のリターンとマーケットリターンの回帰モデルからイベント発生後の個別銘柄の期待リターンを計算し,それと実現したリターンとの乖離を計算し,異常リターンを求める方法がある。これを市場モデルという。しかし,本章のケースでは,アクティビストの介入案件が,短期間に連続して発生しているため,ある銘柄の期待リターンを算出する際に他の銘柄のイベントが影響してしまうという問題がある。そこでイベント日周辺の個別銘柄とマーケットのリターンのみで計測可能な市場調整モデルを本章では採用することにした。なお,市場調整モデルと市場モデルの間にはほとんど結果に差異はないことが知られている(Sirower 1997)。
32 その後の非公開化によって240日間のリターンが得られない銘柄は,上場廃止までの日数を掲載する。なお,終値データとして,配当込の値を利用するのが望ましいが,データ取得の制約のため,今回は見送った。
33 「テーオーシー 昨春のMBO 価格割れ」『日経金融新聞』2008年1月16日。

図4-8 アクティビスト介入の株価リターン

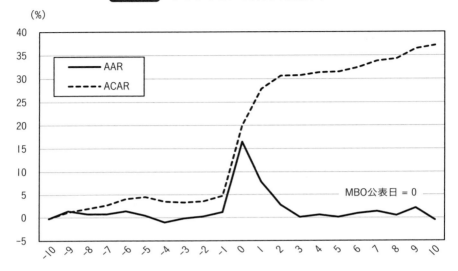

$$BHAR_{it} = \prod_{t=1}^{T}(1+R_{it}) - \prod_{t=1}^{T}(1+E(R_{it})) \quad (2)$$

5.2 計測結果

まず，AARから確認していくと，アナウンス当日（$t=0$）で16.48%，翌日（$t=1$）で7.85%と高い異常リターンが発生している（**図4-8**）。イベント日周りのリターン（ACAR）に目を向けると，1日で25.50%，2日で28.50%，3日で28.46%，10日では37.12%に達する。これはRenneboog et al.（2007）に掲載されている先行研究の結果（Table 8）では最も高いリターンを記録しているDeAngelo et al.（1984）の28.05%（10日間ウィンドウ）を超える。t検定の結果も，いずれのウィンドウでも有意にゼロと異なる（**表4-3**）。アクティビストの介入があった案件が，短期的に高いリターンを創出していたと判断できよう。

一方，アクティビストの介入によってMBOが不成立になった銘柄の株価展

表4-3　MBO公表に関する株価反応

	ACAR（%）	t 値	p 値
ACAR（−1, +1）	25.5039	5.3505	0.0017
ACAR（−2, +2）	28.5155	4.2935	0.0051
ACAR（−3, +3）	28.4600	4.4745	0.0042
ACAR（−10, +10）	37.1150	3.7884	0.0091

開は，その後どのようなものであったのであろうか。各銘柄のMBO公表1日後以降のBHARとCAR（参考値）の推移を追ったのが**図4-9**のAからEである。BHARを中心にみていくと，240日後（上場廃止した銘柄は，その日まで）の時点で，15%から100%程度と，レンジは広いが，非常に高いリターンを維持していることがわかる。その理由として，第1に，アクティビストの株式取得，そこから対抗TOBに発展した場合，さらなる価格の引き上げへの期待がマーケットで形成され，株価が押し上げられたことが挙げられる。たとえば，廣済堂のケースでは，t+13，t+43にリターンが上昇し，それぞれ57.14%，68.32%を記録しているが（C），それはレノの買い増し公表に反応したためである。同様に，テーオーシーのケースでも，t+13でリターンがジャンプしているが（A），ダヴィンチが敵対的TOBを公表し，それを受けて株価が上がったことが背景となっている。

　第2に，実際に買付価格の引き上げがなされた場合でも，リターンは上昇した。日本アジアのケースでは，t+61のリターンは200%にも達しようとしているが（D），これはt+53時点で買付価格が見直され，そこからさらなるアクティビストのプレッシャーの増加，もう一段の価格引き上げに発展することが期待されたためである。

　第3に，MBOが失敗したのち，再MBO，あるいは再TOBを試みた案件でもリターンの創造がもたらされた。東栄リーファのケースでは，t+61のリターンが60%程度にまで上がっているが，これは買付価格を引き上げての再MBOが公表されたためである（B）。サカイオーベに関しても，買付価格の引き上げへの期待→引き上げ→さらなる引き上げ期待→TOB失敗と，マーケットの

図4-9 MBO公表後のBHARとCAR（参考値）の推移

(A) テーオーシー

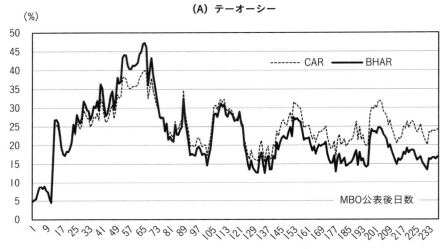

(B) 東栄リーファーライン

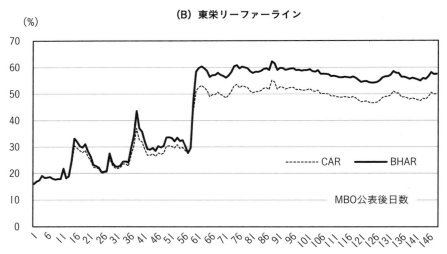

第4章 MBOとアクティビズム

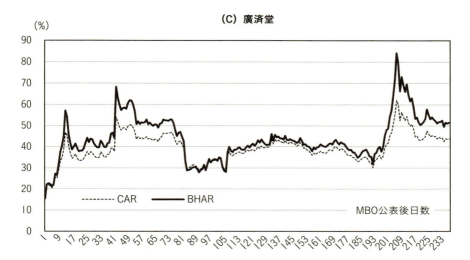

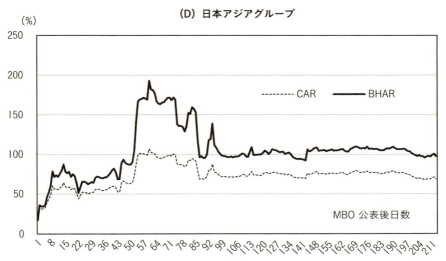

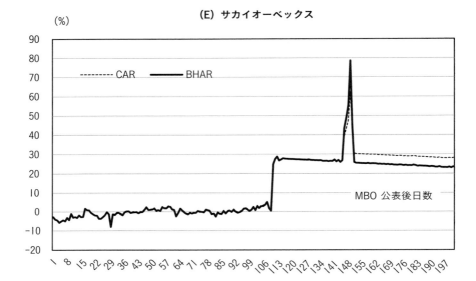

思惑が交錯したため，当初，リターンはゼロ近辺でもみ合っていたものの，$t+112$に買付価格を引き上げての再MBOが公表されると，それに呼応してリターンも30%程度にまで跳ね上がった（E）[34]。

以上のことをまとめると，いずれの銘柄でも，MBOの失敗にもかかわらず，短期にとどまらないリターンを株主に提供している。それは再MBOや再TOB，TOB価格の引き上げの実施に助けられた部分も大きいが，それが起こらなかった案件でも，正のリターンが観察されることは重要である。その理由として，MBOとそれに対するアクティビストの介入の経緯が報道され，当該銘柄に関する市場からの注目度が上昇したことが指摘できる。実際，アクティビストの介入が観察されたいずれのMBO案件でも，TOB公表後，出来高の上昇が観察される（前掲図4-2から図4-7，右軸，棒グラフ）。すなわち，MBO案件へのアクティビストの介入は，それまでのアンダーバリュエーショ

---

[34] TOB終了後の150日後付近でもリターンは急騰しているが，その理由は不明である。

ンの解消を担う役割を果たしたと考えられる。このように，アクティビスト介入にともなって当該銘柄についての「情報生産」が行われ，それが断続的にでも発生したことが，MBO不成立案件においても株主が富を享受した要因と捉えられよう。

6　介入後の経営行動

最後に，アクティビスト介入による経営行動の影響について，MBOが不成立であったために事後的な情報が入手できる，テーオーシー，廣済堂，日本アジア，サカイオーベのケースについてみていこう（**表4−4**パネルAからD）[35]。

全体的な傾向をまとめると，まず，財務パフォーマンスについては，介入後においても，ほぼ横ばい，あるいは低下している。廣済堂，日本アジアともに，介入1期後において，いずれもROEはマイナスを計上している。前者は「葬祭事業における減損損失」，後者については，「前期に実施した所有する不動産及び保有有価証券の売却（前記子会社の売却−筆者注）による特別利益の反動，欠損金を抱える株式会社ザクティが連結納税対象外であることから，前期比で減益」[36]となったことが原因とされる。

また，投資活動，研究開発活動，従業員の影響については定かではない。これら4社の情報からは，アクティビストからの買収防衛の原資（買付価格の引き上げ等）を得るために，事後的な設備投資，R&D，雇用を犠牲にしたとは判断できない。

その一方で，株主還元については，顕著な変化が確認される。たとえば，テーオーシーについては，2期後（2009年3月期）に株主総還元比率の大幅な

---

[35] 東栄リーファのケースは，最初のMBOは失敗に終わったが，第3節で述べたように，間を置かず再MBOが行われ，それらMBO公表後の有価証券報告書が公開されなかったため，ここでは取り上げることはできない。

[36] いずれも有価証券報告書からの情報による。

表4-4 アクティビスト介入と経営行動

パネルA：テーオーシー

決算期	t期	ROA(%)	ROE(%)	PBR	流動性比率(%)	株主総還元比率(%)	自己資本配当率(%)
200403	-3	6.22	4.58	1.07	15.65	1.23	27.75
200503	-2	6.09	4.43	1.10	15.61	1.16	27.91
200603	-1	4.92	4.84	1.64	13.35	-0.47	24.28
200703	0	4.00	3.89	1.71	9.47	1.33	33.25
200803	1	5.24	4.11	1.60	16.45	1.66	33.35
200903	2	4.40	5.05	0.78	14.30	6.80	32.18
201003	3	3.59	1.13	0.79	13.94	4.23	147.03

パネルB：廣済堂

決算期	t期	ROA(%)	ROE(%)	PBR	流動性比率(%)	株主総還元比率(%)	自己資本配当率(%)
201503	-3	2.86	3.14	0.58	26.65	0.50	0.50
201603	-2	2.34	1.28	0.83	23.18	0.72	0.72
201703	-1	2.52	-1.95	0.83	20.73	0.00	0.00
201803	0	2.07	11.78	0.72	24.74	0.00	0.00
201903	1	2.13	-1.19	0.74	26.98	0.28	0.28
202003	2	2.69	-8.65	0.57	36.96	0.00	0.00
202103	3	2.82	2.71	0.81	26.70	15.08	0.00

パネルC：日本アジアグループ

決算期	t期	ROA(%)	ROE(%)	PBR	流動性比率(%)	株主総還元比率(%)	自己資本配当率(%)
201703	-3	1.25	6.51	0.35	32.69	2.29	1.02
201803	-2	0.92	5.17	0.34	23.25	1.90	1.90
201903	-1	-0.11	-9.37	0.36	19.82	1.00	1.00
202003	0	0.34	8.59	0.29	17.56	1.17	1.17
202103	1	0.64	-1.41	0.31	18.37	1.27	1.24

パネルD：サカイオーベックス

決算期	t期	ROA(%)	ROE(%)	PBR	流動性比率(%)	株主総還元比率(%)	自己資本配当率(%)
201703	-3	9.00	12.87	0.73	23.12	2.44	1.34
201803	-2	10.76	11.97	0.90	25.76	1.92	1.50
201903	-1	10.14	11.04	0.58	27.71	1.53	1.53
202003	0	9.37	10.80	0.57	28.60	2.39	1.59
202103	1	6.91	6.02	0.52	33.58	1.71	1.70

注：t期の0は介入直後の決算期を表す。

配当性向(%)	負債比率(%)	総資産(百万円)	従業員数(人)	研究開発費比率(%)	設備投資費比率(%)	従業員1人当たり売上高(百万円)
27.75	34.21	85,995	181	0.00	0.00	11.73
27.91	34.84	89,397	184	0.00	0.00	5.72
24.28	41.70	106,148	185	0.00	0.00	17.43
33.25	41.76	108,541	183	0.00	0.00	6.17
33.35	45.36	118,343	184	0.00	0.00	2.66
32.18	53.40	135,134	197	0.00	0.00	17.74
147.03	57.98	146,471	204	0.00	0.00	8.04

配当性向(%)	負債比率(%)	総資産(百万円)	従業員数(人)	研究開発費比率(%)	設備投資費比率(%)	従業員1人当たり売上高(百万円)
15.94	45.18	76,756	1,509	0.00	0.00	23.91
56.31	47.71	80,375	1,467	0.00	0.00	24.16
0.00	47.91	81,941	1,406	0.00	0.00	24.82
0.00	41.44	79,637	1,377	0.00	0.00	26.48
-23.46	40.14	76,996	1,337	0.00	0.00	27.07
0.00	62.28	82,190	1,247	0.00	0.00	28.14
0.00	51.04	64,592	1,038	0.00	1.36	30.34

配当性向(%)	負債比率(%)	総資産(百万円)	従業員数(人)	研究開発費比率(%)	設備投資費比率(%)	従業員1人当たり売上高(百万円)
15.64	76.82	127,522	2,983	0.11	8.44	22.91
36.74	79.59	155,121	3,059	0.09	14.97	23.97
-10.68	81.32	172,344	4,765	0.04	6.20	21.41
13.66	83.54	163,383	4,714	0.09	7.15	20.77
-88.06	83.94	159,585	4,605	0.11	2.35	19.79

配当性向(%)	負債比率(%)	総資産(百万円)	従業員数(人)	研究開発費比率(%)	設備投資費比率(%)	従業員1人当たり売上高(百万円)
10.40	37.88	26,713	1,085	2.64	1.74	23.38
12.53	36.79	29,707	1,079	2.25	1.84	23.93
13.88	33.87	30,670	1,040	2.17	1.16	26.22
14.74	33.16	32,159	1,068	2.12	2.06	25.81
28.27	25.06	31,273	1,018	2.20	0.66	21.51

上昇（1.66%→6.80%）が観察されるが，これは大規模な自社株買い（250万株，10億円）が要因となっている[37]。また，日本アジアでも，株主還元の拡充が観察され，既述のようにシティからの買収に対抗するために，1期後（2021年3月期）に主要子会社（JAG国際エナジー，国際航業）の売却益と手元資金によって，1株当たり300円，総額82億3,400万円の特別配当が行われている。さらに，サカイオーベも，MBO不成立後（2021年3月期），1株95円，総額5億8,500万円の配当が実施され（前期は，1株65円，総額4億円弱），配当性向の大幅な上昇が確認される（14.74%→28.27%）。

これらに関連して，興味深いのは，MBO不成立後に業績が悪化した廣済堂のケースである。この案件では，パフォーマンスの低迷にともない無配に転落（2019年3月期）したものの，同時期に，取締役構成に変化（社外取締役の1名から4名の増員，社長交代）がみられる。アクティビスト介入後にガバナンスの強化が図られるというのは，Denis and Serrano（1996）らの先行研究の結果と整合的である。限られたケースからの導出のため断定はできないが，株主還元とガバナンスの強化など，事後の経営行動の選択は，補完的ではなく代替的な関係にあるのかもしれない[38]。

また，何よりも見逃せないのは，MBO不成立後も，アクティビストが出資比率を維持した間において，上記のような経営政策の変更がみられたという点である。テーオーシーのケースでは，2010年3月期にダヴィンチが10大株主から脱落しているが[39]，それに入れ替わるように，旧村上ファンド系のエフィッシモが2009年3月期に5.15%の株主として登場している。廣済堂については，2019年3月期にレノが3位株主（8.71%）で，2020年3月期には10大株主から外れている。日本アジア，サカイオーベに関しても，2021年3月期にはシティが首位株主（前者は15.35%，後者は9.14%）となっている。これらの事実は，

---

37 「自社株取得枠設定」『日本経済新聞』2009年8月12日。

38 その後，廣済堂は最大で25億円の自社株買いを公表した。「広済堂が自社株買い」『日本経済新聞』2021年8月27日。

39 テーオーシーの持分は，正確には子会社のアルガーブの保有分である。

MBO 失敗後における経営政策の変更にとって，アクティビストによるプレッシャーが引き続き重要であり，それらアクティビストの再介入を阻止するため，またはアクティビストからの批判をかわすため（あるいは，それらと経営体制の継続を前提とした合意を得るため），財務状態を勘案しながら，何らかの株主価値向上に向けた経営行動が実施されていると捉えられよう[40]。

7　おわりに：過度な規制は株主の富を毀損する

　本章では，MBO 案件へのアクティビストの介入動機と成果について，いくつかのケースに基づいて検証してきた。事例が限られているため，あくまで暫定的な結論にとどまるが，以下のような結果が示された。

　第1に，介入が起こらなかった MBO 案件，および規模・業種で近似したペア企業に比べ，外国人持株比率が高く経営者の持株比率が低いなど，アクティビストは流動的な所有構造下にあり，介入の効果が期待できそうな企業をターゲットにしていることが判明した。また，ターゲット企業は PBR が低く，アンダーバリュエーションに陥っているものの，それは介入がみられなかった MBO 案件でも同様であった。非介入 MBO 案件とプレミアム水準にも差異はなかったことから，アクティビスト介入案件で特に少数株主への富の分配が劣るわけではない。さらに，ターゲットになった企業のフリーキャッシュは必ずしも豊富ではなく，過剰流動性を原資とした株主還元を目的としてアクティビストが介入を図っているという通説的な見方とは異なる結果が得られた。

　第2に，少数株主の富への影響を，MBO 発表後の株価反応で検証したところ，CAR については国際的にみても高い値を記録しており，高い正のリターンが与えられていることが明らかとなった。長期的には，BHAR で計測した

---

[40]　もっとも，テーオーシーのケースでは，アクティビストに対抗するため，MBO 不成立後，株主持ち合いの強化が図られており，資本効率に寄与しない行動が存在することにも留意しなければならない（「学研，株式持ち合い テーオーシーと」『日本経済新聞』2008年7月1日）。

ところ，MBO発表からおよそ1年後（あるいは上場廃止時）においても，ポジティブなリターンが維持されていることがわかった。その背景として，価格の引き上げ，アクティビストによる敵対的TOB，それらに対抗するために株主還元の実施などが発生し，その都度株価の上昇が起こったことが指摘できる。短期だけにとどまらず，ある程度の期間でも，アクティビストの介入はイベントの発生，それによる情報発信を通じ，当該銘柄のアンダーバリュエーションを解消させる役割を担ったと評価できよう。

　第3に，アクティビストの介入による経営政策への影響について，MBOが失敗した4ケースを対象に観察した。それによると，介入後，株主還元の拡充，あるいはガバナンスの強化が実施されていることが確認された。その背景には，アクティビストが株主として残り，引き続き経営陣にプレッシャーを与えていたことが影響したことが示唆される。また，各案件の投資，研究開発，雇用については，介入前後で明確な変化が観察されず，これらの縮小が，前述の株式リターンの源泉になっているとは判断できない。

　以上の点から，本章の政策的インプリケーションとして，過度のアクティビズムに対する規制は，資本市場のダイナミズムを失わせ，かえって株主の富を棄損しかねないという点が指摘できよう。むしろ，アクティビストの株式取得行動を促すようなターゲット企業の株主名簿の閲覧ハードルの解消，あわせてアクティビストの介入目的の情報開示を積極化することで，よりクリアーで活発な会社支配権市場の環境が整えられ，少数株主の富の創造につながると理解できる。

　最後に，本章の課題を述べておく。何よりも，事例の積み重ねを待ち，追試が行われるべきであろう。特に，今回は主にケースによって介入による経営政策への影響を検討したが，これに関しては，ある程度のサンプルサイズを確保したうえで，海外の先行研究における検証手法も参考にしながら，統計学的な検証が加えられるべきであろう。また，今回はアクティビストのターゲット企業の観点から検証したが，アクティビストの介入動機や影響をより体系的に理解するために，アクティビストごとの銘柄選択，それ自身の投資成果が測定さ

れる必要性もある。特に，従来認識されていたような短期間でのエグジットを目指すのではなく，再MBO後も株主として残り，経営支援を行う事例も現れていることから，それらケースの検証は今後のアクティビストのマーケットにおける役割を評価するうえで，重要な検証となってこよう。

第5章
MBOと経営者属性：
非公開化の形態とエグジットの経路

1 はじめに：経営者の役割

　非公開化型MBOについては，トーカロ（店頭公開）が2001年1月に公表して以来，20年以上が経過し，日本企業を対象とした研究も蓄積されてきた。まとまった研究成果として，MBOの経済的機能と成果について，実施動機，バイアウト後のパフォーマンスの推移，公正性担保措置が少数株主の富に与える影響，実施前の利益調整行動の有無等の観点から検証した川本（2022），あるいはバイアウト・ファンドの役割について，それらの関与要因，株式リターンへの影響，再上場化へのインパクト等を検証した野瀬（2022），河西・川本（2020）がある。日本企業を対象としたMBO研究も，一定程度の到達点に達したとみてよかろう。

　ただし，MBOの実行にとって欠かせない要素にもかかわらず，十分に検証がなされてこなかった論点がある。それは，経営者の役割である。MBOのストラクチャーは「経営陣が時にはファンドの支援を得ながら，レバレッジを効かせ，買収を行う仕組み」と要約できるが，肝心の経営者属性がMBOの形態やバイアウト後のエグジットのあり方に与える効果については，国内外においてほとんど検証されてこなかった。

　このような問題意識に関連する研究として，Halpern et al.（1999）や，それを日本企業のサンプルで追試した川本（2019），川本（2022）などがあり，買収前における経営者の持分（すなわち，ファミリー企業度）が，LBOや

MBO の取引構造，あるいは買収後のステータスを規定することを明らかにしている。もっとも，これらの研究においても，持株比率以外の要因については，十分には考慮されていない。MBO を実施する経営者は，どのようなプロフィールを持ち，それは MBO の形態や買収後のエグジット選択にいかなる影響を与えているのか。そこで本章では，これまで20年間に日本で行われてきた非公開化型 MBO を対象として，従来の役員持株比率に加え，彼らの年齢や在職年数などの属性が MBO のストラクチャーやバイアウト後のステータスに与えた影響について検証する。

　本章の構成は以下のとおりである。第2節では先行研究をレビューしたうえで，実証分析のポイントについて提示する。第3節では，独自に構築したデータセットを用いて，MBO を実施した企業の経営執行者の属性，エグジット（再上場や M&A など）の状況，経営者属性とファンドとの関係等に関しての基礎的情報を提供する。第4節では，①どのような経営者がファンドとの MBO を選択するのか（あるいは，選択しないのか），②経営者属性は買収後のエグジットのあり方にいかなる影響を与えるのかについての実証モデルを示し，第5節では，その推計結果を報告する。第6節は，結論と今後の課題にあてられる。

2　先行研究と検証ポイント

　これまでバイアウトの実行主体については，主に役員持株比率の視点からアプローチされてきた。その先駆的な研究は Kaplan（1989a）であり，そこではポスト MBO の企業価値向上分の多くが，経営陣がバイアウトに参画することによる持株比率の上昇，そしてそれによるインセンティブ強化に起因することが明らかにされている。この効果は，のちに「インセンティブ・リアライメント」と呼ばれた。

　この仮説を買収プレミアムの観点から分析したものとして，Renneboog et al.（2007）がある。同研究では，事前の役員持株比率が低く，経営陣が MBO

に参加することによる持分上昇幅が大きいと予想される案件ほど，買収プレミアムが高くなることを示している。これは，バイアウト後に期待される株主価値の創造分が，スクイーズアウトされる少数株主にあらかじめ提供されたためとみられる。

　一方，ファミリー企業のバイアウトの動機にアプローチした研究として，Croci and Giudice（2014）がある。それによると，ファミリー経営者は，内部情報にアクセスできるインサイダーであり，将来の企業価値上昇について予測が容易であるとの前提を置いている。そして，その果実を独占するため，少数株主を締め出す非公開化を行うとの仮説を設定している。もっとも，同研究では，非公開化後においてパフォーマンスが向上しているとの証拠は得られておらず，この見方は支持されていない。

　また，LBO企業を均質的なものとして捉えるのではなく，むしろその異質性に着目した研究としてHalpern et al.（1999）がある。この調査では，サンプルは経営者の持株比率が高いファミリー案件と，それが低い非ファミリー案件に二分されるとともに，前者はファンドの関与を回避する一方で，後者はファンドと組んでバイアウトをする傾向にあることを明らかにしている。また，非公開化後のステータスについても，前者はファミリーへのコントロールライツの集約を目的としているために非公開の状態を維持するのに対し，後者は再上場化，あるいは事業売却に積極的であることが確認されている。

　こうしたHalpern et al.（1999）を追試したものとして，川本（2019），川本（2022）が存在する。これらの研究では，非公開化型MBO案件に関して，役員持株比率が高い支配株主が存在する企業群と，外国人持株比率が高い株式の流動性が高い企業群とに分割されることを報告している。そして，前者は再上場や他社とのM&Aに消極的であり，バイアウト後も非公開のステータスを維持する傾向にあり，Halpern et al.（1999）と整合的な結果を得ている。

　このように，買収前の所有構造（特に，支配株主，あるいはオーナーの存在）はバイアウトのストラクチャーに影響を与え，さらにそれが非公開化後のエグジットの経路にも作用しているということがわかる。もっとも，上記の一

連の検証には，看過できない問題点も指摘できる。たとえば，①ファミリー企業の有無の区分を，役員持株比率の高低のみで計っており，その所有形態の歴史性が織り込まれていない。同様に，②役員持株比率の測定について，役員の持株比率のみを対象としており，同比率を過少に見積もっている。③そもそも非公開化時の所有構造を含む経営者属性が，エグジットの形態に及ぼす影響を検証する形になっていない。④さらに，いかなる経営者がMBOを実施するのかという，経営者属性の効果も等閑視されてきた。そこで本章では，以上の問題点の解消を試みるべく，下記のような課題にアプローチする。

- *経営者の財産保全会社や親族持分を加えた場合，（それを加えない場合と比べ）ファミリーの持株比率にはいかなる差異が生じるのか。*
- *ファミリー企業の形態（①創業者経営，②創業者一族経営）や経営者プロフィールは，MBOのストラクチャーにどのような影響を与えるのか。*
- *このようなMBOのストラクチャーは，バイアウト後のステータスをいかに規定するのか。*

3 経営者プロフィールとエグジット

3.1 データセット

検証にあたって，2001年から2020年末までに公表された非公開化型MBOを対象とする。MBO案件は，レコフデータ「レコフM&Aデータベース」によって取得した。MBOを実施する経営執行者は原則，その企業の代表取締役社長であり，それ以外については，上記「レコフM&Aデータベース」の抄録や新聞記事等でその他の者がMBOを主導したことが明らかな場合，それに従った。経営執行者のプロフィールは，東洋経済新報社『役員四季報』，有価証券報告書から得た。

財務データは，日経メディアマーケティング「NEEDS-FinancialQUEST」より，

第5章　MBOと経営者属性　113

表5-1　経営執行者の属性

変数	N	平均値	標準偏差	最小値	最大値
上場年数	156	18.0353	13.9110	1.7500	67.8333
企業年齢	156	41.2009	21.5001	1.7500	106.6667
経営執行者の年齢	155	60.3683	10.2534	34.0833	91.8333
経営執行者の従業員経験年数	155	16.0350	13.7003	0.1667	59.4167
経営執行者の在職年数	155	4.1489	8.0949	-25.2500	32.1667
ファミリー企業	156	0.6026	0.4909	0.0000	1.0000
ファミリー企業（創業者）	156	0.2436	0.4306	0.0000	1.0000
ファミリー企業（創業者一族）	156	0.3590	0.4812	0.0000	1.0000
文系出身	115	0.8957	0.3070	0.0000	1.0000
役員持株比率（補正前）	156	0.1380	0.1273	0.0000	0.6941
役員持株比率（補正後）	156	0.2839	0.2210	0.0000	0.9314

注1：「従業員経験年数」は経営執行者の入社時から取締役就任までの年数
注2：「文系出身」は経営執行者が大卒の場合の学歴

株価データは同「NEEDS株式日次収益率データ」，および東洋経済新報社「株価CD-ROM」より入手した。非公開化後のステータスは，上記「レコフM&Aデータベース」抄録，各社ウェブサイト，新聞記事等により特定した。最終的なサンプルは，データ取得可能な155件となった。

3.2　経営者属性

まず，経営者と企業属性について観察していこう（**表5-1**）。対象となるMBO案件の上場年数はおよそ18年であり，それほど長くない印象である。サンプルに設立されてから間がない新興市場に上場する企業が多く含まれることが影響しているものと考えられる[1]。もっとも短い上場期間で非公開化したのはエイブル＆パートナーズの1.8年（ジャスダック，2010年11月上場→2012年8月上場廃止）であり[2]，逆に長かったのが大日本木材防腐の67.8年（名証

1　サンプル155社中，ジャスダック，マザーズ，地方新興市場に上場する企業は86社（55.5%）となっている。
2　エイブルとCHINTAIが経営統合して新規上場した時点から観測している。

2部，1949年5月上場→2017年3月上場廃止）となっている。企業年齢の平均は41.2年であり，設立2年未満（エイブル＆パートナーズ，1.8年）から100年を超える老舗企業（天龍木材，106.7年）まで幅広い。

　非公開化公表時の経営者属性に目を向けると，年齢の平均値は60.4歳，在職年数は16年，彼らの従業員経験年数は4.1年となっている。

　これら経営執行者が属する企業の所有構造に注目すると，役員持株比率が13%超に達していることがわかる。これは後に検証するように，他の上場企業よりもかなり高い値である。ただ，この数値でも過小評価されている。なぜなら，前述のように，彼らの財産保全会社，親族の保有分がカウントされていないためである。そこで，各案件の有価証券報告書，公開買付届出書からそれらが把握できる値を追加すると[3]，同比率は28.4%にまで増加する[4]。日本におけるMBOの多くが支配株主であるファミリーによって実施されていることになる。これに関連して，155社の支配形態を調査すると，ファミリー支配が6割を超え，そのうち創業者経営が24.3%，一族経営が35.9%，親会社経営が7.1%であった[5]。やはり日本のMBOの実施主体のメインプレイヤーはファミリーであるといえる。

3.3　再上場の状況[6]

　ついで，MBO案件の再上場については，トーカロに始まり（2003年12月），

---

[3]　これらの識別方法の詳細については，川本（2022），第4章を参照されたい。

[4]　これが高い企業の例としては，ミヤコ（93.14%，2020年2月公表），クレックス（77.78%，2013年9月公表）が挙げられる。

[5]　「創業者」，「創業者一族」などをキーワードとして，東洋経済新報社編『日本会社史総覧』，レコフデータ「レコフM&Aデータベース」の抄録，各社ウェブサイト等を用いて判断を行った。

[6]　本章で挙げた再上場とM&Aのほか，エグジットの方法としては経営陣が出資者として残りつつ，ファンドが交代する「セカンダリーMBO」があるが，本章では件数が限られるため取り上げなかった。セカンダリー案件について，日本の状況については杉浦（2013），イギリスの状況についてはWright et al.（2000）を参照されたい。

表5-2　再上場企業のプロフィール

企業名	業種	上場年月	非公開化年月	再上場年月	市場（非公開化時）	市場（再上場時）
トーカロ	金属	1996/10	2001/08	2003/12	店頭	東証2部
キトー	機械	1986/09	2003/10	2007/08	店頭	東証1部
ワールド	繊維	1993/11	2005/11	2018/09	東証1部	東証1部
すかいらーく	小売	1978/07	2006/09	2014/10	東証1部	東証1部
ツバキ・ナカシマ	機械	1961/10	2007/05	2015/12	東証1部	東証1部
オークネット	情報・通信	1991/09	2008/10	2017/03	東証1部	東証1部
FOOD&LIFE COMPANIES（旧あきんどスシロー）	小売	2003/09	2009/04	2017/03	東証2部	東証1部
ウェーブロックホールディングス	化学	1996/12	2009/07	2017/04	東証2部	東証2部
チムニー	小売	2005/02	2010/04	2012/12	東証2部	東証2部
ソラスト（旧日本医療事務センター）	サービス	1992/11	2012/02	2016/06	東証1部	東証1部
ウイングアーク1st（旧1stホールディングス）	情報・通信	2010/12	2013/09	2021/03	東証2部	東証1部
シンプレクス・ホールディングス	情報・通信	2002/02	2013/10	2021/09	東証1部	東証1部
ローランド	その他製品	1989/12	2014/10	2020/12	東証1部	東証1部

出所：レコフデータ「レコフM&Aデータベース」，日経各紙，プロネクサス「eol」より作成。

シンプレクス・ホールディングス（2021年9月）まで，13件となっている（**表5-2**）。エグジットの手法としては，十分に活用されているとはいいがたい状況である。ただし，再上場案件は2010年代の半ば以降から増加傾向にあり，今後もコンスタントに登場する可能性がある。

上場廃止から再上場までの期間に目を向けると，もっとも短いのはトーカロ（2.3年），キトー（3.8年）といったところであり，長かったのは，ワールド（12.8年）であった。キトーは，バイアウトをともに行ったカーライル主導の生産拠点の再構築，海外展開，M&A支援，ガバナンス強化が功を奏した案件として，ファンドによる経営再建のマイルストーンとして語り継がれている[7]。一方，ワールドについては，上場廃止後の拡大志向の失敗，その撤退・

7　これらの内容については，胥（2011），鈴木（2008），三河（2019）が詳しい。

再編，ファストファッション台頭に伴うアパレル不況もあり，事業の立て直しに時間を要したという[8]。

3.4　M&A の状況

一方，M&A によるエグジットの状況については**図5-1**にまとめられている。2008年から観察されはじめ，2012年（8件）と2018年（6件）でピークを迎えている。M&A の形態を確認可能な案件（37件）で調べてみると，そのほとんどが他社による株式取得（子会社化）であり，35件となっている。代表的なケースでは，超硬工具で世界2位の IMC の傘下に入ったタンガロイ（2008年9月），LINE の傘下入りしたベンチャーリパブリック（2018年7月）等がある。M&A によるエグジットまでの期間は，1年以内で20件（52.6%），1年超から2年以内で14件（36.8%）であり，両者で9割程度となる。M&A の場合は再上場に比べ，上場廃止してからより早い期間で，エグジットが図られていることとなる。

各年の案件のエグジット率を求めたものが，**表5-3**である。当然のことながら，非公開化した時期が早い案件ほど，エグジット率が高くなっている。全体で，30% となっており（2022年12月末時点），再上場は7.6%，M&A は22.4%である。

3.5　ファミリー，エグジット，ファンド

では，上記のような経営者属性は，バイアウト，エグジットの経路にいかなる影響を及ぼしたのであろうか。ここではクロス表による一次的接近を試みる。**表5-4**は，ファミリーの形態（①ファミリー全体，②創業者経営，③一族経営）とエグジットの方法を組み合わせてみたものである。それによると，いずれの割合についてもほとんど差はなく，その差についてのカイ2乗検定も統計的に有意になっていない（パネル A から F）。すなわち，ここでのプリミティ

8　「ワールド，13年ぶりに再上場へ」『日経 MJ』2018年7月2日。

第5章　MBOと経営者属性　117

図5-1 M&Aによるエグジット

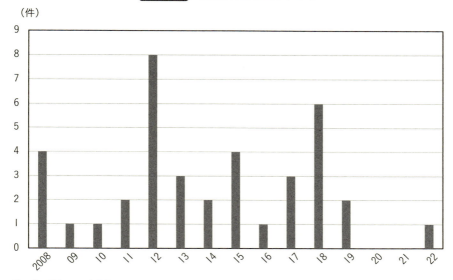

注：非公開化MBO実施後，M&Aによってエグジットした案件数を示す。

表5-3 エグジットの件数と経路

公表年	案件	エグジット(件)	エグジット(%)	再上場(件)	再上場(%)	M&A(件)	M&A(率)
2001	4	1	25.0	1	25.0	0	0.0
2002	1	0	0.0	0	0.0	0	0.0
2003	6	3	50.0	1	16.7	2	33.3
2004	0	0	0.0	0	0.0	0	0.0
2005	3	4	133.3	1	33.3	3	100.0
2006	10	7	70.0	1	10.0	6	60.0
2007	13	3	23.1	1	7.7	2	15.4
2008	16	6	37.5	1	6.3	5	31.3
2009	15	7	46.7	2	13.3	5	33.3
2010	13	4	30.8	1	7.7	3	23.1
2011	21	5	23.8	0	0.0	5	23.8
2012	9	4	44.4	1	11.1	3	33.3
2013	9	3	33.3	2	22.2	1	11.1
2014	5	2	40.0	1	20.0	1	20.0
2015	6	1	16.7	0	0.0	1	16.7
2016	4	0	0.0	0	0.0	0	0.0
2017	3	0	0.0	0	0.0	0	0.0
2018	3	0	0.0	0	0.0	0	0.0
2019	5	0	0.0	0	0.0	0	0.0
2020	9	1	11.1	0	0.0	1	11.1
2021	15	0	0.0	0	0.0	0	0.0
計	170	51	30.0	13	7.6	38	22.4

注：計欄の％は全体に占める当該カテゴリーの合計数の割合を示しているため，期間中の単純平均と数字は合わない
出所：本文中で挙げたデータにより作成。

表 5-4 ファミリー企業と再上場, M&A, ファンド関与

パネル A：ファミリー企業（全体）と再上場

		全体 0	全体 1	Total
再上場	0	55 (88.71)	88 (93.62)	143 (91.67)
再上場	1	7 (11.29)	6 (6.38)	13 (8.33)
Total		62 (100.0)	94 (100.0)	156 (100.0)

Pearson chi2(1) = 1.1778　Pr = 0.278

パネル B：ファミリー企業（創業者経営）と再上場

		創業者経営 0	創業者経営 1	Total
再上場	0	107 (90.68)	36 (94.74)	143 (91.67)
再上場	1	11 (9.32)	2 (5.26)	13 (8.33)
Total		118 (100.0)	38 (100.0)	156 (100.0)

Pearson chi2(1) = 0.6199　Pr = 0.431

パネル C：ファミリー企業（一族経営）と再上場

		一族経営 0	一族経営 1	Total
再上場	0	107 (90.68)	36 (94.74)	143 (91.67)
再上場	1	11 (9.32)	2 (5.26)	13 (8.33)
Total		118 (100.0)	38 (100.0)	156 (100.0)

Pearson chi2(1) = 0.6199　Pr = 0.431

パネル D：ファミリー企業（全体）と M&A

		全体 0	全体 1	Total
M&A	0	44 (70.97)	74 (78.72)	118 (75.64)
M&A	1	18 (29.03)	20 (21.28)	38 (24.36)
Total		62 (100.0)	94 (100.0)	156 (100.0)

Pearson chi2(1) = 1.2196　Pr = 0.269

パネル E：ファミリー企業（創業者経営）と M&A

		創業者経営 0	創業者経営 1	Total
M&A	0	89 (75.42)	29 (76.32)	118 (75.64)
M&A	1	29 (24.58)	9 (23.68)	38 (24.36)
Total		118 (100.0)	38 (100.0)	156 (100.0)

Pearson chi2(1) = 0.0124　Pr = 0.911

パネル F：ファミリー企業（一族経営）と M&A

		一族経営 0	一族経営 1	Total
M&A	0	73 (73.00)	45 (80.36)	118 (75.64)
M&A	1	27 (27.00)	11 (19.64)	38 (24.36)
Total		100 (100.0)	56 (100.0)	156 (100.0)

Pearson chi2(1) = 1.0545　Pr = 0.304

第5章　MBOと経営者属性　119

パネルG：ファミリー企業（全体）とファンド関与

		全体 0	全体 1	Total
ファンド	0	21 (33.87)	69 (73.4)	90 (57.69)
ファンド	1	41 (66.13)	25 (26.6)	66 (42.31)
Total		62 (100.0)	94 (100.0)	156 (100.0)

Pearson chi2(1) = 23.9212　Pr = 0.000

パネルH：ファミリー企業（創業者経営）とファンド関与

		創業者経営 0	創業者経営 1	Total
ファンド	0	67 (56.78)	23 (60.53)	90 (57.69)
ファンド	1	51 (43.22)	15 (39.47)	66 (42.31)
Total		118 (100.0)	38 (100.0)	156 (100.0)

Pearson chi2(1) = 0.1653　Pr = 0.684

パネルI：ファミリー企業（一族経営）とファンド関与

		一族経営 0	一族経営 1	Total
ファンド	0	44 (44.00)	46 (82.14)	90 (57.69)
ファンド	1	56 (56.00)	10 (17.86)	66 (42.31)
Total		100 (100.0)	56 (100.0)	156 (100.0)

Pearson chi2(1) = 21.3970　Pr = 0.000

出所：本文中で挙げたデータにより作成。

ブな検証からは，所有形態とエグジットのあり方に相関はないということになる。

　一方，有意差が検出されたのが，ファミリーとファンド関与のクロス表である。ファミリー全体，創業者一族において，ファンドの関与を回避する傾向が明確にみられる（パネルG, I, H）。いずれも統計的に1％水準で有意な差があると出ている。ファミリー，特に創業者一族には，バイアウトにファンドが関与することで経営権を奪取されるという抵抗感が強いものと推察される。

4 データセットと推計モデル

　これまで，MBO の実施やエグジットの経路に対する，ファミリーの形態など経営者属性の影響を観察してきたが，上記検証ではそれら両者の関係を規定する他の要因を条件づけていなかった。以下では，他の要因をコントロールしたうえで，第 2 節で挙げた論点についての因果関係の特定を試みる。

4.1　バイアウト・ファンド関与の決定要因

　まず，MBO 選択に対する経営者属性の影響を探るため，ファンド関与型 MBO の決定要因について推計する。

$$P(FUND) = G[OWN(orFAMI), MAGE, INT, FUND, PBR, ROA, DA, FCF, FOREIGN, CONTROL] \quad (1)$$

　被説明変数の FUND は，MBO にファンドが関与した場合に 1 の値を与えるダミー変数である。ここでの分析の焦点は，役員持株比率 OWN またはファミリー企業ダミー FAMI の影響にある。OWN は，前述のように，財産保全会社，経営者親族保有分を加味した役員持株比率であり，FAMI はファミリー企業ダミー（創業者＋創業者一族），それらを分割した創業者ダミー FAMI_F，創業者一族ダミー FAMI_C となる。Halpern et al.（1999），川本（2021）で明らかにされたように，創業者を含むファミリー企業がファンドとのバイアウトを避けているようならば，これらの変数は負の係数を取ると予想される。

　また，説明変数として，上場廃止時の経営執行者（多くは社長）の年齢 MAGE，MBO 公表時の経営者在職年数 INT も挿入されている。いずれもバイアウトの形態への経営者属性が与える効果を観察するための変数である。このほか，非公開化の決定要因に関するスタンダードな説明変数が設定されている（それらの実証仮説は前掲表 1-1 を参照）。それ以外のコントロール変数 CONTROL としては，製造業ダミー MANU，総資産対数値 LNASSET，上

場月数対数値 LNLIST, MBO 実施に大きな影響を与えた, 2008年9月のレックス・ホールディングス高裁決定以降に1の値を与えるダミー変数である REX が挿入されている。推計は，プロビットモデルで行う。

4.2 エグジットの決定要因

ついで，上記で挙げた経営者属性の違いがエグジットのあり方に与える影響についての分析を試みる。

$$P(EXIT) = G[OWN(orFAMI), MAGE, INT, FUND, PBR \\ ROA, DA, FCF, FOREIGN, CONTROL] \quad (2)$$

EXIT はエグジット形態に関する被説明変数であり，1の場合は再上場，2の場合は M&A，0の場合は非公開維持を表す。これを(1)式で用いたファミリー企業ダミー FAMI, ファンド関与ダミー FUND, 経営者属性変数（経営者年齢 MAGE, 経営者在職年数 INT），その他説明変数，コントロール変数に回帰する。推計モデルとしては，多項ロジットモデルを用いる。以上の推計の基本統計量は，**表5-5**にまとめられている。それによると，ファミリー MBO は，非ファミリー MBO に比べ，PBR, 外国人持株比率 FOREIGN, ファンド関与ダミー FUND が低く，フリーキャッシュフロー比率 FCF, 役員持株比率 OWN, 経営者年齢 MAGE, 経営者の従業員経験年数 INT が有意に大きくなっている。

表5-5 基本統計量

パネルA：全体

変数	N	平均値	標準偏差	最小値	最大値
FAMI（ファミリー全体）	156	0.6026	0.4909	0.0000	1.0000
FAMI_F（ファミリー創業者経営）	156	0.2436	0.4306	0.0000	1.0000
FAMI_C（ファミリー一族経営）	156	0.3590	0.4812	0.0000	1.0000
PBR（株価純資産倍率）	156	0.9623	0.7622	0.1794	5.5495
ROA（産業平均調整済み ROA）	156	0.0132	0.0611	-0.1482	0.1992
DA（負債比率）	156	0.4692	0.2191	0.0899	0.9526
FCF（フリーキャッシュフロー比率）	156	0.1894	0.1863	0.0000	0.6016
OWN（役員持株比率）	156	0.2839	0.2210	0.0000	0.9314
MAGE（経営者年齢）	155	60.3683	10.2534	34.0833	91.8333
INT（従業員経験年数）	155	16.0350	13.7003	0.1667	59.4167
FOREIGN（外国人持株比率）	156	0.0778	0.0951	0.0000	0.4414
FUND（ファンドダミー）	156	0.4231	0.4956	0.0000	1.0000
MANU（製造業ダミー）	156	0.3462	0.4773	0.0000	1.0000
LNASSET（総資産対数値）	156	9.7975	1.0766	6.7593	13.4496

パネルB：ファミリーMBOと非ファミリーMBO

変数	N	ファミリーMBO 平均値	標準偏差	最小値	最大値	N	非ファミリーMBO 平均値	標準偏差	最小値	最大値	平均値の差の検定
PBR（株価純資産倍率）	94	0.8379	0.5590	0.1767	2.4828	62	1.1156	0.8436	0.1327	3.4582	-0.2778 **
ROA（産業平均調整済み ROA）	94	0.0080	0.0602	-0.1909	0.2042	62	0.0200	0.0667	-0.1909	0.2042	-0.0121
DA（負債比率）	94	0.4491	0.2108	0.0685	0.9616	62	0.4995	0.2317	0.0685	0.9616	-0.0504
FCF（フリーキャッシュフロー比率）	94	0.2297	0.1991	0.0000	0.6600	62	0.1304	0.1540	0.0000	0.5289	0.0993 ***
OWN（役員持株比率）	94	0.3753	0.1895	0.0009	0.9314	62	0.1453	0.1923	0.0000	0.7132	0.2300 ***
MAGE（経営者年齢）	93	62.0959	11.0070	34.0833	91.8333	62	57.7769	8.4448	34.5000	73.8333	4.3190 ***
INT（従業員経験年数）	93	21.9220	13.9748	0.3333	59.4167	62	7.2043	6.8717	0.1667	35.3333	14.7177 ***
FOREIGN（外国人持株比率）	94	0.0650	0.0876	0.0000	0.3380	62	0.0955	0.0983	0.0000	0.3380	-0.0305 **
FUND（ファンドダミー）	94	0.2660	0.4442	0.0000	1.0000	62	0.6613	0.4771	0.0000	1.0000	-0.3953 ***
MANU（製造業ダミー）	94	0.3085	0.4644	0.0000	1.0000	62	0.4032	0.4945	0.0000	1.0000	-0.0947
LNASSET（総資産対数値）	94	9.6766	0.9564	7.1846	12.3440	62	9.9808	1.2222	6.7593	13.4496	-0.3043 *

出所：本文中で挙げたデータにより作成。

5 推計結果

5.1 バイアウト・ファンドの関与とファミリー

まず，バイアウト・ファンド関与に対する経営者属性への影響を観察していこう（**表 5-6**）。同表によると，役員持株比率（コラム(1)），ファミリー企業全体（*FAMI*）の推計（コラム(2)）と創業者一族ダミー（コラム(4)）の推計において，有意に負の係数を取っており，MBOにおけるファンド関与の確率を減少させる傾向にあることがわかる。その効果は大きく，コラム(2)の試算によると，ファミリー企業である場合，レファレンスグループである非ファミリー企業に比べ，バイアウトにファンドが関与する確率は26.16％低下することとなる。全体の案件のファンド関与確率は42.31％であるので，その61.18％に相当し，無視することはできない値である。

興味深いのは，創業経営者ダミー*FAMI_F*の効果である。創業者一族ダミー*FAMI_C*とは異なり，係数は非有意ではあるものの正である。同じファミリーでも，創業者は外部者を招聘することに開放的であり，またその意思決定が実行可能であることを示す結果なのかもしれない。

また，他の経営者属性に関する変数では，経営者在職年数*INT*が5％水準で有意に負となっている（コラム(3)(4)）。上記の結果を踏まえると，これからビジネスでキャリアを蓄積していこうとする創業経営者が，ファンドの手を借りて，非公開化を通じた事業再構築を断行しようとしている様子がうかがいしれる。

5.2 どのような経営者がエグジットを選択するか

以上の結果を受けて，エグジットの選択要因を観察したのが，**表 5-7**である。注目されるのが，ファミリー企業ダミーと創業者一族ダミーの効果である。いずれも再上場に対し，有意に正の係数を取っている。コラム(4)で試算すると，

表 5-6　バイアウト・ファンド関与と経営者属性

	(1)	(2)	(3)	(4)
OWN 役員持株比率	-4.6394*** -1.7606 (0.9605)			
FAMI ファミリー（全体）		-0.6845** -0.2616 (0.3244)		
FAMI_F ファミリー（創業者経営）			0.1715 0.0664 (0.3657)	
FAMI_C ファミリー（一族経営）				-0.6342** -0.2317 (0.2821)
MAGE 経営者年齢	0.0307* 0.0117 (0.0175)	0.0216 0.0083 (0.0157)	0.0264* 0.0101 (0.0157)	0.0216 0.0083 (0.0153)
INT 従業員経験年数	-0.0028 -0.0011 (0.0121)	-0.0128 -0.0049 (0.0136)	-0.0303** -0.0116 (0.0138)	-0.0249** -0.0095 (0.0112)
PBR 株価純資産倍率	0.6445** 0.2446 (0.3224)	0.4014 0.1535 (0.2716)	0.3603 0.138 (0.2519)	0.3667 0.1402 (0.2651)
ROA 総資産経常利益率	-3.6128 -1.371 (2.5395)	-4.6421** -1.7756 (2.5202)	-3.4210 -1.31 (2.3566)	-3.5520 -1.3577 (2.4046)
DA 負債比率	-0.6807 -0.2583 (0.7710)	-0.8986 -0.3437 (0.7234)	-0.5812 -0.2226 (0.6692)	-0.8290 -0.3169 (0.6704)
FCF フリーキャッシュフロー比率	-2.0885** -0.7925 (1.0417)	-2.1447** -0.8204 (0.9022)	-2.2515*** -0.8622 (0.8684)	-2.1571** -0.8245 (0.8712)
FOREIGN 外国人持株比率	2.9254* 1.1101 (1.6274)	3.3132** 1.2673 (1.6267)	3.5761** 1.3694 (1.6719)	2.9637* 1.1329 (1.6472)
MANU 製造業ダミー	0.8595** 0.3276 (0.3520)	0.5675* 0.2191 (0.2926)	0.6004** 0.2318 (0.2800)	0.5428* 0.2095 (0.2839)
LNASSET 総資産対数値	0.2331* 0.0885 (0.1408)	0.2937** 0.1124 (0.1369)	0.2855** 0.1093 (0.1431)	0.2835** 0.1083 (0.1412)
INLIST 上場月数対数値	-1.3126*** -0.4981 (0.2839)	-0.8754*** -0.3349 (0.2244)	-0.8619*** -0.3301 (0.2160)	-0.8005*** -0.306 (0.2082)
REX レックスダミー	-1.3162*** -0.4824 (0.3061)	-0.7599*** -0.2896 (0.2729)	-0.8570*** -0.3255 (0.2644)	-0.7929*** -0.3017 (0.2726)
CONSTANT	4.0274** (1.7256)	1.1283 (1.6165)	0.6033 (1.6745)	0.8925 (1.6659)
N	155	155	155	155
log-likelihood	-53.3806	-66.8857	-69.2199	-66.6929
Wald chi2	69.1526***	59.0528***	61.0391***	62.1306***

注1：上段は係数，中段は限界効果，括弧内はロバストな標準誤差を表す。
注2：***, **, * はそれぞれ 1%, 5%, 10% 水準で有意であることを示す。
出所：本文中で挙げたデータにより作成。

表 5-7　経営者属性とエグジットの経路

	(1) 再上場	(1) M&A	(2) 再上場	(2) M&A	(3) 再上場	(3) M&A	(4) 再上場	(4) M&A
OWN 役員持株比率	-3.0525 -0.1053 (1.8773)	-1.5279 -0.1525 (1.2773)						
FAMI ファミリー（全体）			4.3386*** 0.1441 (1.3302)	0.9213 0.0502 (0.6330)				
FAMI_F ファミリー（創業者経営）					0.4520 0.0198 (0.9352)	0.0544 -0.0019 (0.7287)		
FAMI_C ファミリー（一族経営）							4.4062*** 0.1576 (1.5069)	0.7564 0.0217 (0.6042)
MAGE 経営者年齢	0.0097 0.0009 (0.0556)	-0.0197 -0.0031 (0.0258)	0.0934 0.0037 (0.0706)	-0.0127 -0.0035 (0.0254)	0.0213 0.0014 (0.0567)	-0.0176 -0.0030 (0.0255)	0.1047 0.0044 (0.0700)	-0.0164 -0.0044 (0.0247)
INT 従業員経験年数	-0.0170 -0.0009 (0.0013)	0.0062 0.0013 (0.0214)	-0.1435*** -0.0049 (0.0441)	-0.0237 -0.0007 (0.0243)	-0.0440 -0.0019 (0.0347)	-0.0049 0.0002 (0.0251)	-0.0940* -0.0036 (0.0494)	-0.0042 0.0012 (0.0212)
PBR 株価純資産倍率	-0.3967 -0.0340 (0.5540)	0.7073** 0.1112 (0.4156)	-1.6755** -0.0741 (0.8144)	0.6352* 0.1212 (0.3856)	-0.5834 -0.0410 (0.5450)	0.6421 0.1059 (0.3946)	-1.6110** -0.0752 (0.7605)	0.6204 0.1204 (0.3925)
ROA 総資産経常利益率	24.9679** 1.1908 (11.9232)	-2.1728 -0.8745 (4.0541)	44.1791*** 1.6722 (15.5724)	-1.6360 -1.0519 (3.9818)	26.3978** 1.2758 (12.0226)	-2.3953 -0.9200 (4.0307)	40.6489*** 1.6335 (15.1681)	-2.1829 -1.1102 (4.1389)
DA 負債比率	-1.3794 -0.0723 (3.1802)	0.4104 0.0903 (1.3522)	-1.4934 -0.0694 (4.3085)	0.7500 0.1341 (1.3154)	-1.7929 -0.0928 (3.1097)	0.4446 0.1034 (1.3296)	-2.4582 -0.1103 (4.9496)	0.7168 0.1508 (1.3195)
FCF フリーキャッシュフロー比率	-1.3469 -0.1098 (3.1982)	2.1473 0.3408 (2.0750)	-7.0458 -0.2927 (4.9660)	1.6609 0.3664 (1.9765)	-2.6671 -0.1656 (3.2395)	1.9348 0.3388 (1.9694)	-6.9732 -0.3076 (5.0477)	1.7685 0.3898 (1.9990)
FOREIGN 外国人持株比率	5.1736 0.2500 (4.0995)	-0.5930 -0.2019 (3.2438)	10.0779 0.3796 (6.4585)	-0.2709 -0.2255 (3.0036)	5.8148 0.2809 (3.7990)	-0.5212 -0.2017 (3.0812)	10.2107 0.3990 (6.8464)	0.0303 -0.1961 (3.1980)
FUND ファンドダミー	17.3136*** 0.7472 (1.7319)	1.9961*** -0.0997 (0.6041)	22.6305*** 0.7960 (2.4491)	2.4274*** -0.0755 (0.5563)	18.4656*** 0.8081 (1.7892)	2.2151*** -0.0785 (0.5699)	22.4581*** 0.8303 (2.5430)	2.4730*** -0.0872 (0.5941)
MANU 製造業ダミー	-0.8212 -0.0322 (1.2091)	-0.2374 -0.0159 (0.5741)	0.2679 0.0140 (1.9585)	-0.2166 -0.0357 (0.5802)	-0.7912 -0.0314 (1.2337)	-0.2449 -0.0184 (0.5747)	0.1395 0.0099 (2.0551)	-0.2253 -0.0350 (0.5703)
LNASSET 総資産対数値	0.4555 0.0325 (0.5681)	-0.5186* -0.0852 (0.2656)	1.4255* 0.0618 (0.7450)	-0.4750* -0.0938 (0.2459)	0.5850 0.0377 (0.5227)	-0.4895* -0.0838 (0.2560)	1.7097** 0.0771 (0.8033)	-0.5207** -0.1080 (0.2574)
INLIST 上場月数対数値	0.4144 0.0134 (0.5993)	0.2465 0.0264 (0.5952)	-0.1151 -0.0092 (0.6971)	0.2655 0.0398 (0.3698)	0.4497 0.0145 (0.5952)	0.2913 0.0326 (0.3731)	-0.4378 -0.0216 (0.6345)	0.2283 0.0412 (0.3675)
REX レックスダミー	-1.3434 -0.0408 (0.8721)	-0.9184* -0.1027 (0.5089)	-0.1824 -0.0235 (1.0365)	-0.9024* -0.1079 (0.4898)	-1.0122 -0.0299 (0.7878)	-0.7880* -0.0925 (0.4787)	-1.2049 -0.0305 (1.0841)	-0.8497* -0.0979 (0.4607)
CONSTANT	-24.0743*** (8.8812)	2.6726 (3.0720)	-42.0797*** (10.9237)	1.0011 (3.0947)	-27.3740*** (8.3773)	1.6841 (2.8345)	-43.3873*** (11.4648)	1.7655 (3.0133)
N	155		155		155		155	
log-likelihood	-86.3861		-81.8195		-87.3199		-82.2239	
Wald chi2	744.8192***		309.1344***		769.1607***		235.1743***	

注1：上段は係数，中段は限界効果，括弧内はロバストな標準誤差を表す。
注2：***，**，* はそれぞれ1％，5％，10％水準で有意であることを示す。
出所：本文中で挙げたデータにより作成。

ファミリーである場合，非ファミリー企業に比べ，再上場の確率は14.41%上昇することとなる。そもそも再上場確率は8.34%に過ぎないので，その効果は非常に大きい。これらの変数はM&Aに対しては非有意であるので，創業者一族はエグジットを選択する場合でも，経営権保持のための再上場を選好しているものと判断できる。これは，ファミリー企業について区分を行っていなかった川本（2019），川本（2022）では観察されなかった結果である。

また，経営者在職年数 INT が再上場の有無に対して，有意に負の係数を示している（コラム(2)(4)）。前項の推計結果と照らし合わせると，就任して間もない経営執行者は，上場廃止の決断も早く，同時に再上場の意思決定も迅速だと解釈することが可能であろう。

そのほか，$FUND$ は再上場，M&Aのエグジットのいずれに対しても，ロバストに正に有意の係数を取っている。ファンドが関与する案件では，多様なエグジットのルートによって，投資を回収していることを強く示す結果である。

6　おわりに：一律ではない創業者一族の態度

本章では，MBO実施企業の経営者属性が，非公開化の形態，およびエグジットの経路に与える影響について検証してきた。その結果，以下の点が明らかとなった。

第1に，創業者とその一族を含めた買収案件がMBO全体の6割を超え，ファミリーという支配株主によるバイアウトが中心であることが明らかにされた。一般的にMBOというと，サラリード・マネージャー（俸給経営者）がオーナーに転化する取引を想像するが，わが国においては支配株主であるファミリーがさらに所有を集中させることを目的として，それを利用していることがわかる。

第2に，実証分析からは，ファミリー企業はバイアウト・ファンドと共同しての買収を選択しないとの結果が得られた。創業者にはこうした傾向が観察されないことから，特に創業者の次世代において，バイアウト後にも支配権を維

持したいという期待が強いのかもしれない。また，在職年数の短い経営者は，MBOに踏み切る確率が高く，経営者就任のインパクトの余勢を駆って，非公開化による事業再構築に踏み切っているものと思われる。

　第3に，ファンドが関与した案件のエグジット確率は高い。その一方で，創業者一族経営などのファミリー企業案件では，エグジット形態としてM&Aよりも再上場を選択する確率が高い。これはファミリー企業の経営目的がコントロールライツの確保にあるため，エグジット後においてもその状態を維持しようとしている結果だと推察される。

　本章の検証からは，同じファミリーでも，その世代によって非公開化，エグジットに対する態度が異なることが明らかとなった。もっとも，本章では，バイアウト実施企業の経営者属性が，非公開化時の少数株主の富に与えた影響についてまでは検証できなかった。また，それらファミリー企業が事後的なパフォーマンス改善を享受しているのかについても扱えなかった。仮にパフォーマンスの改善を実現できていないとするならば，なぜファミリーはバイアウトを選択するのだろうか。本章には，こうした課題が依然残されており，さらなる検証が必要であろう。

第6章
キャッシュアウト法制の実証分析

1　はじめに：2014年会社法改正

　1990年代から21世紀を迎え，2020年代に至る30余年の間に，元号も昭和から平成を経て令和へと移行した。この間は，会社の法制度にとっても，2005年の会社法の制定に象徴されるように，変革の時期であった。会社法制の改革において，もっとも盛んに議論された問題の1つは，キャッシュアウトに関する法制度の整備である。

　キャッシュアウトとは，対象株主の発行する株式全部を，買収者が当該株式の株主の個別の同意を得ることなく，金銭を対価に取得する行為をいう（田中2021：35）。キャッシュアウトによって，買収者以外の株主は，現金が交付されることと引き換えに，会社との関係が完全に解消される。キャッシュアウトは，柔軟な組織再編を実現させる観点から，法制度の整備が経済界を中心に要請されてきた一方で，株主の意思と関係なく会社との関係が完全に消滅するという帰結を伴うが故に，議論の対象とされた[1]。

　本章では，MBO案件をはじめとする買収案件が採用するキャッシュアウトの法制度を経済的に実証分析する。現行の法制に至るまでの過程では，さまざまな制度がキャッシュアウトの手法として登場してきた。①これらキャッシュ

---

[1]　北川（2011）は，アメリカで実施されたキャッシュアウトの事案を参考に，日本の会社法で検討されるべき問題を提起している。

アウトのスキームの変化は，いかなる背景の下でなされたのであろうか。②キャッシュアウトに関連する法制度の改正は，その意図を達成したのであろうか。③そもそもどのような企業がキャッシュアウトを利用し，それは締め出される少数株主の富にいかなる影響を与えているのであろうか。本章では，これらの課題についてアプローチする際，バイアウトの主体別に比較検討する。この作業を通じ，キャッシュアウトというスキームの観点から，MBO固有の効果を明らかにすることが可能となろう。

本章の構成は以下のとおりである。第2節では，キャッシュアウト法制の変遷について検証していく。第3節では，わが国において行われたキャッシュアウトに関する包括的なデータセットを構築して，キャッシュアウトを利用した買収主体，それら主体の性質とTOB開始からキャッシュアウト実施までのタイムラインに関する基本的な情報について確認する。第4節では，キャッシュアウトの動機と買収プレミアムに与える影響について検証する。第5節は本章のまとめと今後のキャッシュアウト法制に対するインプリケーションにあてられる。

2　キャッシュアウト法制の整備過程

2.1　法制度の整備過程の概要

本節では，キャッシュアウトに関する会社法制の変遷について確認していく[2]。**表6-1**に，キャッシュアウトに関連する法制度の推移をまとめた。

キャッシュアウトの法制度は，①周辺制度の整備，②キャッシュアウトの制度導入，③キャッシュアウト法制の整備，の各段階を経てきたといえるだろう。また，関連する法律は，商法および会社法に加えて，証券取引法および金融商品取引法，独占禁止法，並びに産活法である。

2　キャッシュアウト制度の変遷とスキームの推移については，川本（2022）でも論じる機会があった。

表6-1　キャッシュアウト関連法制の変遷

年	立法	制度
1990年	証券取引法の改正	部分的買付けを認めた強制公開買付制度を導入
1997年	独占禁止法の改正	純粋持株会社の解禁
1999年	商法の改正	株式交換・株式移転制度の導入
2003年	産業活力再生特別措置法の改正	吸収型組織再編（吸収合併・吸収分割・株式交換）における合併対価の柔軟化
2005年	会社法の制定	全部取得条項付種類株式の導入
2006年	証券取引法の改正	全部買付義務（3分の2ルール）の導入
2014年	会社法の改正	特別支配株主による株式等売渡請求制度の創設 株式併合制度の整備

2.2　周辺制度の整備

まず，周辺制度の整備段階として，1990年の証券取引法の改正による強制公開買付規制の導入，および1997年の独占禁止法の改正による純粋持株会社の解禁の意義を検証する。これらの法改正によってキャッシュアウトへの素地が整えられた。

第1の周辺制度の整備は，強制公開買付規制が導入されたことである。この規制は，取得者が会社支配権を行使できる持株比率となる株式（支配株式）の取得については，公開買付けによる取得を強制する。もし強制公開買付規制が存在せず，対象会社の支配株式を自由に取得できる状況で，キャッシュアウトが実行できるのであれば，一部の株主から支配株式を部分的に取得したのちに，安価で残存する株主をキャッシュアウトすることで，企業価値を低下させる買収を実行できる[3]。一方，強制公開買付規制が存在すると，保有する株式を支配株式として売却する機会が，全ての株主に均等に付与される[4]。もっとも，強制公開買付規制のもと，株主がどのように均等に取り扱われるのかは，①部分的な支配株式の取得を許容するのか，それとも，②全株式買付義務を買収者

に課すのかによって，異なってくる。1990年の証券取引法改正によって，日本に導入された制度は，第1に部分的な支配株式の取得を許容していたことに加え，第2に市場外での支配株式取得に限定して強制公開買付けの対象としたことから，もっとも穏やかなタイプの強制公開買付規制であった（家田2004：24）。

もう1つの周辺制度の整備は，1997年の独占禁止法改正によって純粋持株会社（独占禁止法9条）が解禁されたことである。キャッシュアウトに伴い，対象会社は完全子会社となる。この改正以前でも，事業持株会社を利用することは可能ではあったものの，純粋持株会社が解禁されたことによって，いわゆる殻会社（Shell Company）を利用することが可能になり，柔軟な組織再編制度が可能になった[5]。

2.3　キャッシュアウトを可能とする制度の導入

会社法制定前の商法は，合併対価として交付される現金について，合併交付金として規定していた（会社法制定前の商法409条4号）。合併交付金は合併比率を調整した結果として，消滅会社の株主に交付される現金と理解されていたことから，合併交付金の交付は，対存続会社の株式を合併対価とすることが前提であった[6]。

3　企業価値100で，株式数100株，1株の価格が1の企業において，特定の支配株主が67株を支配株式として保有しているとする。買収者が，支配株式の67株を総額80で取得したのちに，残存する13株を1株0.5でキャッシュアウトできるのであれば，買収者は，86.5の対価で買収を実行できることになる。

4　支配株式の取得は公開買付けによらなければならないとするルールは，機会均等ルールと称されており，強制公開買付け規制もこのルールに基づいている。機会均等ルールと強制公開買付規制については，Andrews（1965），前田（1984ab）参照。

5　下谷・川本（2020）の調査によれば，2018年末までに568件の持株会社が設立されており，それは上場企業のおよそ15％に相当する。

6　中東（2007：574-586）では，会社法制前後の時期に，合併対価の柔軟化について，どのように議論が展開されたのかを検証している。

1999年の商法改正では，既存の会社を完全子会社にする法制度への要請に応え，株式交換と株式移転の制度が導入された。しかし，株式交換・株式移転では，完全子会社となる会社の株主に，完全親会社となる会社の株式を交付しなければならないとされたことから（会社法制定前の商法352条2項・364条2項），これらをキャッシュアウトの手段として利用できなかった。とはいえ，2000年代初頭のキャッシュアウトは，買収者の端株を渡し，その対価として現金を交付する「端株処理方式」，あるいは公開買付終了後に，対象会社に完全親会社を作り，その親会社が保有する株式を特別目的会社に売却し，抜け殻となった対象会社の解散決議を行ったうえで少数株主に現金を交付する「清算方式」という手法が，法的裏付けが与えられないまま行われていた[7]。

　商法・会社法が，キャッシュアウトに慎重な立場を示す状況で，2003年の産活法の改正によって，株式交換と吸収合併における対価の柔軟化が，特例的に認められたことによって，キャッシュアウトが実行可能となった（**表6-2**）。

　この改正で産活法に新設された12条の9は，金銭または他の株式会社の株式を交付することが認定計画に記載されている事業再構築等を円滑に行うために必要かつ適切であることについて，主務大臣の認定を受けた場合については，特例として金銭を対価に用いることを可能にした[8]。また，同条では，他の株式会社の株式を対価にすることも認めたので，親会社株式を対価とする三角合併も特例として実行可能となった[9]。

7　この経緯については伊藤（2011）が詳しい。
8　産活法12条の9については，志谷（2021：13-14）を参照。
9　志谷（2021：14）では，12条の9の文言から，主務大臣の認定は厳格に運用されると理解できるのであれば，産活法2003年改正の時点でキャッシュアウトの制度導入には慎重であったのではないかとも考えられる旨を指摘している。

表6-2 キャッシュアウト・スキームの特徴

時期	スキーム	キャッシュアウトの方法	特徴	初登場
会社法制定前	端株処理方式	買収者の端株を渡す株式交換。	・商法上、求められていないキャッシュアウトマネージャーを行っているとみなされる法的リスク。 ・2007年度の税制改正に伴う改正基本通達で「非適格扱い」。	大門（2000/8）
	産業活力再生法	認定を受けると、旧商法時代でも株主の100％同意がなくともキャッシュアウトが可能。	・税制措置、会社法の特例、民法の特例、政策金融措置。 ・認定を受けるための、時間、労力のコスト。	キトー（2003/7）
会社法制定後	全部取得条項付種類株式	買収対象会社の既存の普通株式を全部取得条項付の種類株式に変更、それを少数株式が端株式になる種類株式を対価として買収対象会社が取得をし、少数株主に端数相当の金銭を交付して退出させる。	・100％減資の手段として登場。 ・弱い情報開示の規律（会社法改正にて事前開示・事後開示、差止制度の導入）。 ・種類株式の発行、全部取得条項を付す旨の定款変更、その取得まで複数回の株主総会特別決議が必要。	キューサイ（2006/10）
	株式併合	買収対象会社の少数株主の全員が1株未満となる株式併合を行い、少数株主に端数相当の金銭を交付して退出させる。	・少数株主保護強化（株主買収請求度） ・株主総会特別決議で端株を生じさせる手続きが必要。	日本風力開発（2015/3）
会社法改正後	特別支配株主の株式等売渡請求	買収対象会社の9割以上の議決権を有する株主（買収会社）が、対価の額等を定めて取締役会承認等の手続きを経て買収会社の株主対象会社に通知。取締役会承認等の手続きを経て買収会社が対価に買収対象会社の株式を取得する。	・機動的なキャッシュアウトが可能（対象会社の株主総会決議を要しない）。 ・90％以上取得のハードル。	国産電機（2015/5）

出所・参考：清宮（2017）、松尾ほか（2021）、伊藤（2011）、杉浦（2010）、杉浦（2005）、田中（2014）、ほか。

2.4 2005年会社法制定

(1) 合併対価の柔軟化

2005年に制定された会社法は，吸収合併と株式交換の合併対価として金銭を交付できると規定した（会社法749条1項2号・768条1項2号）。これによって，キャッシュアウトを可能とする制度が，会社法に導入された。ところが，現金を対価とする吸収合併や株式交換[10]によるキャッシュアウトは，実際には行われなかった。理由は，税法の取扱いにあった。この当時の法人税法は，適格組織再編の条件として，消滅会社株主に対して存続会社株式を交付することを原則として必要としていたことから，吸収合併や株式交換によるキャッシュアウトは，適格合併として認定されなかった。非適格の組織再編では，対象会社の資産が評価替えされ，その評価益に課税がされるという不利な取扱いがなされる（法人税法62条の9）。このことが，合併や株式交換によるキャッシュアウトの実行を妨げていた（田中 2021：650）。金銭を対価とする吸収合併・株式交換を，一律に非適格組織再編とする税法の取扱いは，2017年の税制改正によって，金銭対価の組織再編の一部が適格組織再編と認められるまで維持された[11]。

(2) 全部取得条項付種類株式の導入

会社法の制定時に新設された全部取得条項付種類株式（会社法108条1項7号）が，キャッシュアウトの手法として用いられるようになった。そもそも，

---

10 新設合併および株式移転のように新設型の組織再編では，完全子会社株主への対価として新たに設立される完全親会社の株式を交付しなければならない（会社法753条1項6号，773条1項5号）ことからキャッシュアウトの手段として利用することはできない。

11 組織再編の直前に，吸収合併存続会社または株式交換完全親会社が，吸収合併消滅会社または株式交換完全小会社の発行済株式の3分の2以上を有する場合には適格組織再編と認められている（法人税法2条12号の8，12号の17）。組織再編に関する税務については，田中（2021：697）参照。

図6-1 キャッシュアウトのスキーム①　全部取得条項付種類株式

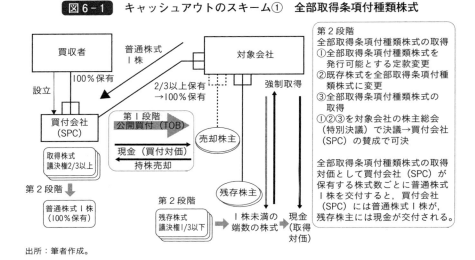

出所：筆者作成。

　全部取得条項付種類株式は，債務超過の会社が，いわゆる100％減資によって円滑に事業を再建する手段として導入されたと理解されている。しかし，会社法は，全部取得条項付種類株式を利用する条件として，債務超過であることを規定しなかったことから，全部取得条項付種類株式によるキャッシュアウトが実行されることになった。全部取得条項付種類株式によるキャッシュアウトの実行方法を**図6-1**にまとめた。

　全部取得条項付種類株式を用いてキャッシュアウトを実行するには，まず①会社が定款を変更（会社法466条）して全部取得条項付種類株式を発行する旨を規定し，次に②発行済株式の全てを全部取得条項付種類株式にする旨の定款変更を行い，最後に③全部取得条項付種類株式が取得される。これら①②③は，対象会社の株主総会の特別決議によって承認される。ここで，全部取得条項付種類株式の取得対価として，もっとも大きな数の株式を保有する株主の持株数に対して，普通株式一株を交付すると，他の株主へ対価として交付される一株未満の端数は金銭処理され，結果的に他の株主はキャッシュアウトされる。

　全部取得条項付種類株式がキャッシュアウトの手段とされた要因は，現金を

対価とする吸収合併や株式交換のように資産の評価替えと評価益への課税がされないことにあった。また，全部取得条項付種類株式によって，残存株主の保有株式を一株未満の端数にして金銭処理してキャッシュアウトするスキームが提供されることになった。

2.5 2006年の証券取引法改正

2006年の改正により，証券取引法の法律名は金融商品取引法へと変更された。この改正では，3分の2以上の株式取得を目指す支配株式の取得は，全部の株式を対象とした公開買付けによらなければならないとする規制（全部買付義務）が導入されている（金融商品取引法27条の13第4項）。キャッシュアウトは，対象会社を完全子会社にすることを最終的な目的とすることから，この制度の導入前も，第1段階の公開買付けは，全株式を対象とすることが一般的ではあったが，この改正以降，部分的公開買付けによる支配株式の取得後にキャッシュアウトを実行することは法的にも認められなくなった。

2.6 2014年の会社法改正

(1) 株式併合・全部取得条項付種類株式に関連する株主保護

2014年の会社法改正では，キャッシュアウトの法制度が整備された[12]。第一に，株式併合によって端数になる株主に対しても，自己の有する株式を公正な価格で買い取ることを請求する権利が認められた（会社法182条の4）。2014年改正以前は，株式併合を用いたキャッシュアウトは実務上控えられていたが，改正によって株主の保護が拡充されたことによって，株式併合によるキャッシュアウトが増加している（田中 2021：639）。株式併合によるキャッシュアウトの実行方法について，**図6-2**にまとめた。

株式併合も，全部取得条項付種類株式と同様に，残存株主が保有する株式を

12　2014年会社法改正におけるキャッシュアウト関連の法制度の概要については，坂本ほか（2015：119, 123）を参照。

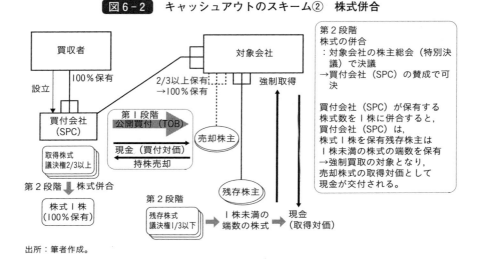

図6-2 キャッシュアウトのスキーム② 株式併合

一株未満の端数にして金銭処理をする。株式併合によるキャッシュアウトは，対象会社の株主総会の特別決議で株式併合を承認すればよいことから，より簡素な手続きとなっている。

(2) 特別支配株主の株式等売渡請求

2014年の会社法改正では，特別支配株主の株式等売渡請求の制度（以下，「売渡請求」）が新設された[13]。この制度によって，対象会社の総株主の議決権の9割（これを上回る割合を定款で定めることも可能となる）以上を有する者は，特別支配株主として，対象会社の他の株主全員に対して，保有する株式全部の売渡を請求できるようになった（会社法179条1項）。特別支配株主の株式等売渡請求によるキャッシュアウトの実行方法について，図6-3にまとめた。

特別支配株主の株式等売渡請求を利用すると，対象会社の株主総会決議を経ずにキャッシュアウトが実行できることから[14]，株主総会の招集手続きなどに

---

13 特別支配株主の売渡請求の制度とその趣旨については，田中（2021：640）。

第6章 キャッシュアウト法制の実証分析 | 139

図6-3 キャッシュアウトのスキーム③ 特別支配株主の株式等売渡請求

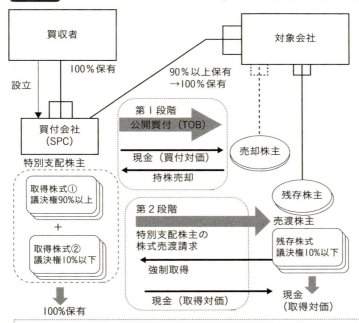

出所：筆者作成。

費やされる時間が短縮される効果が見込まれている。

---

14 この改正以前でも略式株式交換（会社法784条）によって対象会社の株主総会を省略できたものの，2017年の税制改正以前は，キャッシュアウトについては適格組織再編とならないことから税制上不利に取り扱われることになった。

3　買収主体とタイムライン

　前節では，わが国におけるキャッシュアウト法制の変遷について確認してきた。2000年代初頭には，特別目的会社の端株渡し（端株処理方式）や，産活法を通じて，乏しい法的裏付けや特例措置のもとで，キャッシュアウトが実施されていた。そして，2005年の会社法制定によって，「全部取得条項付種類株式制度」が導入されると，スキームの中心が同制度に移り変わっていった様子が示された。さらに，2014年の会社法改正において，迅速なキャッシュアウトを実現するための「特別支配株主の株式等売渡請求」制度が導入されるとともに，「株式併合」制度に株式買取請求制度が創設されるなど，キャッシュアウトの利便性，少数株主保護体制が整えられていったことが明らかにされていった。

　では，具体的に，わが国おいて①どの程度のキャッシュアウトが実施されてきたのであろうか。また，②いかなる主体がキャッシュアウトを利用したのであろうか。さらに，③会社法改正（特に，売渡請求制度）は，その立法趣旨を実現しているのであろうか。以下では，わが国におけるキャッシュアウトの包括的で，独自のデータセットを構築し，これらの問いに答えることを目的としている[15]。

　分析に用いられたデータセットは2000年から2020年末までに実施されたキャッシュアウトであり，データソースはレコフデータ「レコフM&Aデータベース」となる。これに収録されている各案件を公開買付届出書，および同データベースの抄録，新聞記事などを確認しながらスキームごとに類型化した。分析対象は，利用可能な442件である[16]。

---

[15] 筆者が知る限り，こうしたキャッシュアウトに関する基礎的な情報を提供しようとした研究は，これまでに存在しない。

3.1 キャッシュアウトの件数推移

まず,キャッシュアウトの総数について確認すると,2006年の15件から,2007年には37件と増加していることからもわかるように,全部取得条項付種類株式が利用できるようになったことが件数増加の要因となっている(**表6-3**)。具体的には,全部取得条項付種類株式を利用したキャッシュアウトは,従来の非適格組織再編のような税制上の不利な取扱いがされなかったことが影響していると考えられる(内藤 2016：92-95)。なお,2017年の税制改正によって,吸収合併・株式交換の場合,キャッシュアウト後に完全親会社になる会社が,対象会社の発行済株式の3分の2以上を保有するときは,適格組織再編と認められるようになった。しかし,件数をみると,2017年以降,吸収合併を利用した事案が1件存在するが,2018年以降は,吸収合併・株式交換の利用は,いずれも存在しない。その理由として,吸収合併・株式交換によるキャッシュアウトへの税制上の不利な取扱いが解消された2017年の時点では,すでに売渡請求および株式併合がキャッシュアウトのスキームとして定着していたことから,それ以外のスキームをあえて選択する必要性がなかったとも推察できる。2014年に売渡請求および株式併合が導入されて以降,両スキームによる件数は,2015年には合計17件,翌2016年には23件となっており(表6-3),これらスキームが一般的なものになっていることが表れている。

2014年の会社法改正の影響については,2014年に実行されたキャッシュアウトの総数は,いったん12件になるものの,2015年から2020年までの総数は平均26.16件となっている。ここから,会社法が施行された2006年から2020年までの平均が28.00件であることを考慮に入れると,2014年の会社法改正は,実行されるキャッシュアウトの件数を大きく引き下げる要因にはなっていないことが指摘できるだろう。

---

16 スキームの件数推移については,川本(2017)でも検証する機会があり,以下の情報は同研究のデータセットを更新したものの結果である。なお,変数の取得状況により,必ずしもスキームの合計が442件にならないことがある。

表 6-3 キャッシュアウト・スキームの推移

公表年	端株	清算	産活	全部	売渡	併合	交換	合併	計
2000	1	0	0	0	0	0	0	0	1
2001	2	0	0	0	0	0	0	0	2
2002	1	0	0	0	0	0	0	0	1
2003	0	3	2	0	0	0	0	0	6
2004	0	0	2	0	0	0	0	0	2
2005	2	0	10	0	0	0	0	0	10
2006	2	0	5	6	0	0	2	0	15
2007	2	0	0	28	0	0	5	2	37
2008	0	0	0	24	0	0	3	2	29
2009	0	0	0	46	0	0	1	0	47
2010	0	0	0	31	0	0	3	2	36
2011	0	0	0	34	0	0	1	1	36
2012	0	0	0	26	0	0	0	0	26
2013	0	0	0	24	0	0	1	0	25
2014	0	0	0	12	0	0	0	0	12
2015	0	0	0	5	12	5	0	0	22
2016	0	0	0	0	16	7	0	0	23
2017	0	0	0	0	11	9	1	0	21
2018	0	0	0	0	14	10	0	0	24
2019	0	0	0	0	16	14	0	0	30
2020	0	0	0	0	18	19	0	0	37
2014以前	9	3	19	219	0	0	16	7	273
2015以降	0	0	0	17	87	64	0	1	169
合計	9	3	19	236	87	64	16	8	442

注：「端株」は端株処理、「清算」は清算方式、「産活」は産業活力再生特別措置法、「全部」は全部取得条項付種類株式、「売渡」は特別支配会社による株式売渡請求によるキャッシュ・アウト、「併合」は株式併合、「交換」は現金交付による株式交換、「合併」は現金合併を示す。
出所：レコフデータ「レコフM&Aデータベース」、各案件公開買付届出書、新聞記事より作成。

ついで，2000年から2020年に至るそれぞれの年について，キャッシュアウトがどのような手法によって何件実行されたのか観察していく。それによると，キャッシュアウトの手法が新設されると，実際に利用される手法の件数も，従来の手法から，新設された手法へと移行していることがわかる。すなわち，会社法が施行された2006年前後をみると，2005年に10件であった産活法の特例措置を用いたスキームが2006年の5件を経て，2007年以降は0件となっている。これに対して，全部取得条項付種類株式を利用した案件は，2006年に6件を数えた後，2007年には28件に急速に増加している。

一方，2014年の会社法改正の前後をみると，全部取得条項付種類株式の利用は，2013年の24件，2014年の12件，新たな手法として売渡請求と株式併合を用いた案件が生じた2015年には5件と半減していき，2016年以降は0件となっている。これに対して，売渡請求の件数については，2015年には12件，2016年には16件となり，2015年から2020年までは平均14.50件で推移している。また，株式併合についても，2014年以前には，キャッシュアウトの手法として用いられることが皆無であったが，2015年の5件から，2020年の19件へと件数を増加させている。前者については上述のような機動的なキャッシュアウトの実現，後者については株主保護の拡充が背景になっていると推察される。いまやキャッシュアウトのスキームは，売渡請求と株式併合の2つに収斂したといってもよかろう。

3.2 買収主体とスキーム

では，上記のような多様なキャッシュアウトのスキームは，どのような主体によって利用されてきたのであろうか。本項は，買収主体別にスキーム選択の実態について観察していこう。買収者のタイプとしては，Geranio and Zanotti (2012) のフレームワークを参考に，以下の5つの類型を設定し，分析対象案件を分類していった。

① 「純粋マネジメント・バイアウト（純粋 MBO）」：経営陣が単独でバイ

アウトを行うケース。
② 「ファンド」：バイアウト・ファンドが単独で買収を行うケース。
③ 「疑似マネジメント・バイアウト（疑似 MBO）」：経営陣とファンドが共同してバイアウトを行うケース。
④ 「完全子会社化」：親会社などの支配株主が子会社をバイアウトするケース。
⑤ 「外部買収」：上記以外のケース（親会社やファミリーに比べ，相対的に事前保有比率が低位な買収者がバイアウトを行うケースなど＝多くは買収者と対象会社との間に相対的にアームズ・レングス（arm's length ＝ 距離を置いた）な取引関係が成立していると想定）。

図6-4は，買収主体別に，選択されたスキームを2014年会社法改正前（全部取得条項付種類株式）と改正後（売渡請求，株式併合）に分割して，観察したものである。2014年会社法改正前は（図6-4(a)），完全子会社化案件において，公開買付けによって議決権を90%以上獲得する案件の割合が圧倒的に高くなっている（126件中104件，82.54%）。後述するように，これら案件は，親会社の子会社に対する買収前の持分がもともと高く，ゆえに高い議決権保有率を達成しやすかったものと思われる。ただし，他の類型に関しても，90%以上を取得した案件の件数が90%未満取得の件数を上回っている。総じて，会社法改正前の時代においては，公開買付けによる株式取得が容易であったものと推察される。

一方，2014年会社法改正後は（図6-4(b)），完全子会社化案件において，売渡請求の利用割合が高くなっている（52件中43件，82.69%）。前述したように，このスキームの選択にはTOB後の議決権比率が90%以上であることを要件とするので，これは自然な結果である。一方，注意が必要なのは，他の買収主体のケースである。「外部買収」では売渡請求と株式併合が拮抗し，「ファンド」，「純粋MBO」，「疑似MBO」では株式併合の利用頻度の方が売渡請求を上回る。特に，MBO案件の株式併合の利用割合は高く，純粋MBOで75%（16件中12件），

第6章 キャッシュアウト法制の実証分析

図6-4 キャッシュアウトのスキームと買収主体

(a) 会社法改正前（全部取得）

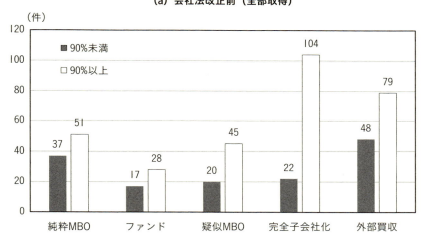

(b) 会社法改正後（併合 or 売渡）

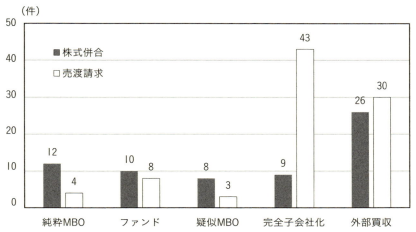

疑似MBOで72.73%（11件中8件）となっている。近年においては，少数株主が公開買付けの価格に不満を持ち，株価が公開買付けの価格を上回り，公開買付けが失敗に終わるケースが続発している[17]。公開買付けの価格に対する株主目線が強くなり，公開買付けによる株式の取得が円滑に進まず，90%を獲得できなかった結果，売渡請求が利用できない案件が増加しているものと考えられる。

いずれにせよ，2014年会社法改正後はキャッシュアウトのスキームが売渡請求と株式併合に2本化していったが，その背景として，親会社が子会社を非公開化する際に売渡請求を利用していること，経営陣が単独（あるいはファンドと共同）でバイアウトを実施する際に，株式併合を利用していることが，それぞれ作用しているものと理解できる。

3.3 スキーム選択と事前保有比率

ついで，上記のような「支配株主による完全子会社化→売渡請求を利用」，「MBO案件→株式併合を利用」という組み合わせになっている理由について探ってみたい。結論からいえば，それは公開買付前の買収者のターゲット企業に対する持分（事前保有比率（toehold））が影響している。

表6-4は，買収者の①公開買付後の議決権比率（公開買付後保有比率），②90%以上を獲得できた案件の割合（90%以上ダミー），③買収前の保有比率（事前保有比率）[18]，④公開買付けによる取得割合（公開買付取得比率：取得率－事前保有比率）を算出したものである[19]。同表によると，事前保有比率の平

---

17 この点については，「しくじりMBO，関門は「PBR」1倍割れで株主激怒」『日経ヴェリタス』2022年2月13日号が詳しい。

18 疑似MBO案件の場合，役員持株比率を事前保有比率として設定している。なお，キャッシュアウト案件に限らず，TOB案件全体の事前保有比率を求めたものとして，井上（2008a），井上ほか（2010）がある。

19 なお，以上の検証にあたって，平均値の差に関するt検定に加え，中央値の差に関するウィルコクソンの順位和検定も行ってみたが，結論に影響を与える差異はなかった。

表6-4　買付者の事前保有比率と取得割合（買収主体別）

パネルA：全体

変数	合計 (N=427) 平均値	標準偏差	2014年以前 (N=271) 平均値(a)	標準偏差	2015年以降 (N=156) 平均値(b)	標準偏差	平均値の差の検定(a)-(b)
公開買付後保有比率	88.44	13.27	89.46	12.16	86.67	14.87	2.79 **
90％以上ダミー	67.92	46.73	72.32	44.82	60.26	49.09	12.07 **
事前保有比率	23.95	25.52	21.72	24.90	27.82	26.20	-6.10 **
公開買付取得比率	64.49	25.60	67.74	25.30	58.85	25.22	8.89 ***

パネルB：純粋MBO

変数	合計 (N=86) 平均値	標準偏差	2014年以前 (N=69) 平均値(c)	標準偏差	2015年以降 (N=17) 平均値(d)	標準偏差	平均値の差の検定(c)-(d)
公開買付後保有比率	84.22	16.30	83.84	17.34	85.75	11.44	-1.92
90％以上ダミー	56.98	49.80	59.42	49.46	47.06	51.45	12.36
事前保有比率	18.03	19.62	18.20	20.43	17.36	16.45	0.84
公開買付取得比率	66.18	22.25	65.64	23.42	68.40	17.06	-2.76

パネルC：ファンド

変数	合計 (N=40) 平均値	標準偏差	2014年以前 (N=21) 平均値(e)	標準偏差	2015年以降 (N=19) 平均値(f)	標準偏差	平均値の差の検定(e)-(f)
公開買付後保有比率	83.54	21.55	92.08	9.84	74.10	26.82	17.98 ***
90％以上ダミー	57.50	50.06	76.19	43.64	36.84	49.56	39.35 **
事前保有比率	12.07	23.47	17.16	25.89	6.45	19.63	10.71
公開買付取得比率	71.47	29.05	74.92	28.58	67.65	29.86	7.27

パネルD：疑似MBO

変数	合計 (N=65) 平均値	標準偏差	2014年以前 (N=53) 平均値(g)	標準偏差	2015年以降 (N=12) 平均値(h)	標準偏差	平均値の差の検定(g)-(h)
公開買付後保有比率	91.22	8.48	92.69	7.01	84.70	11.37	7.99 ***
90％以上ダミー	69.23	46.51	79.25	40.94	25.00	45.23	54.25 ***
事前保有比率	5.84	13.48	6.12	14.34	4.60	9.15	1.52
公開買付取得比率	85.38	14.84	86.57	14.98	80.10	13.54	6.47

パネルE：完全子会社化

変数	合計 (N=117) 平均値	標準偏差	2014年以前 (N=63) 平均値(i)	標準偏差	2015年以降 (N=54) 平均値(j)	標準偏差	平均値の差の検定(i)-(j)
公開買付後保有比率	93.19	5.77	93.95	5.05	92.31	6.46	1.64
90%以上ダミー	86.32	34.51	88.89	31.68	83.33	37.62	5.56
事前保有比率	56.97	9.81	55.64	10.08	58.51	9.35	-2.87
公開買付取得比率	36.22	10.22	38.30	10.34	33.80	9.62	4.51 **

パネルF：外部買収

変数	合計 (N=126) 平均値	標準偏差	2014年以前 (N=70) 平均値(k)	標準偏差	2015年以降 (N=56) 平均値(l)	標準偏差	平均値の差の検定(k)-(l)
公開買付後保有比率	87.32	12.76	88.15	11.66	86.29	14.04	1.86
90%以上ダミー	61.90	48.76	65.71	47.81	57.14	49.94	8.57
事前保有比率	12.44	16.96	10.54	17.33	14.82	16.33	-4.29
公開買付取得比率	74.88	19.55	77.61	19.01	71.47	19.86	6.15 *

注：アスタリスクは平均値の差に関するt検定の結果を表しており，***, **, * は，それぞれ1%，5%，10%水準で有意であることを示す。

均値は，完全子会社化案件56.97%，純粋MBO案件18.03%，外部買収案件12.44%，ファンド関与案件12.07%，疑似MBO案件5.84%の順となっている。事前保有比率が高いと，公開買付けによる取得割合が低くとも，議決権が90%に達しやすく，売渡請求が利用可能となる。実際，完全子会社化案件の公開買付取得割合は36.22%に過ぎないものの，公開買付後の議決権保有割合の平均値は93.19%に達し，この類型の86.32%の案件が売渡請求の要件を満たしている。

一方で，純粋MBO案件の公開買付取得割合は66.18%，疑似MBO案件は85.38%と相対的に高くなっているものの，TOB後保有比率が90%に達した割合は前者で56.98%，後者で69.23%にとどまる[20]。こうした事前保有比率に象徴される初期条件の違いが，スキーム選択を決定しているものと判断できる。

なお，キャッシュアウト全体でみると，2014年会社法改正前後において，公開買付けによる取得比率が低下しており（67.74%→58.85%），その平均値の差は統計的に有意である。公開買付けによる株式の取得が，かつてほど容易ではないことが表れている。

3.4 会社法改正の効果

2014年の会社法改正において，キャッシュアウト法制関連で焦点の１つとなったのは，売渡請求制度の導入にあった。その目的は，キャッシュアウトの実施において，株主総会の特別決議を必要とせず，機動的なキャッシュアウトが可能になる点にあった。では実際，そうした効果は実現されたのであろうか。本項は，サンプルの公開買付開始からキャッシュアウトまでに要した日数を計算することで検証してみたい（**表6-5**）。

2014年会社法改正前については，中心的なスキームとなった全部取得条項付種類株式を用いた案件を，公開買付後保有比率を90％で分割して比較した。結果，90％未満で154.78日，90％以上でも157.34日間，キャッシュアウトまでにかかっており，両者の平均値の差（(a)-(b)）は統計的にも有意ではない。2014年会社法改正前においては，高い議決権割合を取得することは，キャッシュアウト日数の短期化をもたらさなかった。

他方，会社法改正後に関しては，劇的な違いが観察される。株式併合を用いた案件が平均143.50日なのに対し，売渡請求を用いた案件は95.38日と，後者は大幅にキャッシュアウトまでの日数が短い。特に，株式公開買付終了から上場廃止までの日数で大きな差がついていることが影響している。具体的には，株式併合は93.28日，売渡請求は41.86日であり，その差（(c)-(d)）は１％水準で統計的に有意となっている。売渡請求において，株主総会の開催をスキップできる効果が如実に出ているものと解釈できよう。

こと売渡請求に関しては，その立法趣旨を実現できていると評価できる。さらにいえば，議決権90％以上の取得を達成できる案件は，親会社による完全子会社化案件において多くなっていることから，会社法改正による機動的なキャッシュアウトというベネフィットは，現状では非公開化による親子上場の

---

20 「ファンド」関与案件，「外部買収」案件においても，事前保有比率が低位なため，TOBによる取得割合は「完全子会社化」案件よりも高くなっているものの，TOB後保有比率は９割に達しない案件が相対的に多くなっている。

表6-5 公開買付けからキャッシュアウトまでのタイムライン

パネルA：全部取得条項付種類株式

期間	90%以上取得 (N=155) 平均値(a)	標準偏差	90%未満取得 (N=74) 平均値(b)	標準偏差	平均値の差の検定(a)-(b)
公開買付開始 → 公開買付終了	45.12	8.48	45.82	8.44	−0.70
公開買付終了 → 上場廃止	106.07	21.91	103.61	23.18	2.46
上場廃止 → キャッシュアウト	6.15	7.72	5.35	2.32	0.80
公開買付開始 → キャッシュアウト	157.34	23.15	154.78	22.45	2.56

パネルB：売渡請求と株式併合

期間	売渡請求 (N=86) 平均値(c)	標準偏差	株式併合 (N=64) 平均値(d)	標準偏差	平均値の差の検定(c)-(d)
公開買付開始 → 公開買付終了	45.17	6.21	46.41	8.63	−1.23
公開買付終了 → 上場廃止	41.86	15.02	93.28	21.63	−51.42 ***
上場廃止 → キャッシュアウト	8.35	39.45	3.81	1.77	4.54
公開買付開始 → キャッシュアウト	95.38	40.18	143.50	22.96	−52.65 ***

注1：アスタリスクは平均値の差に関するt検定を表しており，***，**，* は，それぞれ1%，5%，10%水準で有意であることを示す

注2：小数点第二位以下で四捨五入しているため，図表内の数値を足しても（あるいは引いても）合計が一致しない場合がある

解消案件に主に帰属しているものと捉えられよう。

4　キャッシュアウトの動機と少数株主の富

　上記では，わが国において行われたキャッシュアウトに関する包括的なデータセットを構築して，キャッシュアウトを利用した買収主体，それら主体の性質と公開買付開始からキャッシュアウト実施までのタイムラインに関する情報について確認してきた。以下ではこれを踏まえ，キャッシュアウト実施企業の

動機，および少数株主の富の影響を，買収主体別，スキーム別で確認していく。非公開化の動機や買収プレミアムに関する検証は，わが国でも蓄積されてきたが，上記で挙げたようなキャッシュアウトに関する体系的な分析は，これまでほとんどなされてこなかった[21]。①少数株主を既存の所有構造から締め出すという取引は，いかなる動機のもとで行われるのであろうか。②また，キャッシュアウトの対象とされる少数株主には，十分なプレミアムが提供されているのであろうか。本節では，これらの点についてアプローチすることで，キャッシュアウトの経済的機能を解明することを目的としている。

4.1　キャッシュアウトの動機

これまで，非公開化やキャッシュアウトの動機としては，①アンダーバリュエーション（株価の過小評価）の解消，②負債の節税効果（タックス・シールド），③フリーキャッシュフローの削減，④インセンティブ・リアラインメント，⑤株式所有構造の影響，⑥上場維持コストの削減（＝情報の非対称性の緩和），⑦リストラクチャリングの実施，⑧従業員からの富の移転，および本章第3節で扱った買収者の性質，などの観点から検証されてきた。それら各内容と，分析に用いる代理変数，関連研究を要約したものが前掲表1-1である[22]。本節では，これまで用いてきた案件のうち，データ取得可能な416件を対象に，キャッシュアウトの動機について探っていく[23]。

具体的な分析手法としては，キャッシュアウトを実施した企業（以下，「CO企業」）は公開買付けを開始する直前の決算期の情報（1時点）と，キャッシュアウトを実施しなかった上場企業（金融業除く。以下，「非CO企業」）とをプールしたものと比較する。分析期間は2000年度から2019年度までであり，

---

[21] 非公開化型MBO案件の動機や買収プレミアムへの影響を検証したものとして，川本（2022），齋藤ほか（2017），バイアウト・ファンドが関与した案件の特徴や事後的なパフォーマンスを分析したものとして，野瀬（2022）などがある。

[22] これら動機のより詳細な説明については，川本（2022）を参照されたい。

[23] ただし，変数の取得状況により，サンプルサイズがこれを下回る分析がある。

財務データは，日経メディアマーケティング「NEEDS-FinancialQUEST」，株価データは同「NEEDS 株式日次収益率データ」，東洋経済新報社「株価 CD-ROM」より取得した。

4.2 キャッシュアウト実施企業の特徴

(1) 全体的な傾向

では，前掲表 1 - 1 で提示されている仮説を念頭に，キャッシュアウトの動機を代理する諸変数の値を観察していこう。まず，CO 企業と非 CO 企業の比較をすると，CO 企業の PBR は平均値で 1 を超えるものの (1.26)，非 CO 企業よりも 5 ％水準で統計的に有意に低い (**表 6 - 6** パネル A)。株価の低迷時にキャッシュアウトが実施されていることから，この結果は，アンダーバリュエーションの解消がキャッシュアウトの動機となっていることを支持している[24]。

他方，CO 企業は負債比率が低いことも読み取れる（1 ％水準で有意）。すなわち，買収資金を負債によって調達可能な企業，あるいはそれによる節税効果の余地が高い企業がキャッシュアウトを実施しているということになる。キャッシュアウト案件全体でみた場合，タックス・シールド仮説もあてはまるといえるであろう。

大きな差が出ているのが所有構造である。外国人持株比率が高くなっている (9.47％)。流動的な所有構造の下にある企業がキャッシュアウトのターゲットになっていると理解できる。この結果は，コントロール仮説が提唱するように，ブロックホルダーが不在で，モニタリング強度の弱い企業が非公開化することとは整合しない。その反面，安定株主持株比率が相対的に高い企業が (44.03％)，キャッシュアウトを実施する傾向にもある。同変数には事業法人の持株比率も含まれるので，親会社による完全子会社化案件がサンプルに含まれていることを考えれば，これは自然な結果である。

---

24 なお，CO 実施企業を 1，CO 非実施企業を 0 とするダミー変数を被説明変数として，表 1 - 1 で挙げたキャッシュアウトの動機を代理する諸変数に回帰するロジット分析も行ってみた。概ね本文で紹介した内容と齟齬を生じさせる結果はみられなかった。

(2) 買収主体別

ついで，買収主体別に CO 企業を分割し，非 CO 企業と比較したのが，表6-6パネル B 以下である。非 CO 企業と変数間でもっとも差が出ているのは純粋 MBO 案件である（パネル C）。PBR，時価総額，負債比率，総資産が統計的に有意に低い。マーケットと情報の非対称性の大きな企業が，アンダーバリュエーションに陥っている局面に，タックス・シールドの活用を狙ってバイアウトしていることがわかる[25]。また，この案件群では，手元流動性比率とフリーキャッシュフロー比率も有意に高く，余剰資金が LBO などに利用されていることもうかがわれる。

興味深いのは役員持株比率，外国人持株比率の状況である。純粋 MBO 企業群の前者は16.38%と高い反面，後者は5.32%と非 CO 企業よりも低くなっている。ファミリーへ所有権をより集中させるために，外部のバイアウト・ファンド等の支援を受けず，経営陣単独で買収を実施する特徴がよく表れる（川本2022）。この企業群ではインセンティブ・リアライメントは当てはまらないということになる。

これら純粋 MBO 案件と対照的なのが完全子会社化案件である。時価総額は大きい一方で，役員持株比率は低く，外国人持株比率と安定株主持株比率は高い。興味深いのは外国人持株比率である。近年，親子上場に対する評価が機関投資家を中心に厳しくなっていることから，それに対処するため，キャッシュアウトによる子会社の上場廃止を選択しているものと思われる。その他，これら案件では負債比率，および売上高利子率は低く，手元流動性比率は高くなっている。キャッシュアウトに使用できる現預金や負債の調達余地が高い企業ほど，実施する傾向にあるということで，これは純粋 MBO 案件と共通した傾向である。

---

[25] 経営陣がバイアウトに加わる場合，彼らは内部情報を保有するインサイダーであり，買収後の経営改善に自信を持ちやすいため，よりアンダーバリュエーションが進んだ状況下でもバイアウトに踏み切れるものと予想される（Renneboog et al. 2007）。

表6-6 キャッシュ・アウトの動機

パネルA：キャッシュ・アウト実施と非実施

変数	キャッシュアウト実施 (N=416) 平均(a)	標準偏差	キャッシュアウト非実施 (N=74,042) 平均(b)	標準偏差	平均値の差の検定 (a)-(b)
PBR	1.2609	1.3838	1.4708	2.0463	-0.2099 **
時価総額対数値	9.1399	1.5911	9.0938	2.3357	0.0461
負債比率	0.4724	0.2227	0.5191	0.2214	-0.0467 ***
売上高利子率	0.0046	0.0085	0.0049	0.0078	-0.0003
手元流動性比率	0.2594	0.1875	0.2544	0.1715	0.0050
フリーキャッシュフロー比率	0.1516	0.1837	0.1381	0.1689	0.0135
役員持株比率	0.0737	0.1190	0.0747	0.1276	-0.0011
外国人持株比率	0.0947	0.1289	0.0727	0.1060	0.0220 ***
安定株主持株比率	0.4403	0.2509	0.4000	0.2401	0.0404 ***
産業平均調整済みROA	0.0010	0.0699	0.0057	0.0794	-0.0047
製造業ダミー	0.3630	0.4814	0.4256	0.4944	-0.0626 ***
総資産対数値	9.9998	1.3772	10.1979	1.7842	-0.1981 **

パネルB：買収主体別

変数	純粋MBO (N=88) 平均(c)	標準偏差	ファンド (N=30) 平均(d)	標準偏差	疑似MBO (N=62) 平均(e)	標準偏差	完全子会社化 (N=116) 平均(f)	標準偏差	外部買収 (N=120) 平均(g)	標準偏差
PBR	0.7550	0.5301	1.5773	1.1613	1.2782	0.8626	1.3367	1.5721	1.4707	1.7634
時価総額対数値	8.3823	1.2837	9.8581	1.4515	9.2957	1.2727	9.5783	1.7046	9.0114	1.6435
負債比率	0.4502	0.2320	0.4803	0.2390	0.4842	0.2037	0.4659	0.2244	0.4870	0.2214
売上高利子率	0.0044	0.0066	0.0069	0.0116	0.0058	0.0109	0.0032	0.0073	0.0048	0.0084
手元流動性比率	0.3083	0.1720	0.2358	0.2208	0.2379	0.1470	0.2200	0.1842	0.2786	0.2028
フリーキャッシュフロー比率	0.2475	0.1921	0.0723	0.1582	0.1098	0.1504	0.1184	0.1660	0.1548	0.1897
役員持株比率	0.1638	0.1324	0.0293	0.0749	0.0890	0.1076	0.0088	0.0182	0.0735	0.1350
外国人持株比率	0.0532	0.0737	0.1408	0.1574	0.0989	0.1086	0.1254	0.1641	0.0816	0.1138
安定株主持株比率	0.3625	0.1946	0.3940	0.2503	0.3411	0.2219	0.5799	0.2507	0.4254	0.2475
産業平均調整済みROA	0.0095	0.0631	0.0136	0.0649	0.0138	0.0760	-0.0035	0.0621	-0.0108	0.0780
製造業ダミー	0.3409	0.4767	0.3333	0.4795	0.3710	0.4870	0.3707	0.4851	0.3750	0.4862
総資産対数値	9.5818	0.9872	10.4667	1.3146	10.0714	1.1218	10.3747	1.5174	9.7904	1.4973

第6章 キャッシュアウト法制の実証分析

パネルC：買収主体別（平均値の差の検定）

変数	(c)-(b)	(d)-(b)	(e)-(b)	(f)-(b)	(g)-(b)
PBR	-0.7158 ***	0.1065	-0.1927	-0.1341	-0.0001
時価総額対数値	-0.7114 ***	0.7643 *	0.2020	0.4846 **	-0.0823
負債比率	-0.0690 ***	-0.0389	-0.0350	-0.0533 ***	-0.0321
売上高利子率	-0.0005	0.0020	0.0009	-0.0017 **	-0.0001
手元流動性比率	0.0539 ***	-0.0185	-0.0165	-0.0343 **	0.0243
フリーキャッシュフロー比率	0.1095 ***	-0.0658 **	-0.0283	-0.0197	0.0168
役員持株比率	0.0890 ***	-0.0454 *	0.0142	-0.0660 ***	-0.0012
外国人持株比率	-0.0194 *	0.0681 ***	0.0263 **	0.0527 ***	0.0089
安定株主持株比率	-0.0375	-0.0059	-0.0589 *	0.1799 ***	0.0254
産業平均調整済みROA	0.0039	0.0079	0.0081	-0.0092	-0.0165 **
製造業ダミー	-0.0847	-0.0922	-0.0546	-0.0549	-0.0506
総資産対数値	-0.6161 ***	0.2688	-0.1266	0.1768	-0.4075 **

注：アスタリスクは平均値の差に関するt検定、比率の差に関するカイ2乗検定の結果を表しており、***、**、* は、それぞれ1%、5%、10%水準で有意であることを示す。

ファンドが関与する案件（ファンド関与，疑似MBO）に目を移すと，主に所有構造の観点からキャッシュアウトのターゲットが選択されていることがわかる。役員持株比率が低く，外国人持株比率が高い企業がファンドと組んで買収を進めている。株式を取得しやすい流動的な所有構造の企業がファンドのターゲットになっていると解釈できる。これはファンドの投資選択を検証した河西・川本（2020），川本（2022）で得られた結果と整合的である。

最後に，外部買収案件では，非CO企業群との間に明確に差異は検出されなかった。ただ，業種平均で調整したROAと総資産対数値が有意に低くなっている。小規模で財務パフォーマンスの低迷している企業が，新たな所有者の下で，リストラクチャリングを実行することを目的にキャッシュアウトを実行していると推察される。

4.3　買収プレミアムへの影響

(1)　買収主体別

相対的にアームズ・レングス（arm's length ＝ 距離を置いた）取引だと想定される「外部買収」案件を基準にし，各買収主体のプレミアム水準について検証する[26]。全体的には，どの買収主体の取引でも，概ねプレミアムの平均値は外部買収を下回る（**表6-7**パネルA）。たとえば，純粋MBOのPREM40は51.82%なのに対し，外部買収は77.81%で，その平均の差は5%水準で統計的に有意となっている（同パネルB）。

その理由の1つとして，事前保有比率，公開買付けによる取得比率が挙げられる。事前保有比率が低い，あるいは取得比率が高い案件は，プレミアムが高くなる傾向にある。完全子会社化案件のケースでは，事前保有比率は56.81%，公開買付けによる取得比率は33.72%なのに対し，外部買収では事前保有比率12.80%，公開買付けによる取得比率75.45%で（パネルA），それらの間の平均

---

[26]　以下，平均値の差のt検定に加え，中央値の差に関するウィルコクソンの順位和検定も行ってみたが，結論に影響を与える差異はみられなかった。

表6-7 買収プレミアムと買収主体

パネルA：買収主体別

変数	純粋MBO (N=81) 平均(a)	標準偏差	ファンド (N=27) 平均(b)	標準偏差	疑似MBO (N=60) 平均(c)	標準偏差	完全子会社化 (N=104) 平均(d)	標準偏差	外部買収 (N=108) 平均(e)	標準偏差
PREM1	0.4804	0.4430	0.2458	0.3842	0.4327	0.3994	0.3951	0.2662	0.5509	0.4743
PREM10	0.5196	0.4327	0.3649	0.4281	0.4348	0.3221	0.4466	0.2562	0.5793	0.4519
PREM20	0.5287	0.4457	0.4283	0.4499	0.4511	0.3516	0.4652	0.2670	0.5705	0.4691
PREM40	0.5182	0.3436	0.4789	0.4144	0.4749	0.3792	0.4348	0.2462	0.7781	1.1413
事前保有比率	0.1865	0.1958	0.0114	0.0413	0.0681	0.1424	0.5681	0.0983	0.1280	0.1728
公開買付による取得比率	0.6600	0.2243	0.8419	0.2093	0.8524	0.1514	0.3372	0.1571	0.7545	0.1925

パネルB：買収主体別（平均値の差の検定）

変数	(a)-(e)	(b)-(e)	(c)-(e)	(d)-(e)
PREM1	-0.0705	-0.3051 ***	-0.1182	-0.1557 ***
PREM10	-0.0597	-0.2144 **	-0.1445 **	-0.1327 ***
PREM20	-0.0418	-0.1422	-0.1193 *	-0.1053 **
PREM40	-0.2599 **	-0.2992	-0.3032 **	-0.3434 ***
事前保有比率	0.0585 **	-0.1167 ***	-0.0599 **	0.4400 ***
公開買付による取得比率	-0.0946 ***	0.0874 **	0.0978 ***	-0.4174 ***

注：アスタリスクは平均値の差に関するt検定の結果を表しており，***，**，*，は，それぞれ1％，5％，10％水準で有意であることを示す。

値の差は統計的に1％水準で有意である（パネルB）。取得比率がプレミアムに正比例するという点において，井上ほか（2010）と同様の結果である。外部買収では，事前保有比率が低く，公開買付けを成立させるために多くの株式を取得することから，少数株主に高いプレミアムを提示しているものと解釈できる[27]。

(2) スキーム別

キャッシュアウトのスキーム別に，買収プレミアムへの影響についても確認しておこう。焦点は，2014年会社法改正の際に導入された「売渡請求」にある。それはキャッシュアウトの際，株主総会の特別決議を必要としないため，事前保有比率が高い親会社によって採用される傾向にあることがわかった。機動的なキャッシュアウトを実現する反面，親会社により短時間でなされるため，低いプレミアムでキャッシュアウトを実現しているのではないかという，少数株主に対する強圧性も懸念される。

そこで売渡請求と株式併合をしたスキームを比較してみたところ，前者が後者をプレミアムで上回る結果となっている（**表6-8**）。PREM20でみた場合，前者は50.53％，後者は30.56％となっており，平均値の差は1％水準で統計的に有意である。本章の検証からは，売渡請求を採用したスキームが強圧性を発揮し，少数株主の富を棄損しているとは判断できない[28]。売渡請求採用案件は，強圧性を抱かせる懸念を事前に予測し，相応のプレミアムを支払っているもの

---

27 プレミアムを本節で設定された諸変数に回帰する重回帰分析も行ってみた。それによると，PBRが低い企業ほど（＝アンダーバリュエーションに陥っている企業ほど），プレミアムが高いという傾向が得られるとともに，概ね本文で説明した結果が確認された。

28 表6-7で見た場合，完全子会社化案件は外部買収案件よりもプレミアムで下回る。その反面，完全子会社化案件が採用していると想定される売渡を併合をプレミアムで上回る。一見，矛盾しているように映るが，完全子会社化案件はもっともアームズ・レングス取引と想定される企業群と比較した結果．完全子会社化案件と売渡採用案件のプレミアムは40％程度と差はない。

第 6 章　キャッシュアウト法制の実証分析　159

表 6-8　キャッシュ・アウトのスキームと買収プレミアム

パネル A：売渡請求と株式併合

変数	売渡請求 (N=66) 平均(a)	標準偏差	株式併合 (N=43) 平均(b)	標準偏差	平均値の差の検定 (a)-(b)
PREM1	0.4200	0.3397	0.2464	0.3791	0.1736 **
PREM10	0.4773	0.3201	0.3091	0.3944	0.1683 **
PREM20	0.5053	0.3197	0.3056	0.3945	0.1997 ***
PREM40	0.7071	1.1429	0.4894	1.0447	0.2177
事前保有比率	0.3374	0.2693	0.2111	0.2190	0.1263 **
公開買付による取得比率	0.5873	0.2590	0.6041	0.2416	-0.0168

パネル B：全部取得 90％以上取得と 90％未満取得

変数	全部取得 90%以上 (N=149) 平均(c)	標準偏差	全部取得 90%未満 (N=71) 平均(d)	標準偏差	平均値の差の検定 (c)-(d)
PREM1	0.5475	0.4654	0.4796	0.3021	0.0678
PREM10	0.5782	0.4332	0.5180	0.3002	0.0602
PREM20	0.5966	0.4631	0.5082	0.3232	0.0884
PREM40	0.5965	0.4543	0.5113	0.3294	0.0851
事前保有比率	0.2622	0.2606	0.1622	0.2155	0.1000 ***
公開買付による取得比率	0.6918	0.2598	0.5563	0.2988	0.1355 ***

注：アスタリスクは平均値の差に関する t 検定の結果を表しており、***、**、*、は、それぞれ 1％、5％、10％水準で有意であることを示す。

と推察される。

　なお，全部取得条項付種類株式で議決権の90％以上を公開買付後に取得した案件と，同90％未満であった案件の比較も行ったが，プレミアムに差はみられなかった。

5　おわりに：キャッシュアウト法制へのインプリケーション

　本章では，日本のキャッシュアウトの法制をたどり，キャッシュアウトを実施する企業の特徴，締め出される少数株主の富への影響について検証してきた。検討の結果，第1にこれまでのキャッシュアウト法制の変遷をみていったところ，2000年代初頭には，特別目的会社の端株渡しや，産活法を通じて，乏しい法的裏付けや特例措置のもとで，キャッシュアウトが実施されていた。そして，2005年の会社法制定によって，全部取得条項付種類株式制度が導入されると，スキームの中心が同制度に移り変わっていった様子が示された。さらに，2014年の会社法改正において，迅速なキャッシュアウトを実現するための売渡請求制度が導入されるとともに，株式併合制度に株式買取請求制度が創設されるなど，キャッシュアウトの利便性，少数株主保護体制が整えられていった。

　第2に，キャッシュアウトを利用した買収主体，それら主体の性質とTOB開始からキャッシュアウト実施までのタイムラインに関する基本的な情報について確認したところ，当初はキャッシュアウトのスキームに法的な裏付けがなされていなかったという不安定性や産活法の申請など特例措置を受ける手続きが必要であったためか，キャッシュアウトを実施する件数も低調であったが，2006年の会社法施行で全部取得条項付種類株式制度が導入されることで，キャッシュアウトの件数も飛躍的に増加したことがわかった。

　一方，2014年の会社法改正後においては，売渡請求制度が導入されるとともに，株式併合制度の少数株主保護の枠組みが整えられたこともあり，キャッシュアウトの実施は両手法に収斂していった。そして，両者の利用の選択に影響を与えているのが，買収者の対象企業に対する事前保有比率である。事前保

有比率が高いと，売渡請求制度の要件である公開買付後の議決権90%以上が満たしやすくなり，主に事前保有比率が高い親会社が子会社をキャッシュアウトする際に用いられていることがわかった。一方，株式併合制度に関しては，事前保有比率が相対的に低い，MBO 案件で利用される傾向にあることが示された。

さらに，売渡請求制度を利用することで，TOB 開始からキャッシュアウトを実施するまでの日数を大幅に短縮化することに寄与しており，機動的なキャッシュアウトを可能にするという，その立法趣旨を実現していることが明らかとなった。第3に，買収主体やスキームがキャッシュアウトの動機と買収プレミアムに与える影響についても検討を試みた。その結果，純粋 MBO 案件と完全子会社化案件とでキャッシュアウトを実施しなかった企業との差が顕著に表れ，純粋 MBO 案件では役員の持株比率が，完全子会社化案件では外国人の持株比率が高いということがわかった。前者はファミリーへの支配権の集中，後者は親子上場の批判をかわすためにキャッシュアウトを行っているものとみられる。

また，買収主体別のプレミアムに関しては，外部買収案件がもっとも高くなるが，そこからは事前保有比率が低く，故に TOB でより多くの株式を取得するために，より高い価格を少数株主に提示しなければならないという状況が垣間みえた。これに加え，キャッシュアウトのスキームごとにプレミアムを比較したところ，売渡請求は株式併合よりも水準は高く，支配による少数株主に対する強圧性は発生していないことが確認された。

なお，MBO 案件においてキャッシュアウトされる少数株主の富の保護は，それらスキームに関連する法制度のほかに，買い手や会社側が TOB の際に導入する公正性担保措置によっても実現が図られている。果たして，これら公正性担保措置は MBO によって締め出される少数株主の富の保護を実現しているのであろうか。続く第7章では，特別委員会をはじめとする公正性担保措置について，その導入状況，およびそれらが少数株主の富に与える影響について検討していく。

第7章
MBO対応における特別委員会の役割

1　はじめに：MBOのコストとベネフィット

　MBOには、さまざまなベネフィットがある。たとえば、市場からいったん退出し、短期的な株価の動向を気にせず、中長期視野で抜本的な経営改革が行えるという点がしばしば挙げられる。また、バイアウトにマネジメントが参画することで、彼らのインセンティブが増強され、買収後の企業価値向上が期待できるというメリットもある（インセンティブ・リアライメント）。もっとも、本章で詳しく検討していくように、その一方で、経営陣が対象企業の買い手と売り手を兼ねるため、安価に買収したいというインセンティブが働き、一般株主との間に構造的な利益相反がある取引ともなっている。実際、買付価格をめぐって、会社・株主間で法廷闘争になる事例が相次いでいる。

　こうした状況を受けて、買収者と会社側の取引条件の公正性を担保するため、2007年と2019年にMBOに関連する指針が経済産業省から示された。そして、その公正性担保の基点となっているのが、社外取締役や社外監査役が中心となって構成される特別委員会[1]である。社外取締役はもちろん、監査役会設置会社から監査等委員会設置会社にシフトする際、監査等委員にスライドした

---

[1] かつては「第三者委員会」とも呼ばれていたが、2019年の指針では「対象会社および一般株主の利益を図る立場に立つという点」において、第三者的立場にあるものではないとして、現在では「特別委員会」という名称が使用されている。本章ではこの名称で統一して利用する。

社外監査役も多いであろうから，MBO 取引の実態について理解しておくことは，これからの実務遂行にとって不可欠といえる。

そこで本章では，MBO を実行していくうえで，推奨されている3つの指針の要点（第2節）を解説した後，実際にいかなる公正性担保措置が採用されているのか，そしてそれが一般株主の利益にいかなる影響を与えているのかについて，独自のデータセットを用いて，特に特別委員会の役割の観点から確認していくこととしたい（第3節）。さらに，特別委員会メンバーの立場から，これまでの MBO 取引で留意しておかねばならない案件について紹介する（第4節）。最後は，本章のまとめと，それに基づき，これからの特別委員会に求められる役割に関するインプリケーションを提示する（第5節）。

2　MBO に関連する3つの指針[2]

MBO に関連する指針としては，経済産業省から2007年9月に「企業価値の向上及び公正な手続確保のための経営者による企業買収（MBO）に関する指針」（以下，「2007年指針」）が，2019年6月には「公正な M&A の在り方に関する指針：企業価値の向上と株主利益の確保に向けて」（以下，「2019年指針」）が提示された。その意義は両指針で共通しており，取引の公正性を担保しつつ，MBO（あるいは M&A）市場の健全な発展を目指すというものであり，法的規制を課すものではなく，原則や実務上の対応に関するベストプラクティスを示すための提案であるとの断りが入れられている。以下では，特別委員会の意義，役割の観点から，新指針の内容を中心に紹介したい（なお，本章において使用する基本的な用語については，**表7-1**の解説を参照されたい）。

---

[2] 両指針の概要については，川本（2022），家田・川本（2022a）でも整理する機会があった。

第7章　MBO対応における特別委員会の役割　165

表7-1　基本用語の解説

単語	定義
MBO	現在の経営者が全部または一部の資金を出資し、事業の継続を前提として一般株主から対象会社の株式を取得することをいう。
特別委員会	対象会社・一般株主の利益を図る立場から、当該M&Aの是非、取引条件の妥当性、手続きの公正性について検討・判断するため、独立性を有する者で構成される合議体。
マジョリティ・オブ・マイノリティ条件	M&Aの実施に際し、株主総会における賛否の議決権行使や公開買付けに応募するか否かにより、当該M&Aの是非に関する株主の意思表示が行われる場合に、一般株主、すなわち買収者と重要な利害関係を共通にしない株主が保有する株式の過半数の支持を得ることを当該M&Aの成立の前提条件とし、当該前提条件をあらかじめ公表することをいう。
フェアネス・オピニオン	専門性を有する独立した第三者評価機関が、M&A等の当事会社に対し、合意された取引条件の当事会社やその一般株主にとっての公正性について、財務的見地から意見を表明するものをいう。
マーケット・チェック	M&Aにおいて他の潜在的な買収者による対抗的な買付提案が行われる機会を確保することをいう。
インフォームド・ジャッジメント	一般株主による十分な情報に基づいた適切な判断。
強圧性	公開買付けが成功した場合に、公開買付けに応募しなかった株主は、応募した場合よりも不利に扱われることが予想されるときには、株主の公開買付けに応募するか否かの判断が不当に歪められ、買付価格に不満のある株主も、事実上、公開買付けに応募するように圧力を受けるという問題をいう。

2.1　2007年指針

まず旧指針では、「株主の適切な判断機会の確保」をするため、①株式買取請求権、または価格決定請求権が確保できないスキームの禁止、②スクイーズ・アウト価格とTOB価格を同一とすること、③独立した第三者委員会による意思決定過程における恣意性の排除、④買付期間を長期間に設定するなど価格の適性を担保する客観的状況の確保、などが示されている。

いまから振り返れば、プリミティブな提案となっているが、「公正性」やそれを担保する必要性に関する理解が乏しく、当事者は暗中模索のなかでMBO

取引を実行せざるを得なかった状況下にあったため，関係者に取引遂行の拠り所を与えた指針としてエポックなものであったと捉えられる。

2.2　2019年指針

一方，新指針は旧指針をアップデートし，MBO案件だけにとどまらず，支配会社による従属会社の買収も含めるなど，広範なM&A取引に向けて，より具体的でプラクティカルな内容になっている。新指針では，公正な手続きを担保するための視点として，①取引条件の形成過程における独立当事者間取引と同視し得る状況の確保，②一般株主による十分な情報に基づく適切な判断の機会の確保（インフォームド・ジャッジメント）の2つを挙げており，そのための基点として特別委員会を重視している（図7-1）。

新指針における特別委員会の構成員として，特に重視されているのが社外取締役である。その理由としては，①株主総会において選任され，会社に対して法的義務と責任を負い，株主からの責任追及の対象ともなり得ること，②取締役会の構成員として経営判断に直接関与することが本来的に予定された者であること，③対象会社の事業にも一定の知見を有していること，などが挙げられている。これらは社外取締役が，一般株主に対して責任を負う義務，権利，能力を有する点で適任であると考えられる背景になっている。そして，社外取締役に準じる者として，上記①と③の要件を備える社外監査役，あるいは専門的な知見を有する弁護士や会計士などの社外有識者が位置づけられている。

特別委員会の取引条件の交渉過程への関与については，対象会社と買収者との間の買収対価等の取引条件に関する交渉過程に実質的に関与することが望ましいとし，①特別委員会が権限を持ち，買収者と直接交渉することに加え，②交渉は対象会社が行うが，特別委員会は適時に報告を受け，意見を述べ，指示を行うなどし，取引条件に関する交渉過程に実質的に影響を与え得る状況を確保することが期待されている。

このほか，特別委員会の判断をサポートするために，株式価値の算定に関する財務・法務アドバイザーや，第三者評価機関が存在することが望ましいとし

第 7 章　MBO 対応における特別委員会の役割

図7-1　新 MBO 指針（2019年）の体系

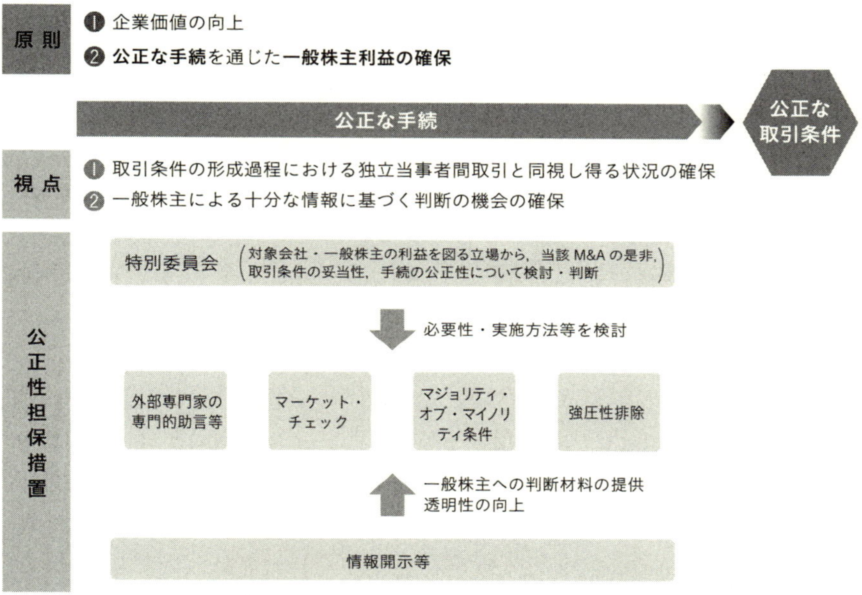

原則
① 企業価値の向上
② 公正な手続を通じた一般株主利益の確保

公正な手続 → 公正な取引条件

視点
① 取引条件の形成過程における独立当事者間取引と同視し得る状況の確保
② 一般株主による十分な情報に基づく判断の機会の確保

公正性担保措置

特別委員会（対象会社・一般株主の利益を図る立場から、当該M&Aの是非、取引条件の妥当性、手続の公正性について検討・判断）

↓ 必要性・実施方法等を検討

外部専門家の専門的助言等／マーケット・チェック／マジョリティ・オブ・マイノリティ条件／強圧性排除

↑ 一般株主への判断材料の提供 透明性の向上

情報開示等

出所：経済産業省（2019）16頁。

ている。これらアドバイザーについては、特別委員会が独自に選任することが望ましいとしつつも、対象会社が選任したアドバイザーの独立性が保証される場合、それを利用することも否定されるべきではないと補足している。

2.3　2023年指針[3]

2023年8月には「上場会社の経営支配権を取得する買収を巡る当事者の行動の在り方を中心に、M&Aに関する公正なルール形成に向けて経済社会において共有されるべき原則論及びベストプラクティスを提示すること」（経済産業

---

[3] 本指針の内容・意義については、『ジュリスト』2024年1月号の特集（「企業買収に関する新たな規律：「企業買収における行動指針」の意義」）が参考となる。

省 2023：3）を目的として，経済産業省より「企業買収における行動指針：企業価値の向上と株主利益の確保に向けて」が公表された。

本指針は M&A 一般の行動規範と規律の方向付けを視野としており，扱われるトピックは多岐にわたるが，公正性担保措置としての特別委員会の役割は原則，2019年指針の内容を受け継いでいる。すなわち，①特別委員会の構成員としては，上述の理由（法的責任と義務，意思決定への関与の度合い，事業に関する知見の保有の観点）により，社外取締役の選任が基本となること，②社外取締役をサポートするためにアドバイザー等の招聘が検討されること，③社外取締役の独立性に疑問がある場合は，社外監査役や社外有識者の選任が否定されないこと，などである。MBO や支配株主による完全子会社化など，買い手と売り手の間に利益相反構造が存在する場合，改めて公正性を担保する措置としての特別委員会の役割が確認されたことになろう[4]。

2.4　その他注目される公正性担保措置

さらに，特別委員会のほかに，公正性を担保する措置として注目しているのが，①フェアネス・オピニオン（FO）の取得，②マジョリティ・オブ・マイノリティ（MoM）条件の設定，③マーケット・チェックの実施である。①については，構造的な利益相反が存在する取引において，一般株主が情報劣位にあるという問題に対応するうえで有効であるとし，2019年指針ではその取得を推奨している。

一方，②については，一般株主の利益に資すると述べながらも，支配株主による従属会社の買収等の M&A を阻害してしまう効果が懸念されることから，一律に設定が望ましいとまではしていない。

③については，オークション（入札手続き）や潜在的な候補者に個別打診などを行う「積極的マーケット・チェック」と，比較的長い買付期間を設定し，

---

[4] もっとも2023年指針では，社外取締役比率が過半を占めるなど，普段から取締役会の独立性が担保されている場合は，特別委員会を設置する意義が乏しくなる可能性があることについても言及している。

買収者が登場しやすい環境を形成するという「間接的マーケット・チェック」の2つを挙げ、手続きの公正性を担保するためには、前者の方が有効に機能しやすいとする反面、やはりM&A遂行についての阻害効果も認められるため、一律に行うのが望ましいとまではいえないと述べている[5]。

これらに加え、2019年指針では特別委員会の報酬体系、第三者評価機関等からの株式価値算定書取得の有効性、強圧性の排除に関する留意事項などについてもカバーしており、2007年指針に比べ実務への適用を意識した内容となっている。

3　特別委員会に関する基礎的情報

3.1　設置の推移とその権限

特別委員会は2007年11月にサイバードホールディングスが設置して以来、MBO案件においてもみられ始めた。では、日本のMBO案件において、特別委員会をはじめとする公正性担保措置の状況はどのようになっているのであろうか。本節では、レコフデータ「レコフM&Aデータベース」、各案件の公開買付届出書から構築されたデータセットを用いて、確認していこう[6]。

まず、特別委員会の設置推移を追ってみると、2000年代後半は5割未満にとどまっているが、2010年には8割を超え、2012年以降は全案件で導入がなされている（**表7-2**）。いまやMBO実施において特別委員会の設置は標準装備になったといえよう。

特別委員会の構成状況については、構成人数は全期間平均で3.2人であり、

---

[5] もっとも、アメリカ企業のMBOを対象としたEaseterwood et al.（1994）では、オークションになることで少数株主が受け取るリターンも高まることが明らかにされている。

[6] 2021年末までに公表されたMBO165件を対象としたものであり、川本（2022）を更新した内容となっている。

表7-2 特別委員会の構成

パネルA：割合（平均） (単位：%)

公表年	委員会設置	社外取締役	社外監査役	弁護士	会計士	弁理士	学者	経営者	その他
2007	40.0	28.6	0.0	28.6	0.0	14.3	0.0	28.6	0.0
2008	18.8	11.1	22.2	22.2	22.2	0.0	0.0	22.2	0.0
2009	33.3	17.6	58.8	17.6	5.9	0.0	0.0	0.0	0.0
2010	84.6	0.0	50.0	28.1	12.5	0.0	0.0	6.3	3.1
2011	90.5	0.0	35.7	32.1	25.0	0.0	3.6	1.8	1.8
2012	100.0	0.0	39.3	28.6	21.4	3.6	3.6	3.6	0.0
2013	100.0	3.7	44.4	33.3	14.8	0.0	0.0	3.7	0.0
2014	100.0	5.9	35.3	29.4	17.6	0.0	11.8	0.0	0.0
2015	100.0	5.3	36.8	31.6	26.3	0.0	0.0	0.0	0.0
2016	100.0	14.3	21.4	28.6	21.4	0.0	7.1	0.0	7.1
2017	100.0	22.2	11.1	33.3	33.3	0.0	0.0	0.0	0.0
2018	100.0	36.4	18.2	27.3	18.2	0.0	0.0	0.0	0.0
2019	100.0	56.3	12.5	12.5	12.5	6.3	0.0	0.0	0.0
2020	100.0	37.1	17.1	20.0	22.9	0.0	0.0	0.0	2.9
2021	100.0	40.4	12.8	21.3	19.1	4.3	0.0	0.0	2.1
全期間	78.1	16.9	30.2	26.5	19.2	1.5	1.7	2.6	1.5

パネルB：人数（平均） (単位：件, 人)

公表年	件数	委員会設置	委員会人数	社外取締役	社外監査役	弁護士	会計士	弁理士	学者	経営者	その他
2007	5	2	3.5	1.0	0.0	1.0	0.0	0.5	0.0	1.0	0.0
2008	16	3	3.0	0.3	0.7	0.7	0.7	0.0	0.0	0.7	0.0
2009	15	5	3.4	0.6	2.0	0.6	0.2	0.0	0.0	0.0	0.0
2010	13	11	2.9	0.0	1.5	0.8	0.4	0.0	0.0	0.2	0.1
2011	21	19	2.9	0.0	1.1	0.9	0.7	0.0	0.1	0.1	0.1
2012	9	9	3.1	0.0	1.2	0.9	0.7	0.1	0.1	0.1	0.0
2013	9	9	3.0	0.1	1.3	1.0	0.4	0.0	0.0	0.1	0.0
2014	5	5	3.4	0.2	1.2	1.0	0.6	0.0	0.4	0.0	0.0
2015	6	6	3.2	0.2	1.2	1.0	0.8	0.0	0.0	0.0	0.0
2016	4	4	3.5	0.5	0.8	1.0	0.8	0.0	0.3	0.0	0.3
2017	3	3	3.0	0.7	0.3	1.0	1.0	0.0	0.0	0.0	0.0
2018	3	3	3.7	1.3	0.7	1.0	0.7	0.0	0.0	0.0	0.0
2019	4	4	4.0	2.3	0.5	0.5	0.5	0.3	0.0	0.0	0.0
2020	10	10	3.5	1.3	0.6	0.7	0.8	0.0	0.0	0.0	0.1
2021	14	14	3.4	1.4	0.4	0.7	0.6	0.1	0.0	0.0	0.1
全期間	計137	計107	3.2	0.5	1.0	0.9	0.6	0.0	0.1	0.1	0.0

注：全期間の％，平均値は，MBO案件全体に占める当該カテゴリーの合計数の割合を示しているため，期間中の単純平均と数字は合わない。

実務的には3人程度を目安に構成されているようである。構成委員に目を移すと、社外監査役（1.0人）、弁護士（0.9人）、会計士（0.6人）、社外取締役（0.5人）の順であり、これらで9割を超える。その推移に関しては、社外取締役の選任が目覚ましい。2010年代半ば以降、導入が進み、ここ数年では1人を超え、2021年には1.4人（40.41％）となっている。今日では委員会のうち1人は社外取締役に割り当てるという慣行になっているようである。こうした社外取締役選任の背景には、社外監査役の選任が減少していることから理解できる。すなわち、監査役会設置会社から監査等委員会設置会社への移行が進んでいるが、旧社外監査役が社外取締役へスライドし、MBO案件において特別委員会のメンバーとして選任されているものと推察される[7]。

特別委員会に付与された権限については、委員会が買収者と買付価格の交渉を直接行う「交渉型」の採用は、2010年前後に一時的に高まったが、近年ではほとんど実績がない（**表7-3**）。後述のレックス・ホールディングス事件への対応として、実施案件が公正性担保に過敏になった一過性のものであったとみられる。同様に、特別委員会が独自アドバイザーを選任するケースもほとんど観察されない。もっともここ数年で数件の導入があり、高まりの兆しがある。これは前述した新指針の提示が実務にも影響しているものと思われる。なお、特別委員会の設置期間の平均はサンプル全体で45.0日、検討回数は5.5回となっている（表7-3）。

7　本章で用いたサンプルでも、2015年以降に設置された委員会メンバーの社外取締役60人のうち、20人（33.3％）が監査等委員であった。

表7-3　特別委員会の権限など

公表年	交渉型 件数	交渉型 (%)	設置期間	検討回数	独自アドバイザー 件数	独自アドバイザー (%)	FO 件数	FO (%)	MoM 件数	MoM (%)	買付期間
2007	1	50.0	—	—	0	0.0	0	0.0	0	0.0	30.0
2008	0	0.0	—	—	0	0.0	0	0.0	0	0.0	30.3
2009	0	0.0	23.0	0.0	1	20.0	0	0.0	1	20.0	32.6
2010	1	9.1	65.8	4.2	0	0.0	3	27.3	7	63.6	31.9
2011	5	26.3	36.6	4.9	1	5.3	0	0.0	13	68.4	31.4
2012	1	11.1	32.7	5.1	0	0.0	0	0.0	8	88.9	31.1
2013	2	22.2	43.0	6.2	0	0.0	0	0.0	9	100.0	33.4
2014	0	0.0	29.8	5.8	0	0.0	0	0.0	5	100.0	35.0
2015	0	0.0	47.7	6.5	0	0.0	0	0.0	3	50.0	30.0
2016	0	0.0	53.0	6.5	0	0.0	0	0.0	2	50.0	32.3
2017	0	0.0	32.0	4.7	0	0.0	0	0.0	2	66.7	31.7
2018	0	0.0	19.7	4.3	0	0.0	0	0.0	1	33.3	30.0
2019	0	0.0	67.3	4.5	1	25.0	0	0.0	2	50.0	31.0
2020	0	0.0	51.8	7.7	1	10.0	0	0.0	8	80.0	30.2
2021	0	0.0	72.4	9.4	1	7.1	1	7.1	7	50.0	30.1
計	10	9.3	45.0	5.5	5	4.7	4	3.7	68	63.6	31.4

注1：FOはフェアネス・オピニオン，MoMはマジョリティ・オブ・マイノリティの設定を表す
注2：合計欄の平均値，％は，MBO案件全体に占める当該カテゴリーの合計数の割合を示しているため，期間中の単純平均と数字は合わない。

3.2　MoMとフェアネス・オピニオン

　その他の公正性担保措置では，MoMの動向が注目される。期間内において導入の変動が大きく，2010年以後，数年間高まりをみせ，その後低調となり，直近では再び導入の機運が高まっている（表7-3）。前者の高まりは既述の法廷闘争事案への対応，直近の高まりは新指針への対応が影響しているのであろ

なお MoM の設定は，MBO 案件特有の措置であることを指摘しておきたい。たとえば，MBO としばしば比較される親会社による完全子会社化案件では，ほとんど導入の実績がない（家田・川本 2022b）。それら案件では親会社の事前保有比率（toehold）が高く，親会社以外の少数株主に買収の是非の判断を委ねることにより，M&A の実現可能性が低下することが作用しているのであろう。一方，MBO 案件については，ファミリーなど経営陣が高い保有比率を占める場合もあるが（川本 2022），相対的に事前保有比率が低く，MoM を設定しても，一般株主に TOB で買収の成否の判断を仰ぐのと実質変わらないため，公正性をアピールするために導入しているケースが多いものと推察される。

　外部機関に買収や買付価格の公正性の判断を問う FO は，2021年までに4件の採用がみられるが，これまで MBO 案件において採用された実績はほとんどない（表7-3）。これに対し，親会社による上場子会社の完全子会社化案件では採用されるケースが増えている。たとえば，これらについては2014年以降，20％（70件中14件）の割合で FO の採用が報告されている（家田・川本 2022b）。したがって，公正性担保措置として，MoM と FO は代替的な機能を果たしているものと理解できる。

　なお，マーケット・チェックについては，積極的なマーケット・チェックが行われた事例はなく，買付期間を確保する間接的なマーケット・チェックが一般的である。ほとんどの事例で，（法令では最短20営業日のところ）30営業日程度の日数の公開買付期間を設定することで，これを満たすというスタンスがとられている。

3.3　買収プレミアムへの影響

　では，以上のような公正性担保措置は，キャッシュアウトされる一般株主の富にどのような影響を与えたのであろうか。ここでは MBO 公表前株価に上乗せされる買収プレミアムの水準によって検証する。

　まず，プレミアムの推移について確認しておこう。**図7-2**は，TOB 実施20

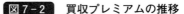

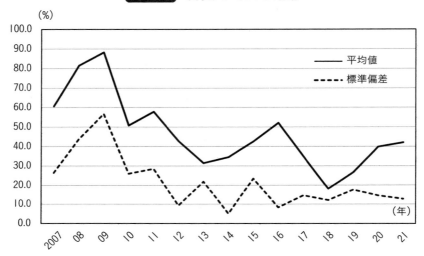

営業日前の終値に対する TOB 価格で計ったプレミアムの平均値の推移を表したものである。それによると、2010年前後に急上昇し、2009年には90％弱を記録していることがわかる。これはレックス・ホールディングス事件を受け、保守的にプレミアムを見積もったためであろう。その後、プレミアムは低下し、近年は30％から40％程度のレンジで収まり、標準偏差も小さくなっている。プレミアムのいわば「相場」が形成されているのかもしれない。

プレミアムに対する公正性担保措置の影響で注目されるのは、社外取締役選任の影響である。興味深いことに、導入人数が増加するにつれ、プレミアムは低下傾向にある。たとえば、選任なしで59.6％、1人の場合で46.1％であるものが、2人で38.3％、3人で36.5％となっている（**図7-3**(a)）。公正性担保措置として推奨されている社外取締役の人数が増加するほど、プレミアムが低下するという意外な結果となっている。これについてはMoMについても同様であり、図7-3(b)によれば条件なしが64.0％に対し、条件ありが47.6％と、後者

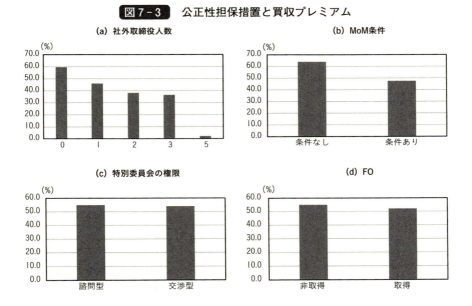

図7-3 公正性担保措置と買収プレミアム

の方がプレミアムは低い[8]。

この理由としては、①社外取締役の選任やその他の公正性担保措置の設定に積極的な企業ほど、それまでのガバナンス体制も充実しており、非公開化以前に既に株主価値が高かったという点が指摘できる。つまり、コスト面でそれ以上高いプレミアムを提供できないという可能性がある。もう1つの可能性としては、②公正性担保措置の充実化に熱心な案件ほど、それらを設定したことをエクスキューズとして、プレミアムを節約しているという可能性もある。

なお、特別委員会が交渉型の案件、あるいは外部機関からのFOを取得した案件では、非設定企業と比べても、プレミアムとの間に差は観察されていない（図7-3(c)(d)）。

---

8 この結果は、公正性担保措置以外の要因（公表前の株式リターン、企業規模、業種、年次ダミー、資本構成）をコントロールした回帰分析でも同様の結果が得られた。

3.4 不成立案件の特徴

後述するように，近年，アクティビストが介入し，MBOが成立しなかった案件が相次いでいるが，それらの公正性担保措置，および買収プレミアムはどのような状況であったのであろうか。不成立案件8件のうち，社外取締役の人数の平均値は1.0人，比率は50%となっており，MBO成立案件とほぼ同水準である（**表7-4**）。特別委員会の権限付与に関しては，交渉型，独自アドバイザーの採用実績はほとんどみられない。その他の措置については，MoMの設定は50%，FO取得は12.5%（1件）となっている。総じて，公正性担保措置の面からは，成立案件と比べても遜色ない。

一方，不成立案件のプレミアムは41.1%であり，成立案件の54.1%に比べ，相対的に低い。また，TOB価格で計ったPBR（= TOB価格／1株当たり純資産）の平均値は1.4倍となっているが，1倍を超えるのは3件のみで，5件で1倍を割っている。解散価値よりも買収額が低いという状況である。すなわち，肝心の一般株主への金銭的提示で見劣りし，それがアクティビストに付け入られる原因になっている。もっとも，解散価値割れのTOBが提示されることは，日本におけるMBO全体の傾向でもある。**図7-4**は成立案件の同PBRの分布を表したものであるが，1倍割れしている案件が54.8%を占める。公正性担保措置が充実するほどプレミアムも低下する傾向にあることから，潜在的にはアクティビストのターゲットとなり得る案件はもっと多かったものと推察される。

表7-4　不成立案件の公正性担保措置

公表日	会社名	プレミアム(%)	社外取締役(人)	特別委員会の権限	独自アドバイザー	FO	MoM	TOB価格／1株当たり純資産
2008/9/19	シャルレ	48.1	0	諮問型	非選任	非取得	非設定	0.7
2017/11/9	東栄リーファーライン	37.0	0	諮問型	非選任	非取得	非設定	1.0
2019/1/18	廣済堂	49.5	0	諮問型	非選任	非取得	非設定	0.8
2020/11/6	日本アジアグループ	94.2	2	諮問型	非選任	取得	設定	0.7
2021/2/9	サカイオーベックス	31.6	2	諮問型	非選任	非取得	設定	0.9
2021/3/9	光陽社	33.6	0	諮問型	非選任	非取得	設定	0.6
2021/10/1	バイドHD	10.4	1	諮問型	非選任	非取得	非設定	5.1
2021/11/9	片倉工業	24.3	3	諮問型	選任	非取得	設定	1.3
平均		41.1	1.0	—	—	—	—	1.4

注：プレミアムは公表20日前終値に対するTOB価格の割合。

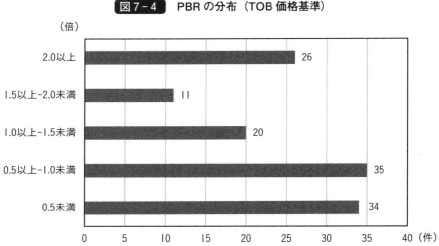

図7-4 PBRの分布（TOB価格基準）

4 特別委員会が留意すべき案件[9]

　繰り返しになるが，MBO案件は利益相反の構造を持っているため，しばしば買付価格をめぐって，会社と株主との間で衝突が起こる。以下では，特別委員会メンバーが留意すべき案件をいくつか振り返ってみよう。

4.1 独立ではなかった社外取締役：シャルレ[10]

　このケースは，買付価格の決定に関して，社外取締役が経営者に対する牽制役を果たさなかったケースである。下着販売大手のシャルレ（旧テン・アローズ）は，創業者を買い手とするMBOを2008年9月19日に公表した。TOB価

9　キャッシュアウト案件の公正性担保措置と法廷闘争の事例，および事前・事後の少数株主の救済措置のあり方については，中東 (2020)，笠原 (2022) でも解説されている。

10　以下の内容は，「MBO シャルレの失敗に学ぶ」『日経産業新聞』2009年1月15日，「シャルレのMBO失敗」『日本経済新聞』2009年2月2日，を参考としている。

格は1株800円であり，公表1カ月間の終値平均に対し，54.8%のプレミアムを上乗せしたものであった。問題となったのはその価格設定にあった。社外取締役が創業者と買付価格についての交渉を担当したが，創業者側の第三者評価機関が算定した価格が1株646円から908円のレンジにあったのに対し，会社側が算定した価格は1株1,104円から1,300円のレンジと，両者で大幅な乖離があった。

そこで創業者側は，会社側の算定価格を下げるため，利益を低く見積もった経営計画を作成するよう会社側にプレッシャーをかけたとされる。社外取締役側もこの創業者側アドバイザーの要請を受け入れ，新経営計画を作成したという。会社側の法律事務所はこの手続きについて疑義を呈し，創業者と一般株主の利益相反を指摘するも，社外取締役は取り合わなかった。同年10月頃になると，このようなプロセスで決められた買付価格がお手盛りであると，内部通報が相次ぎ，買収資金を提供する予定であった金融機関が融資を取りやめるに至った。そして，同年12月に入ると，ついに会社側はMBO撤回に追いやられ，取締役会は創業者長男である社長を解任する決定をした。

この案件は，社外取締役が経営者に従属していたことが露見するとともに，その関係性がMBOの遂行にも持ち越され，買収自体が挫折すると同時に，会社のレピュテーションをも低下させてしまった事例である。

4.2　MBO公表前の業績予想修正：レックス，サンスター

これらの案件は，意図的に買収価格を節約しようとしたとして，法廷闘争になった案件である。レックス・ホールディングスは，2006年11月10日にMBOを公表した。買付価格は1株23万円であり，発表前1カ月間の終値平均に対し，13.9%のプレミアムを上乗せしたものであった。ただし，その公表3カ月前に業績予想の下方修正をしていたことが問題となった。TOBの算定基準価格となる基準株価を下落させる意図があったのではないかと疑われたのである。買付価格が不当に低いと個人株主が裁判所に価格決定を申し立て，東京高裁では「MBO実施を念頭において，決算内容を下方誘導するのを意図した会計処理

がされたことは否定できない」[11]と厳しく会社側を批判し，公表前6カ月間の平均株価に対し20%のプレミアムを上乗せした1株33万6,966円を適正な額と決定した。

　同様の事例として，サンスターの案件がある。同社は2007年2月14日にMBOを公表した。買付価格1株650円であり，過去3カ月間の終値平均に23%のプレミアムを上乗せしたものであった。ただ，ここでも公表3カ月前に業績予想の下方修正がなされており，株価が下落する局面でMBOを実行したことが問題視された。大阪高裁はTOB公表1年前の株価水準1株700円に対し，20%のプレミアムを上乗せした1株840円が妥当と決定し，個人株主の価格決定の申し立てを容認した。

　これらの係争案件は，上記の旧指針の作成など，MBO関連のソフトローの整備を進展させ，特別委員会の設置を増加させるなど，公正性担保措置を充実させる効果をもった。その一方で，会社側が一般株主との衝突を回避するために過剰反応し，プレミアムの急上昇を発生させた[12]。

　以降，買付価格をめぐって会社側と一般株主側の間での衝突は断続的に発生しているが，近年は会社側の言い分が認められる判例も出てきている。たとえば，MBO案件ではないが，住友商事とKDDIによるジュピターテレコム（現JCOM）へのTOB（2013年2月28日公表）では，買付価格を12万3,000円（過去1カ月間の終値の単純平均値に対して54.1%）としたが，TOB公表後の株価の上昇が考慮されていないとして，海外機関投資家が価格決定の申し立てを行った。一審，二審では株主の申し立てが認められ価格の引き上げが決定されたが，最高裁は株主の申し立てを退け，TOB価格と同額との判断を下した。

11　「レックスのMBO高裁，少数株主の保護重視」『日本経済新聞』2008年10月27日。
12　なお，同じく価格決定の申し立ての対象となったサイバードホールディングス（2007年10月31日にMBO公表）のケースでは，①特別委員会が設置された，②第三者評価機関に価値の算定を依頼した，③経営者が買付価格の引き上げを粘り強く求めた，などの理由により，株主側の申し立ては退けられた。「高裁，サンスターの取得価格引き上げ」『日本経済新聞』2009年10月26日。

その理由として裁判所は手続きが公正かどうかを判断すべきであり，価格の算定を行うのは「裁判所の裁量を超えている」[13]としている。

確かに，裁判所は価値算定に関する専門的な知見を備えず，その判断は納得できる側面もある。ただ，手続きの担保が優先され，少数株主への富の提供が二の次になってしまうのではないかとの懸念もある。手続きの担保だけに安堵せず，株主の富の向上との両立をいかに図るのか。今後，ますます特別委員会メンバーにはこうした意識が問われるシチュエーションが増えてこよう。

4.3 社外取締役が買い手となったケース：ニチイ学館

この案件は，社外取締役が買い手となり，会社側との独占交渉権を得た案件である。介護事業大手のニチイは，2020年5月8日にMBOを公表した。買付価格は1株1,500円であり，過去3カ月間の終値平均に対し，33.57%のプレミアムを上乗せしたものであった。

同社がMBOを志向したきっかけは，創業者の急死にあった。創業者一族は，相続税支払いのためのキャッシュを必要とし，ベインと組んでMBOを構想し，MBOに応募することで換金を目指した。そのようななか，同社の社外取締役にベイン日本法人代表が就いていたことから，社外取締役が買い手に回るという歪な取引構造となった。

会社側はベインに「独占交渉権」を付与するとともに，「時間的余裕がない」という理由で他のファンドに買収を打診するオークションは採用しなかった[14]。ただ，こうした特定ファンドへの「優遇」が外部ファンドの介入を招く契機となった。香港系ファンドのリムはニチイに公開質問状を送り，取引の不透明性と買付価格に疑義を呈した。同じく香港系のファンドのベアリング・プライベート・エクイティ・アジアは，1株2,000円での買収を水面下で打診したという。ただ，ベインに独占交渉権が与えられていたことから，同ファンド

---

13 「TOBで会社再編 追い風」『日本経済新聞』2016年7月25日。
14 「検証ニチイ学館MBO ② 社外取締役に買収打診」『朝日新聞』2020年11月18日。

表7-5　ニチイ学館のMBOをめぐる動き

年月日	イベント
2020/5/8	ニチイ学館経営陣がベインキャピタルと組んで，MBOを発表。買付価格は1,500円。
2020/6/11	リム・アドバイザーズ・リミテッドが買付価格の公正さを問う公開質問状を送付。
2020/6/22	TOB期間を延長（6/22→7/9）。
2020/7/9	TOB期間を延長（7/9→8/3）。
2020/7/31	買付価格の引き上げ（1,500円→1,670円），TOB期間を延長（8/3→8/17）。
	10%強の株式を保有するエフィッシモ・キャピタル・マネージメントが応募に同意。
2020/8/17	ベアリング・プライベート・エクイティ・アジアが買収案を提示。買付価格は2,000円。
2020/8/18	MBO成立。

出所：日経各紙面等より作成。

の資産査定は拒絶されたという。

　矢継ぎ早に買付価格に疑義を持つファンドが登場したことから，会社側が買収価格の引き上げを行うのではないかという思惑が市場に広がり，市場価格は買付価格を上回って推移した。こうしたなか，ベインはニチイの10%超の株式を保有するアクティビスト・ファンドのエフィッシモにTOB価格を引き上げたうえで，TOBへの応募と非公開化されたニチイへの再出資を要請した。実質，ベインはエフィッシモに再出資のための資金と，エグジットによるリターンを提供するという奇策に出ることによって，TOBを成立させようとしたのである。そしてこれが決定打となり，応募期間を3回延長した末に，同年8月18日にTOBは成立した（**表7-5**）[15]。

　本案件は，買付価格について独立して判断する立場にある社外取締役が買い

---

[15] 2021年1月，リムは，買付価格が安すぎるとして，東京地方裁判所に申し立てを行った。詳細については，「ニチイ学館MBOで元株主が提訴」『週刊ダイヤモンド』2021年4月17日号。

手に回るという異例のMBOとなった。もっとも，ベインはバイアウトの名うてであり，一律に排除するのは合理性からみても否定されるべきではないだろう。ただ，利益相反の蓋然性が高いと想定される案件でもあり，一般株主の利益保護の観点からみて，最終的にベインが選定されるにせよ，オークション方式は採用されるべきだったのではなかろうか。

4.4 社外監査役がMBOに反対した案件：廣済堂

　この案件は創業家株主と社外監査役がMBOに反対し，その成立が頓挫したケースである。廣済堂は2019年1月17日にMBOを公表した。買付価格は1株610円で，公表日終値に対し46%のプレミアムを上乗せしたものであった。

　ところが，このMBOに対し，創業家株主と社外監査役が反対表明を行った。前者は負債で会社の財務状態が悪化することを懸念し，後者は十分な資料と時間が提供されていないことを訴えた。関係者に十分な根回しがなされていなかったのである。ここから一般株主の歓心を買うために，会社側は価格の引き上げを行うのではないかとの思惑が広がり，同社の市場価格はTOB価格を上回って推移した。そうしたなか，外部者の介入が発生した。旧村上ファンド系のレノが廣済堂株を買い増し，同年2月に大量保有報告書を提出したのである。介入の理由としては，都内で火葬場を運営する子会社の「東京博善」の価値が価格に反映されていないという点が挙げられている。会社側は買付期間を延長し，買付価格の引き上げ（700円）で巻き返しを図ったが，旧村上ファンド系の南青山不動産による対抗買付け（750円，2019年3月20日）に直面した。会社側はさらなる買付期間の延長で対抗しようとしたが，結局，市場株価が買付価格を上回る状態を覆せず，会社側と旧村上ファンド系のTOBも不成立となった（**表7-6**）。

　監査役，創業者一族による反対で始まった今回の騒動であったが，MBOを契機に市場の注目度が上がり，資産価値への意識が高まった案件でもあった。MBOが投資家と会社側の情報の非対称性を埋め，非公開化をとどまらせた事例ともいえる。

表7-6　廣済堂のMBOをめぐる動き

年月日	イベント
2019/1/17	経営陣がベインキャピタルと組んでMBOを発表。買付価格は610円。
2019/1/18	創業家株主，社外監査役がMBOに反対表明。
2019/2/20	澤田ホールディングスが12.4%保有する筆頭株主となったことが報道。
2019/2/22	レノが大量保有報告書を提出していたことが報道。
2019/2/26	TOB期間を延長（3/1→3/12）。
2019/3/8	買付価格の引き上げ（610円→700円），TOB期間を延長（3/12→3/25）。
2019/3/20	南青山不動産が対抗TOBを公表。買付価格は750円。
2019/3/22	会社側TOBへの応募推奨を撤回。
2019/3/25	TOB期間を延長（3/25→4/8）。
2019/4/9	MBO不成立。
2019/5/22	対抗TOB不成立。
2019/7/3	澤田ホールディングスが保有株式を全株売却する予定であることが報道。

出所：日経各紙面等より作成。

4.5　アクティビストに介入された案件：村上ファンドの復活[16]

　第4章でも確認したように，会社が保有する不動産などの資産価値が反映されていないという理由によってアクティビストが介入することで，会社側がTOB価格の引き上げを行うのではないかとの思惑を誘発し，市場価格がTOB価格を上回り，MBOが不成立に終わる案件が相次いでいる。特に旧村上ファンド系の活動には目を見張るものがあり，村上氏，その親族，関係者，旧村上ファンドの幹部などがそれぞれファンドを設立して活動している。実際，これらファンドの介入で東栄リーファ，サカイオーベなど，MBOを断念する事例

---

[16] MBO案件に対するアクティビスト介入の成果と事例については，川本（2022）で検討されている。

も観察される（両者とも後に再MBOで非公開化）。

　今日，特別委員会のメンバーには，買付価格の決定からTOBのアナウンスの関与まででその役割が終わることはなく，TOB公表後においても，こうしたアクティビストと対峙しなければならない可能性が高まっている[17]。

5　おわりに：特別委員会に求められる役割

　本章では，公正性担保措置の観点から，MBO取引における特別委員会の意義，役割，一般株主の利益に与える影響について検討してきた。さらに，買付価格をめぐって，会社と一般株主が係争状態になった案件について紹介した。

　以上の検討から明らかとなったことの1つは，低い買収プレミアムしか支払えないというエクスキューズとして，特別委員会のメンバーやその措置を充実させるという状況にあるという点である。実際，公正性担保措置と買収プレミアムの関係性をみた検証では，社外取締役の人数が多い案件やMoM条件が設定された案件では，かえってプレミアムは低下する傾向にあることが確認された。買収側はプレミアムの上乗せと，公正性担保措置にかけるコストを両天秤にかけ，案件によっては後者の方が買収コストの節約になると踏んで取引条件を組成している懸念がある。今後，こうした逆の因果関係（プレミアムを多く支払えない可能性 →代わりに公正性担保措置が充実）の蓋然性が高い案件では，交渉権限の付与など，特別委員会の独立性の強化や積極的なマーケット・チェックの採用などの措置が不可欠となってこよう。

　また，近年ではTOB価格について，キャッシュアウトされる株主の目線が，直近の株価水準を基準としたプレミアム水準の高低だけではなく，その企業が保有する資産を考慮した価格にも広がりつつあるという点にも注意する必要がある。実際，第4節で紹介した係争案件やアクティビスト介入案件の多くは，

17　本章は特別委員会のアクティビスト対応を指南するものではないが，この点について解説したものとして，「牙むく株主」『週刊東洋経済』2020年4月18日号の特集が参考となる。

TOB価格がその企業の解散価値（自己資本）を下回る状態であった。よくよく考えると，MBO取引においては，一般株主はキャッシュアウトされてしまうので，非公開後の株主価値向上の恩恵にはあずかれないため，自身の保有株式の買付対象となった案件の解散価値に目を向けるというのは納得できる。これからの特別委員会には，単なるプレミアム水準の高低だけではなく，MBO取引が他のM&A取引と構造を異にすることを十分に理解したうえで，多角的な観点から一般株主の富の確保に注意を払っていく視野を持つことが求められる。

MBO と再上場

1　はじめに：増加傾向にある再上場

　日本において，非公開化型 MBO が登場してから，20年以上経過した。その間，MBO の件数は，2000年代半ばから後半の高まり，そして近年の MBO 案件の復活と，いくつかのサイクルを経ながら推移してきた。もちろん，非公開化されたからといって，これら企業の事後的なステータスは一様であったわけではない。それらのうち多くの案件が非公開企業にとどまる一方で，ある企業は経営陣が取得した株式を他社に売却し，他企業の傘下入りを決断した。また，ある企業では，MBO に参画したバイアウト・ファンドがエグジットを図る際，別のファンドに株式を売却するという「第二次バイアウト」（Secondary Buyouts）という手段が採用された。

　こうした非公開後の MBO 企業のステータスで，もっとも注目を集めるのが「再上場化」である。2003年に再上場を果たしたトーカロにはじまり，直近の2021年9月再上場のシンプレクス・ホールディングスまで，13件を数える（前掲表5-2）。特にこの再上場の傾向は，2015年以降に9件とピッチがあがってきている。MBO というイベントは，それが発生する局面と，ファンドがそれまでのディールの投資回収を試みる局面に差し掛かっているのかもしれない。

　MBO の発生動機に関しては，比較的研究が蓄積されてきている。たとえば，川本（2022）では，支配株主による完全子会社化案件と比較することを通じ，MBO によって非公開化を選択する企業の固有の動機について明らかにしよう

としている。このほか，買収プレミアムの観点から，MBO実施の要因を探った前澤（2008），吉村（2010），井上ほか（2010）なども見逃せない研究である。

それに対し，MBOの成功ケースと捉えられる再上場をテーマとした研究の蓄積はほとんどなされていない。初期のキトーとトーカロのケーススタディを行った胥（2011），杉浦（2009），杉浦（2012）などがあり[1]，ファンドによる資産売却や海外事業の展開支援を通じたいわゆる「業務戦略策定」（operational engineering: Kaplan and Strömberg 2009）が投資先企業のパフォーマンス改善をもたらしたことが報告されているが，体系的にMBO成功のモデルケースが何をもたらしたのかについては，明らかにされてこなかった。

そこで本章では，13ケースと限られるが，これら再上場を果たしたMBO案件がどのような特性を事前に有し，そしていかなる側面でパフォーマンスの向上を実現したのかについて検証する。このような分析を行うことを通じて，今後エグジットが活発化すると予想されるMBOマーケットの選択肢に関する新たな知見が提供可能になろう。

本章の構成は以下のとおりである。第2節では，非公開化後のバリューアップに関する国内外の先行研究の内容について整理したうえで，本章における検証課題を明確にする。第3節では，再上場を果たしたMBO案件の特性が非公開を維持するMBO案件やその他上場企業と異なるのかについて，非公開化公表直前期の経営状態から観察する。第4節では，非公開化前と再上場後のパフォーマンスとガバナンスを2時点で比較し，MBOというイベントが当該企業に何をもたらしたのかについて明らかにする。第5節は，結論と今後の課題にあてられる。

---

1 非公開化後のパフォーマンスのケーススタディについては，ほかに杉浦（2017）などがある。

2　先行研究と分析課題

2.1　米国企業を対象とした研究

　MBO の事後的なパフォーマンスへの影響については，LBO が盛んであった 1980年代の米国企業を対象に研究が蓄積されている。その先駆的な研究として，Kaplan（1989a）が挙げられる。それによると，MBO 後，オペレーティング・インカム，キャッシュフローは実施前に比べて増加傾向にある一方で，資本的支出は減少していることが明らかとされている。この背景として，経営陣の持株比率がバイアウト後に上昇していることから，エージェンシーコストの削減がパフォーマンス向上の要因であると指摘している。

　同様の研究として，Smith（1990）があり，ポスト MBO の事業キャッシュフローが増加している状況を明らかにしている。それに加え，MBO 実施後に運転資本回転率は改善しているのに対し，棚卸資産回転期間，売上債権回転期間は縮減傾向にあることから，MBO による収益改善は，効率性の追求によるものと主張している。同様に，Singh（1990）では，MBO 実施企業は再上場前において，産業平均に比べ，高い成長率と収益性を維持しつつも，棚卸資産と売上債権の回転期間に関する短縮化を実現していることを確認している。ガバナンス構造が経営陣やバイアウト・ファンド関係者に所有権が集約化された構造へと変化していることから，それがパフォーマンス改善に寄与したと推察している。

　バイアウトによるガバナンス構造の変化が事後的なパフォーマンスに与えた影響に特に注目して検証したものとして，Muscarella and Vetsuypens（1990）がある。同研究では，非公開化の期間，財務パフォーマンスは改善しており，それはコントロール企業に比べても有意に高いことを示している。LBO 後の所有構造，および役員構成を確認すると，経営陣の持株比率は顕著に高くなり，かつ非公開化前から再上場までにかけて，彼らがその職にとどまる確率も高い。

すなわちこれら所有構造の集中化を伴うガバナンス構造の変革が，バイアウト後の事業再編行動を促し，パフォーマンスの改善に寄与したと論じている。

総じて，これら1980年代の MBO の効果を検証した研究は，インセンティブ構造や資本構成の変化（役員持株比率や負債依存度の上昇），あるいはファンドを中心としたガバナンス構造の強化が，バイアウト後のパフォーマンス改善に寄与したことを示している。

なお，バイアウトの研究をめぐっては，それが従業員の富を毀損したのかについての検証も論点となっている。これについては見方が分かれており，Amess and Wright（2007）や Goergen et al.（2011）では，非公開化後に賃金や雇用の削減が行われる傾向にあることを確認しているのに対し，上記の Kaplan（1989a），Smith（1990），Singh（1990）では雇用削減がなされたという証拠を見出していない。再上場を果たした日本の MBO 案件の成功要因が，従業員との「信頼の破壊」（breach of trust; Shleifer and Summers 1988）に起因しているかは，以下の実証上の課題となろう。

2.2　日本企業を対象とした研究

日本企業の MBO の事後的なパフォーマンスを検証した分析は，MBO が登場して相対的に期間が経過していないことと，非公開化後の財務情報が制約されることから，それほど多くはないが，近年になっていくつかの研究が公表されている。たとえば，川本（2022）では，帝国データバンクから非公開化後の財務情報を取得し，53件の MBO 案件で分析を行っている。それによると，全体として MBO 実施後のパフォーマンスは改善しているとはいえないものの，ファミリーの持株比率が高い案件やバイアウトを経営陣単独で行う純粋 MBO 案件において，収益性や経営効率の改善があったことを報告している。

また，バイアウト・ファンドの役割について検証したものとして，飯岡（2020）がある。それによると，企業系や外資系ファンドが関与する買収案件では，親会社の保有する人的資源や企業間ネットワークが活用できるため，高い事後的なパフォーマンスをあげる傾向にあることを確認している。

MBO案件が投資家のリターンに与えた影響について分析したものとしては，伊藤・メイズ（2016）が挙げられる。同研究では非公開化前からエグジット（再上場，他社への株式売却など）までの2時点の情報を比較し，MBOは債権者を含む投資家全体，あるいは株主に対してマーケット・インデックスを超過するリターンを提供しており，米国のMBOに劣らない富の創造をもたらしていると主張している。

本研究に問題意識が近い研究としては，野瀬（2022）が存在する。その分析結果によると，バイアウト17件の非公開化前と再上場後のパフォーマンスを比較し，ROEは上昇傾向にあるものの，それは主にレバレッジの利用に起因しており，収益性や経営効率の改善という部分ではバイアウトの効果は弱いと指摘している。

冒頭でも論じたように，これら一連の日本企業を対象とした研究は，MBOや非公開化案件の事後的な情報を可能な限り収集し，バイアウトの効果を確かめようとした，後続研究のフレームワークとなる成果である。あるいは，非公開化前と再上場後の入手が可能なデータを駆使して，コーポレート・ファイナンスの見地から，ファンドによるバリューアップ効果を突き止めようと工夫したものであった。ただし，それらの多くは事後的なパフォーマンスの推移を追跡しようというプリミティブな調査にとどまっており，バイアウトによるガバナンス構造の変革が，いかに企業を再上場に導いたのかを検証したものではなかった。さらにいえば，MBO企業の成功要因を特定しようというものでもない。そこで，こうした先行研究が抱える現状の課題を念頭に，本章では以下の点について検証する。

- *再上場を果たしたMBO案件には，資本構成，所有構造の側面において，いかなる変化があったのか。*
- *そもそも再上場を果たしたMBO案件は，パフォーマンスを向上させているのか（財務パフォーマンス，株価パフォーマンスのどのような指標で改善が観察されるのか）。また，バイアウトによるガバナンス構造の変*

化はパフォーマンス改善をもたらしたのか。
- バイアウト後，企業の設備投資や雇用が削減され，中長期的な投資活動や従業員の富が犠牲になっている傾向はあるのか。

3 再上場企業の事前の特徴

まず，再上場を果たした企業の買収前の特徴についてみていこう。果たして非公開化前の特性は，再上場という経路に影響を与えるのであろうか。ここでは非公開化の動機に関するオーソドックスな仮説で検証してみる。すなわち，①アンダーバリュエーションの解消，②負債の節税効果（タックス・シールド），③フリーキャッシュフローの削減，④インセンティブ・リアライメント，⑤ブロックホルダーによるコントロール強化，⑥上場維持コストの削減，⑦リストラクチャリングの実施，である。これら仮説とそれに対応する変数は前掲表1-1に整理されている。

3.1 データセットと推計モデル

データセットは，2000年から2022年末までに非公開化を公表したMBO案件である。MBO案件はレコフデータ「レコフM&Aデータベース」，財務データは日経メディアマーケティング「NEEDS-FinancialQUEST」，株価データは同「NEEDS株式日次収益率データ」，東洋経済新報社「株価CD-ROM」各年版から取得した。サンプルはデータが取得できたMBO案件134件が対象となる。

推計モデルの被説明変数は，①再上場ダミー1（再上場＝1，それ以外の全上場企業＝0），②非公開維持ダミー（非公開維持＝1，それ以外の全上場企業＝0），③再上場ダミー（再上場＝1，非公開維持＝0）の3種類である。これにより，将来的に再上場を果たした企業の固有の特徴を，上場企業，非公開を維持するMBO企業との比較から明らかにする。説明変数は，上記に掲載

した表 1-1 の諸変数である。推計方法は，①と②はプロビットモデルとポアソンモデルを[2]，③はプロビットモデルを用いた。

3.2 推計結果

基本統計量は**表 8-1**，推計結果は**表 8-2**に要約されている。表 8-2 のコラム(1)と(2)は，再上場を果たした MBO 企業の非公開化直前期と全上場企業とを，コラム(3)と(4)は非上場状態を維持する MBO 企業の非公開化直前期と全上場企業とを，コラム(5)は再上場企業と非公開維持企業の非公開化直前期の特徴を比較したものである[3]。コラム(1)と(2)，コラム(3)と(4)とで，プロビットモデルとポアソンモデルとの間の推計結果に大きな差異はなかったので，以下では前者を中心に報告する。

まず，全上場企業に対しては，コラム(1)の再上場企業もコラム(3)の非公開維持企業も PBR は同様の反応を示しており，非公開化直前決算期の PBR が統計的に有意に負となっている。これは国内外の先行研究と同様の結果である。すなわち，経営者が自社の株価が過小評価されていると感じている案件ほど，MBO を実施するという傾向がある。もっとも，再上場案件と非公開維持案件とを比べた場合，前者は ROA は上回っているものの，PBR は低く，過小評価の程度が大きい（コラム(5)）。MBO 案件の中でも，株主価値改善の潜在的余地が大きな企業ほど再上場を選択している可能性が高い。

フリーキャッシュフローに関しては，LBO による負債調達とその利払いによって，それら余剰資金を削減し，将来的な企業価値の棄損を回避すると予想したが（この場合，フリーキャッシュフロー比率の符号は正となる），非公開

---

[2] サンプルに占める MBO 実施企業の割合が小さいため，①と②についてはポワソン・モデルも併用した。ポワソンの代わりに負の二項回帰モデル（Negative Binomial Regression Model）を用いることも考えられるが，モデル選択の $\alpha = 0$, $\sigma = 0$ と置く尤度比検定が棄却できなかったため，ポワソンの結果を掲載する。

[3] MBO 案件で非公開化直前期以外は，比較対象のその他上場企業のサンプルに含まれる。

表 8-1 基本統計量

パネル A：再上場案件と上場企業

変数	N	平均値	標準偏差	最小値	最大値		N	平均値	標準偏差	最小値	最大値	平均値の差
			再上場案件						上場企業			
PBR	12	1.4428	0.9105	0.3028	3.4569		90,078	1.6946	7.6020	-121.6381	1,672.8830	-0.2518
ROA	12	0.1073	0.0648	0.0140	0.2502		90,078	0.0445	0.0667	-1.9030	0.5786	0.0628 ***
フリーキャッシュフロー比率	12	0.0716	0.1205	0.0000	0.2922		90,078	0.1112	0.1480	0.0000	0.9756	-0.0396
負債比率	12	0.3853	0.1671	0.1465	0.5922		90,078	0.5235	0.2257	0.0003	8.3381	-0.1382 **
安定株主持株比率	12	0.4814	0.2591	0.0883	0.9804		90,078	0.4724	0.2007	0.0000	1.0000	0.0090
外国人持株比率	12	0.1344	0.1203	0.0000	0.3380		90,078	0.0790	0.1068	0.0000	0.9335	0.0554 *
役員持株比率	12	0.0332	0.0594	0.0000	0.1699		90,078	0.0898	0.1391	0.0000	4.6329	-0.0566
総資産（対数値）	12	10.4865	1.0507	9.2366	12.3440		90,078	10.4619	1.6305	5.1985	16.8702	0.0245
企業年齢月数（対数値）	12	6.1268	0.4193	5.2257	6.7069		90,078	6.2148	0.6508	2.7081	7.2710	-0.0879

パネル B：非公開維持案件と上場企業

変数	N	平均値	標準偏差	最小値	最大値		N	平均値	標準偏差	最小値	最大値	平均値の差
			非公開維持案件						上場企業			
PBR	127	0.9859	0.9032	0.1819	8.1185		89,963	1.6956	7.6068	-121.6381	1,672.8830	-0.7097
ROA	127	0.0465	0.0712	-0.2688	0.2502		89,963	0.0445	0.0667	-1.9030	0.5786	0.0020
フリーキャッシュフロー比率	127	0.1978	0.1951	0.0000	0.6203		89,963	0.1111	0.1478	0.0000	0.9756	0.0868 ***
負債比率	127	0.4638	0.2276	0.0806	0.9619		89,963	0.5236	0.2257	0.0003	8.3381	-0.0598 ***
安定株主持株比率	127	0.4335	0.2668	0.0249	0.8557		89,963	0.4724	0.2006	0.0000	1.0000	-0.0389 **
外国人持株比率	127	0.0539	0.0865	0.0000	0.4414		89,963	0.0791	0.1068	0.0000	0.9335	-0.0252 ***
役員持株比率	127	0.1225	0.1349	0.0000	0.6427		89,963	0.0897	0.1391	0.0000	4.6329	0.0328 ***
総資産（対数値）	127	9.7059	1.0211	6.9698	11.7748		89,963	10.4630	1.6309	5.1985	16.8702	-0.7571 ***
企業年齢月数（対数値）	127	5.9663	0.7241	3.8501	7.1476		89,963	6.2151	0.6506	2.7081	7.2710	-0.2488 ***

パネルC：再上場案件と非公開維持案件

変数	再上場案件					非公開維持案件					平均値の差
	N	平均値	標準偏差	最小値	最大値	N	平均値	標準偏差	最小値	最大値	
PBR	12	1.4428	0.9105	0.3028	3.4569	127	0.9859	0.9032	0.1819	8.1185	0.4569 *
ROA	12	0.1073	0.0648	0.0140	0.2502	127	0.0465	0.0712	-0.2688	0.2502	0.0608 ***
フリーキャッシュフロー比率	12	0.0716	0.1205	0.0000	0.2922	127	0.1978	0.1951	0.0000	0.6203	-0.1262 **
負債比率	12	0.3853	0.1671	0.1465	0.5922	127	0.4638	0.2276	0.0806	0.9619	-0.0785
安定株主持株比率	12	0.4814	0.2591	0.0883	0.9804	127	0.4335	0.2668	0.0249	0.8557	0.0479
外国人持株比率	12	0.1344	0.1203	0.0000	0.3380	127	0.0539	0.0865	0.0000	0.4414	0.0805 ***
役員持株比率	12	0.0332	0.0594	0.0000	0.1699	127	0.1225	0.1349	0.0000	0.6427	-0.0893 **
総資産（対数値）	12	10.4865	1.0507	9.2366	12.3440	127	9.7059	1.0211	6.9698	11.7748	0.7806 **
企業年齢月数（対数値）	12	6.1268	0.4193	5.2257	6.7069	127	5.9663	0.7241	3.8501	7.1476	0.1605

注：***，**，*はそれぞれ1%，5%，10%水準で有意であることを表す。

表8-2 再上場案件の非公開化前の特徴

	(1) Probit 再上場 - 上場	(2) Poisson 再上場 - 上場	(3) Frobit 非公開維持 - 上場	(4) Poisson 非公開維持 - 上場	(5) Probit 再上場 - 非公開維持
PBR	-0.0208***	-0.0628***	-0.0183***	-0.0418***	-0.6570*
	(0.0036)	(0.0105)	(0.0031)	(0.0054)	(0.3592)
ROA	3.6406***	11.7391***	0.4538	1.4835	13.9112***
	(1.0675)	(2.7845)	(0.4261)	(1.3068)	(4.5665)
フリーキャッシュフロー比率	-0.4360	-1.7397	0.8840***	2.7631***	-3.2239**
	(0.5508)	(2.1149)	(0.1655)	(0.4915)	(1.5751)
負債比率	-0.5877	-2.3482	0.0063	0.0329	-0.3364
	(0.4486)	(1.6077)	(0.1544)	(0.5028)	(1.0564)
安定株主持株比率	-0.2985	-0.9811	0.0566	0.1192	-0.7539
	(0.5420)	(2.0851)	(0.2342)	(0.8028)	(0.6596)
役員持株比率	-2.6393**	-9.7629**	-0.0767	-0.2946	-6.0355**
	(1.1392)	(4.3762)	(0.2475)	(0.7856)	(2.8656)
外国人持株比率	-0.1262	-0.2639	-0.2072	-0.8114	2.1765
	(0.5619)	(1.8241)	(0.4301)	(1.4260)	(1.9789)
企業年齢月数（対数値）	-0.0304	-0.0850	-0.1352***	-0.4034***	0.0182
	(0.0668)	(0.2482)	(0.0432)	(0.1328)	(0.2564)
総資産（対数値）	-0.0095	-0.0502	-0.0764***	-0.2314***	0.3645
	(0.0574)	(0.2209)	(0.0242)	(0.0781)	(0.2366)
製造業ダミー	0.0011	-0.0738	-0.0432	-0.1260	0.6490
	(0.1580)	(0.6162)	(0.0593)	(0.1924)	(0.4770)
定数項	-2.9795***	-6.3347***	-1.5062***	-2.1352**	-4.6465
	(0.5679)	(1.8297)	(0.2820)	(0.8597)	(3.3391)
Observations	90,090	90,090	90,090	90,090	139
Groups	5,425	5,425	5,425	5,425	
Pseudo R-squared	0.0876		0.0404		0.3660
Log Likelihood	-108.6474	-108.9481	-921.7379	-923.1495	-25.9059
Wald Chi2	80.5715***	125.1366***	118.8745***	160.8933***	24.3642***

注1：上段は係数を，下段は標準誤差を示す。
注2：標準誤差は企業ごとにクラスタリングしたロバストな標準誤差を用いている。
注3：***，**，* はそれぞれ1％，5％，10％水準で有意であることを表す。

化案件との比較では，再上場案件の方は同変数が負の係数を示している（コラム(5)）。再上場案件のすべてがバイアウト・ファンドの参画を受けていることから，それらには外部資金に依存する必要があり，それほど手元流動性に余裕がないという可能性が考えられる。これら案件では，さらなる資金調達を目指して再上場を果たしているとも捉えられる[4]。

最後に，同コラムでは，非公開維持企業に比べ，再上場企業の役員持株比率は低い。オーナー企業の非公開化はファミリーへのコントロールライツの集約化を目的としており（Halpern et al. 1999；Croci and Giudice 2014；川本 2022），それら企業はそもそも再上場を目指さないことが影響していると考えられる。これは先行研究と整合的な結果となっている。

4　再上場化とバリューアップ

4.1　計測方法

では再上場企業はバリューアップを果たしたのであろうか。この点について，再上場企業の非公開化直前期と再上場直後の情報を比較することで検証してみよう[5]。

検討する指標としては，①財務パフォーマンス，②株価パフォーマンス，③その他要因の3つに分ける。

①の財務パフォーマンスとしては，ROAとROEを取り上げる。前者はさらに売上高経常利益率と総資産回転率（売上高／総資産）に分解される。これ

---

[4] Boucly et al.（2011）では，LBO実施後の負債比率は上昇傾向にあり，バイアウトによる資金制約の緩和が売上高や雇用の成長に寄与したことを明らかにしている。これは逆に捉えると，内部資金に制約がある企業が，負債調達を活用するLBOを実施していると捉えられる。

[5] なお，これら再上場化案件はすべてバイアウト・ファンドが関与していることから，この検証はファンドによるバリューアップの効果を観察することにも通じる。

により，仮にパフォーマンスが改善しているならば，収益力の強化か経営効率の改善のいずれに起因するかを特定することができる。一方，後者もデュポンシステムにならい，売上高当期利益率，総資産回転率，財務レバレッジ（負債／総資産）[6]に分解する。最後の財務レバレッジが高い案件は，相対的に負債に依存することによってMBOが実施されていることになる。つまり，レバレッジを効かせることで企業パフォーマンスの向上を目指していると考えられる[7]。

②の株価パフォーマンスは，非公開化前と再上場後のPBR，時価総額，EBITDAマルチプル（＝（時価総額＋純有利子負債）／（営業利益＋減価償却）），名目株主リターン，IRR（内部収益率）によって検証する。なお，名目株主リターンは，Kaplan（1989b）の手法にならい，「（時価総額／買収金額）－1」で計算した。これにより株主が事前の出資に対し，事後的にどの程度のリターンを得たかがわかる。IRRに関しては，投資期間と買収金額，再上場後の時価総額の3つによってラフに算出した。

③は，所有構造（役員持株比率，10大株主集中度），従業員数から構成される。役員持株比率をみることで，経営陣がバイアウトに参画することによるインセンティブ・リアライメントが担保されているかが把握できる。一方，10大株主集中度は，MBOの実施を通じ，特定株主に所有を集中することでエージェンシー問題の解消が企図されているかを確かめることができる（Shleifer and Vishny 1986; 経済産業省 2007; 経済産業省 2019）。また，従業員数については，バイアウト後に雇用が削減され，既存経営陣と従業員間のそれまでの暗黙の契

---

[6] 通常，財務レバレッジは「総資産／純資産」で求められるが，解釈が容易になるよう，このように設定した。

[7] これは投資家への収益の還元がその高さに制約されない資本と，利払いに制約される負債という性質に依存している。投資先企業の高収益の果実は，一定の利払いに充てられた後，残りは株主に帰属する。すなわち，レバレッジを効かせるほど，収益が上昇している間は，株主への得利は拡大し，ROEが向上する。これは「梃子の効果」と呼ばれる。

約が破棄され,「信頼の破壊」が発生しているかを検証するために設定された変数である(Amess and Wright 2007: Goergen et al. 2011)。

データソースは,上記「NEEDS-FinancialQUEST」,同「NEEDS株式日次収益率データ」,各社有価証券報告書である。

4.2 非公開化前と再上場後の比較

再上場を果たした13件の非公開化から再上場後にかけての諸指標の変化の要約は**表8-3**に示される。同表によると,ROAについては非公開化前から再上場後の2時点でむしろ下降しており(平均値で10.75%→8.25%),その構成要素の売上高利益率,総資産回転率のいずれも低下気味である。バイアウトによって,企業全体のパフォーマンスが改善したとはいえない。

もっとも,ROEに関しては,統計的に有意ではないものの,平均値で8.57%から11.07%へと,中央値で7.05%から11.70%へと改善が確認される[8]。ただし,その構成要素である収益性,効率性が非公開化前から再上場後の前後で変化がないのは,ROAと同様である。それに対し,負債比率に顕著な上昇(平均値12.98%→31.92%)がみられる。ROEの改善はレバレッジを効かせたことに起因していると判断できる。これは野瀬(2022)と同様の結果である。日本のMBO案件は,成功ケースでも全体として,収益性,効率性の改善の効果に欠けている状況であると理解できる。

ついで,所有構造については,10大株主集中度が上昇している。両時点で53.63%から63.05%へと変化している。MBOを通じて買収者への所有の集中化がなされている特徴がよく表れている。ただし,役員持株比率は意外にも,両時点で4%程度から2%程度へと小さくなっている。個別案件でみても,両時点で上昇しているのは13案件中7件にとどまる。同比率が減少しているの

---

[8] ROEについて十分な統計的有意性が得られなかった理由として,サンプルサイズが小さいことが考えらえる。このほか,再上場案件は非公開化前の外国人持株比率が高いため(前掲表8-2(1)),従前からモニタリング強度が高く,パフォーマンス改善の余地がそもそも乏しかったという理由も考えられる。

表 8-3 再上場後と非公開

変数	N	平均値	中央値	標準偏差	最小値	最大値
ROA	13	0.0825	0.0720	0.0646	-0.0113	0.1939
売上高利益率（経常利益）	13	-0.0413	0.0980	0.5390	-1.8267	0.1905
総資産回転率	13	0.9179	0.9304	0.7444	0.0062	2.7980
ROE	13	0.1107	0.1170	0.1104	-0.0709	0.2439
売上高利益率（当期利益）	13	-0.0834	0.0575	0.5055	-1.7600	0.1123
PBR	13	3.3379	2.3820	2.7584	0.0213	10.6531
負債比率	13	0.3192	0.2362	0.2574	0.0000	0.8145
役員持株比率	13	0.0226	0.0073	0.0361	0.0000	0.1249
10大株主集中度	13	0.6305	0.6411	0.2588	0.0010	0.9924
投資比率	13	0.0490	0.0172	0.0616	0.0000	0.1733
株主総還元比率	13	0.0142	0.0000	0.0248	0.0000	0.0854
従業員数	13	2,815	744	6,264	48	23,288
時価総額	13	97,748	44,186	144,578	565	533,525
EBITDAマルチプル	12	22.74	11.11	27.95	2.27	99.36
名目リターン	13	1.61	1.64	1.78	-0.65	5.31
IRR	13	18.93	16.26	32.75	-37.91	79.63

注1：***，**，* はそれぞれ1%，5%，10%水準で有意であることを表す。
注2：FOOD & LIFE COMPANIES は EBITDA マルチプルがマイナスのため，計算から取り除いている。

は再上場の際の売り出しで持分が低下したためかもしれない。

　株式リターンについては，PBR，EBITDAマルチプル，名目リターンで顕著な影響が確認される。平均値でみた場合，PBRは1.46倍から3.34倍へ，EBITDAマルチプルは6.91倍から22.74倍へ，名目リターンでは1.61倍を記録している。名目リターンはMBO案件25件を対象としたKaplan（1989a）の42.75倍には劣るものの，MBO20件の同リターンを計測した伊藤・メイズ（2016）の1.60倍とほぼ同規模である。IRRに関しても，平均値20%弱と，やや物足り

化前のパフォーマンス比較

		非公開化直前期				差の検定	
N	平均値	中央値	標準偏差	最小値	最大値	平均値	中央値
13	0.1075	0.0924	0.0685	0.0060	0.2785	-0.0250	-0.0204
13	0.0989	0.0798	0.0830	0.0060	0.3101	-0.1402	0.0182
13	1.3027	1.0187	0.6772	0.4138	2.8934	-0.3848	-0.0883
13	0.0857	0.0705	0.0803	0.0107	0.3062	0.0250	0.0465
13	0.0466	0.0193	0.0472	0.0050	0.1494	-0.1300	0.0382
13	1.4644	1.4971	0.9047	0.3028	3.4569	1.8734 **	0.8849 **
13	0.1298	0.0499	0.1544	0.0000	0.4563	0.1894 **	0.1864 *
13	0.0403	0.0179	0.0550	0.0000	0.1699	-0.0177	-0.0106
13	0.5363	0.5029	0.1976	0.2740	0.9810	0.0942	0.1382 *
13	0.0969	0.0754	0.0506	0.0360	0.1918	-0.0480 ***	-0.0582 **
13	0.0198	0.0097	0.0183	0.0023	0.0515	-0.0057	-0.0097 *
13	2,843	869	3,958	344	13,913	-27	-125
13	53,735	21,238	75,899	3,443	221,840	44,012	22,948
12	6.91	5.85	3.72	3.24	14.26	15.82 *	5.26

ないが合格点である。これらの効果は，財務パフォーマンスの改善がないことから，再上場によりマーケットからの注目が集まったことが要因になっていると考えられる。つまり，再上場によって当該企業に関する情報生産が行われ，投資家・経営者（企業）間の情報の非対称性が緩和されたことで，リターンが上昇したものと解釈できよう。

なお，従業員数に目を向けると，ほとんど両時点で変化はない（平均値で2,843人から2,815人）。再上場化案件において，従業員との間の「信頼の破壊」

が株式リターンの源泉になっているとは判断できない。その一方で，投資比率，株主総還元比率は後退気味である。これは Kaplan (1989) の分析と整合的な内容である。エージェンシー問題の解消によって過剰投資が抑制された，あるいは中長期的な投資が犠牲にされた可能性がある。

5　おわりに：再上場の動機とは

　本章では，再上場を果たした MBO 案件の，再上場の動機とその成果についての検証を行ってきた。その分析結果を要約すると，以下のとおりである。

① 　再上場企業の非公開化前の PBR とフリーキャッシュフロー比率は相対的に低く，アンダーバリュエーションの程度が大きく，手元流動性に余裕がないコンディションにあった。すなわち，再上場を果たした MBO 実施企業は，資本とレバレッジの注入を受けることで，事後的な株主価値向上の潜在性が高かった案件が多かったと考えられる。

② 　再上場案件の所有構造に目を向けると，非公開化前の役員持株比率は低かった。すなわち，ファミリー案件は MBO の目的をコントロールライツの集約としており，非公開の状態を維持する傾向がある。それに対し，それ以外の流動的な所有構造下にある企業はバイアウト・ファンドと組んで MBO を行うことに親和的であり，それ故にエグジットを目指し，その結果として再上場が選択されたものと推察される。

③ 　非公開化前から再上場後のパフォーマンスに目を向けると，ROA は上昇しておらず，総合的な経営効率の改善は観察されなかった。それに対し，ROE は上昇傾向にあったが，それは主にレバレッジの利用に起因しており，総じて収益性，効率性改善の寄与は乏しかった。

④ 　PBR，EBITDA マルチプル，名目リターン，IRR で求めた株主価値は，非公開化前から再上場時において飛躍的に向上した。再上場というイベントを通じ，情報生産が行われ，マーケットとの情報の非対称性が緩和され

た結果だと理解できる。

　本章では，サンプルサイズに大きな制約があったものの，MBO の成功企業と捉えられる再上場案件に関する検証を試みた。ただ，1次的接近の分析であるがために，以下のような課題も残された。それは冒頭の表 1-1 に示されているような，比較的短期間で再上場を果たす企業と，再上場までに時間を要した企業を分けた要因は何なのかという点である。また，それら案件が経営効率の向上を果たしていないとするならば，なぜ再上場が実現できたのであろうか。さらにいえば，再上場後のパフォーマンスはいかなる推移をたどったのか。これらの問いに関しては，海外の企業のケースでは研究の蓄積が進んでおり[9]，それらを参考に，再上場案件のサンプルサイズがさらに確保されるのを待って，取り組まれる必要があろう。

9　たとえば，Holthausscn and Larcker (1996), Cao and Lerner (2009) では再上場後（リバース LBO）のパフォーマンスの推移，それに影響を与える要因についての検証を行っている。

リバースMBO：
MBOの効果はサスティナブルか

1　はじめに：効果の持続性

　近年，かつてMBOによって非公開化した企業の再上場が相次いでいる（第8章）。これら企業は非公開化時において「上場を廃止して，短期的な収益や株価の動向にとらわれず，抜本的な経営改革に取り組む」ことを動機として挙げ，いわば経営者のインセンティブ増強と非公開化による「ショック療法」を目指していた。

　ただ，それら効果は，どこまで持続的なのであろうか。後で詳しく紹介するように，米国では1980年代にLBOを行った企業の再上場（リバースLBO）が相次ぎ，その効果の持続性を検証した研究蓄積も多い。それらの研究結果を大まかにまとめると，再上場後においても財務パフォーマンスの改善は持続し，株式リターンも中期的にポジティブな値を示す傾向にあった。

　では日本の「リバースMBO」案件に関してはどうであろうか。非公開化時と再上場時の2時点を比較し，財務パフォーマンス，株主リターンを検証した研究（野瀬 2022；本書第8章）は存在するが，MBO銘柄の再上場の「その後」を体系的に検証した研究はこれまでに存在しない。

　そこで本章ではMBO11例とサンプルは限られるが，これらの企業の再上場後の財務と株価パフォーマンスの追跡を目的とする。あわせて，再上場後の資本構成や所有構造も合わせて観察し，非公開化時点の性質はいつまでサスティナブルなのかも検証を試みる。以上の検討を通じ，MBOというM&Aのツー

ルの有効性に関する新たな知見を獲得することが可能となろう。

　本章の構成は以下のとおりである。第2節では「リバースLBO」に関する米国を中心とする先行研究の分析目的と結果を紹介し，本章における検証論点を明確にする。第3節では，再上場を果たしたMBO案件のパフォーマンス，資本構成，所有構造に関して，非公開化前，再上場時，再上場後にわけて，定点観測を行い，それら諸変数の推移について追跡する。第4節では再上場後のMBO案件の株価パフォーマンスについて，IPO銘柄の評価に使用される「初期収益率」と，特定イベントの株式市場の評価の際に用いられるBHAR，累積異常リターン（CAR）の観点から検証する。第5節では，MBO実施企業の再上場時の特性と近似させたリファレンスグループとの比較を通じ，リバースMBO案件の財務パフォーマンス改善の有無について検討を加える。第6節は結論と課題にあてられる。

2　先行研究と論点

　再上場後，MBO銘柄のパフォーマンはどのような推移をたどったのであろうか。海外では，LBO銘柄の再上場（リバースLBOと呼ばれる）の成果に関する検証が蓄積されているため，以下それらの結果を紹介しよう。

　まず，理論的には，再上場後もバイアウト・ファンドは株主からすぐに離脱するわけではなく，ブロックホルダーとして残存するため，それらからのモニタリングや，当該ファンドが培った取引ネットワーク，人的資源の提供を投資対象企業は引き続き受けることができる。また，ファンドはマーケットからの評価をうけるので，レピュテーションを維持するために経営改善に努めるインセンティブがある（Cao and Lerner 2009）。この場合，再上場後，MBO銘柄には良好なパフォーマンスが観察されるであろう。本章ではこれを「保証効果」と呼ぶ。

　その一方で，ファンドにはコンサルティング・フィーなどを課し，当該企業の利益を吸収するインセンティブもある。ブロックホルダーであるファンドと

少数株主との利害が対立していることになり，この場合，財務パフォーマンス，そして当該銘柄のマーケットからの評価も低迷するであろう。本章ではこれを「搾取効果」と呼ぼう。

こうした仮説を含むLBO銘柄の再上場後の成果を検証した先駆的な研究として，Muscarella and Vetsuypens（1990）がある。同研究では，リバースLBO企業は，ランダムに選択されたリファレンスグループを上回る事業利益率を上げており，それは生産コストの削減や，LBO前よりも上昇した経営陣の持分の上昇やストックオプションの付与に代表されるインセンティブプランの提供を背景とする経営陣のインセンティブの強化に起因していると論じている。同様に，Holthusen and Larcker（1996）も，1980年代米国で行われたリバースLBO90件をサンプルとして，再上場後，3年間は産業平均を上回る事業利益率を上げていることを明らかにしている[1]。

それに対し，Degeorge and Zeckhauser（1993）は1980年代米国の62件のリバースLBOを対象として，それら企業はパフォーマンスが良好なタイミングを見計らって再上場を果たしているため，規模，業種で近似させたリファレンスグループを上回る事業利益率を再上場前にはあげているものの，再上場後にはリファレンスグループよりもパフォーマンスが下回ることを報告している。これを同研究ではLBOによって過剰債務を負ったことで，投資活動が低迷していることが原因だとしている（いわゆる"debt overhang"）。

一方，リバースLBO企業の株価パフォーマンスに関しては，前述のCao and Lerner（2009）において，マーケット・インデックスを若干上回るパフォーマンスが実現されていることが明らかにされている。また，Mian and Rosenfeld（1993）では1980年代の97件のリバースLBOを取り上げ，そのうち4割の企業が再上場後に買収され，結果ポジティブな異常収益率が発生したことを観察している。この点については，彼らはM&Aというイベントを通じ，

---

1 ただし，同研究では4年目以降，産業平均を上回る事業パフォーマンスの効果は消失しており，中長期的に良好なパフォーマンスが維持されないことも報告している。

流動性が上がり株主のプレミアム獲得につながったとしている。

　冒頭でも論じたように，日本企業に関しては，再上場後のパフォーマンスを対象とした実証研究はこれまでに存在しない。関連する研究としては，野瀬（2022）があり，2021年までにバイアウト・ファンドが関与した17件を対象とし，非公開化時と再上場時のパフォーマンスを比較している。それによると，再上場案件のROEは非公開化時と再上場時の間に上昇しているが，それは収益率や効率性の改善によるバリューアップに基づくものではなく，レバレッジを効かせることによる資本構成の変化が背景だと主張している。

　また，本書第8章も同様に，MBO案件13件を対象に検証を行い，MBO後から再上場時にかけてのROAの改善を見出しえていない。ただし，PBR，EBITDAマルチプル，名目リターン，IRRで求めた株主価値は，非公開化前から再上場時において向上していることを報告しており，それは再上場というイベントを通じて情報生産が行われ，マーケットとの情報の非対称性が緩和された結果だと解釈している。

　以上のような国内外の研究動向を踏まえ，本章では再上場を果たしたMBO案件に関し，以下のような課題について検証する。

- *再上場後，MBO案件の経営者の持株比率や負債比率などの資本構成はどのような推移をたどったのか。*
- *再上場後の財務パフォーマンスはいかなるものであったのか。*
- *再上場によって投資家はリターンを享受し，それは持続的なものであったのか。*

3　資本構成，所有構造，ガバナンス構造

3.1　データセット

　本節では本格的な分析を行う前提として，非公開化前から再上場後にかけての MBO 銘柄の資本構成，所有構造の推移について確認していく。サンプルは以下で挙げるデータが取得可能で，2022年末までに再上場を果たした非公開化型 MBO11件であり，レコフデータ「レコフ M&A データベース」より特定した[2]。財務データは日経メディアマーケティング「NEEDS-FinancialQUEST」から，株価データは同「NEEDS 株式日次収益率データ」，東洋経済新報社「株価 CD-ROM」より取得した。

3.2　諸指標の推移

　諸変数の推移を見たものが**表 9 – 1** である。分析時点は，非公開化直前期（－1期），再上場直後（＋1期），3年後（＋3期）とし，これら3時点の推移を追う。まず，パフォーマンス変数からみていくと，ROA と ROE の2つについては非公開化前から再上場後にかけて変化がみられない。その一方で，PBR に顕著な改善が観察される。具体的には，－1期には1.15倍であったものが，＋1期には3.83倍，＋3期には3.64倍と高水準を維持している。－1期からの差もそれぞれ統計的に有意である。再上場というイベントを通して，マーケットに対する情報生産が行われ，アンダーバリュエーションが解消したものとみられる。

　ついで，資本構成に着目すると，統計的有意性には乏しいものの，やはり負債比率の上昇が観察される。－1期には39.60％であったものが，＋1期には

---

[2] 特に再上場後の財務パフォーマンスの分析についてはデータ取得が制限されることにより，これよりサンプルサイズは減少する。

表 9-1 パフォーマンス，資本構成，

変数	①非公開化1期前 (N = 8) 平均値	標準偏差	最小値	最大値	②再上場1期後 (N = 8) 平均値	標準偏差	最小値	最大値
ROA	0.0861	0.0490	0.0140	0.1442	0.0944	0.0777	-0.0113	0.1939
ROE	0.0663	0.0423	0.0150	0.1554	0.1090	0.1230	-0.0709	0.2439
総資産回転率	1.3775	0.8706	0.4174	2.9863	0.9337	0.8396	0.0062	2.7482
売上高利益率	0.0773	0.0581	0.0139	0.1746	-0.1285	0.6884	-1.8267	0.1905
PBR	1.1550	0.6776	0.3028	2.3700	3.8306	2.9872	1.2746	10.6531
時価総額	48,843	77,299	4,131	221,840	69,472	72,050	18,594	234,798
負債比率	0.3960	0.1889	0.1465	0.5922	0.5928	0.1587	0.3919	0.8415
総還元比率	0.0065	0.0080	0.0000	0.0171	0.0055	0.0102	0.0000	0.0232
海外売上高比率	0.0998	0.1876	0.0000	0.4725	0.0846	0.1913	0.0000	0.5438
外国人持株比率	0.0745	0.0918	0.0000	0.2177	0.3838	0.2510	0.0963	0.7766
10大株主集中度	0.6451	0.2655	0.2740	0.9845	0.6530	0.1106	0.4566	0.7931
役員持株比率	0.0246	0.0505	0.0000	0.1464	0.0381	0.0413	0.0000	0.1249
従業員数	3,195	4,720	361	13,913	3,974	8,107	48	23,747
ファンド持株比率	0.0000	0.0000	0.0000	0.0000	0.3393	0.1931	0.0870	0.6500
社外取締役比率	0.1601	0.1712	0.0000	0.4286	0.4003	0.1432	0.1000	0.5714

注1：総還元比率 =（配当 + 自社株取得支出）/ 売上高。
注2：再上場3期後までデータ取得可能なサンプルで分析を行っている。
注3：***，**，* はそれぞれ1%，5%，10%水準で有意であることを表す。

59.28%にまで上昇している。MBOがLBOの一形態であることの特徴がよく表れている。また，+3期でも55.72%と水準を維持している。時間の経過とともに負債依存度が低下するという結果となっており，これはMuscarella and Vetsuypens（1990）の分析結果と異なる結果である。

所有構造に目を移すと外国人投資家の持株比率が飛躍的に上昇している。−1期には7.45%に過ぎなかったものが，+1期には38.38%，+3期に34.91%となっている。これも−1期との差はそれぞれ有意である。外資系ファンドがバイアウトに参画したため，あるいは再上場銘柄ということで国外投資家からの注目を集めたためだと推測される。実際，ファンドの持分の変化を追ってみると，もちろん−1期には株式保有が観察されなかったものが，+1期には

ガバナンス構造の推移

| ③再上場3期後 (N = 7) |||| 平均値の差の検定 ||
平均値	標準偏差	最小値	最大値	② - ①	③ - ①
0.0886	0.0802	0.0183	0.2565	0.0084	0.0025
0.1236	0.0928	0.0080	0.2526	0.0427	0.0573
0.9058	0.5022	0.1729	1.8396	-0.4437	-0.4717
0.1151	0.0872	0.0197	0.2582	-0.2059	0.0378
3.6370	2.7890	0.4660	8.4187	2.6756 **	2.4820 **
93,592	101,039	5,616	300,824	20,629	44,748
0.5572	0.1654	0.3748	0.7347	0.1967 **	0.1612
0.0204	0.0305	0.0000	0.0799	-0.0010	0.0139
0.1127	0.2348	0.0000	0.6273	-0.0153	0.0128
0.3491	0.2003	0.0883	0.6619	0.3093 ***	0.2746 ***
0.5573	0.1408	0.4206	0.8083	0.0079	-0.0879
0.0327	0.0362	0.0003	0.1034	0.0134	0.0081
4,365	9,546	457	25,996	779	1,170
0.1458	0.1665	0.0158	0.4122	0.3393 ***	0.1458 **
0.4250	0.1570	0.1111	0.6000	0.2402 ***	0.2649 ***

33.93%と当該企業の支配株主であることがわかる。ただし，+3期には，14.58%にまで後退しており，所有株式を徐々に売却し，ファンドがエグジットを図っている様子が見て取れる。

　最後に，ガバナンス構造を取締役会における社外取締役比率で確認しておくと，-1期には16.01%にあったものが，+1期には40.03%，+3期には42.50%と着実に強化されている。アベノミクスに代表されるコーポレート・ガバナンス改革の気運があったとはいえ，MBO銘柄の取締役会は，バイアウトを契機に業務執行を中心としたものから，モニタリングを中心としたものへと変貌を遂げたと判断できる。

4 　株式リターン

4.1　初期収益率

　再上場というイベントは株主の富の創造につながったのであろうか。本節では，公開時の「初期収益率」と，公開後240日後までのBHARとCARでの側面から観察していこう。

　まず，初期収益率は「(公開後初値－公募価格) / 公募価格」で算出できる。当該銘柄について魅力が乏しく，公募価格を下げないと投資家からの需要が十分に喚起できない場合，初期収益率は高くなる。逆に，当該銘柄について市場からの注目度が高かったり，将来的な成長性が期待できる場合，この指標は低くなる。後者の現象は「IPOアンダープライシング」と呼ばれる。残存するブロックホルダーであるバイアウト・ファンドが高いコンサルティング・フィーなどを設定し，当該企業から利益を搾取するという懸念をマーケットが抱く場合，公募価格を引き下げないと売り出し株式をさばけないことになるので，初期収益率は高くなると想定される。逆に，ファンドからのモニタリングや経営支援が継続して期待できる場合，相対的に高い公募価格を設定可能となり，同指標は低くなると予想される。すなわち，初期収益率の高低でマーケットがファンドの継続関与を「搾取」の懸念があると評価しているのか，当該銘柄の品質に関する「保証効果」があると評価しているのかが推測できる。

　再上場銘柄の初期収益率を求めた結果は**表9-2**のとおりである。25.8%を記録しているウィングアーク1stホールディングスから，－18.5%のキトーまで幅は広いが，15銘柄を平均すると1.3%であり，初期収益率はほぼフラットである。初期収益率の観点からは，ファンドの機能として「搾取効果」と「保証効果」のいずれが支配的であるかは判断できない。

第9章 リバースMBO | 213

表9-2 再上場銘柄の初期収益率

銘柄名	市場	公募価格	初値	初期収益率(%)	上場日
トーカロ	東2	2,000	2,300	15.0	2003/12/19
キトー	東1	400,000	326,000	-18.5	2007/8/9
チムニー	東2	1,000	945	-5.5	2012/12/14
すかいらーく	東1	1,200	1,200	0.0	2014/10/9
ツバキ・ナカシマ	東1	1,550	1,620	4.5	2015/12/16
ソラスト	東1	1,300	1,222	-6.0	2016/6/29
マクロミル	東1	1,950	1,867	-4.3	2017/3/22
オークネット	東1	1,100	1,300	18.2	2017/3/29
スシローグローバルホールディングス	東1	3,600	3,430	-4.7	2017/3/30
ワールド	東1	2,900	2,755	-5.0	2018/9/28
ローランド	東1	3,100	2,954	-4.7	2020/12/16
ウイングアーク1st	東1	1,590	2,000	25.8	2021/3/16
シンプレクス・ホールディングス	東1	1,620	1,660	2.5	2021/9/22

出所：日経メディアマーケティング「NEEDS株式日次収益率データ」，プロネクサス「eol」より作成。

4.2 BHAR と CAR

ついで，再上場銘柄がマーケット・インデックスよりも長期間にわたって高いリターンを維持する傾向があるのかをチェックするため，ここでは同銘柄についてBHARとCARをそれぞれ以下の式で算出した。

前者については，(1)式のような市場調整モデルによる累積異常リターンを採用する[3]。R_{it} は銘柄 i の t 日における株式リターン（$(P_{it}-P_{it-1})/P_{it-1}$）を表し（$P$ は終値），$E(R_{it})$ は同日のTOPIXのリターンを表す。そして，各日の R_{it} から $E(R_{it})$ を引いて，異常リターン AR を算出する。これを累積していったものが CAR である。さらに，これら AR，CAR については，対象案件の平均を取ったものをAAR（Average Abnormal Return）とACAR（Average Cumulative Abnormal Return）とする。なお，ACARの累積期間（イベント

ウィンドウ）については，再上場後240日間（およそ1年）をみていく。

$$CAR_{it} = \sum_{t=1}^{T}(R_{it} - E(R_{it})) = \sum_{t=1}^{T} AR_{it} \quad (1)$$

一方，BHAR に関しても再上場後1日後から240日後[4]までのリターンを，(2)式で測定する。同式で表現されているように，各銘柄のリターンから期待リターンに相当する TOPIX リターンを差し引くことで，実際の投資によって得られるリターンを求める。同指標は，CAR のような特定銘柄を反復売買をした場合のリターンとは異なり，再上場銘柄を継続保有した場合の，マーケット全体の株価動向も考慮した場合のリターンとなる。

$$BHAR_{it} = \prod_{t=1}^{T}(1+R_{it}) - \prod_{t=1}^{T}(1+E(R_{it})) \quad (2)$$

結果は，**図9-1**のとおりである。CAR と BHAR ともに，再上場時に急騰した後，反落し，前者は0から2%程度で推移しているが，後者は90日後から再び上昇に転じ，240日時点で15%超を記録している。BHAR は30日後，60日後，120後の平均値はゼロと異ならず非有意であるが，240日後の8.85%は10%水準であるもののその値はゼロと異なる（**表9-3**）。MBO 銘柄の再上場というイベントは，短中長期的に保有株主にリターンをもたらしたと評価できよう。

---

3 イベントスタディの別手法として，イベント発生前の個別銘柄のリターンとマーケットリターンの回帰モデルからイベント発生後の個別銘柄の期待リターンを計算し，それと実現したリターンとの乖離を計算し，異常リターンを求める方法がある（市場モデル）。しかし，本章のケースでは，アクティビストの介入案件が，短期間に連続して発生しているため，ある銘柄の期待リターンを算出する際に他の銘柄のイベントが干渉してしまうという問題がある。そこでイベント日近辺の個別銘柄とマーケットのリターンのみで計測可能な市場調整モデルを本章では用いることにした。なお，市場調整モデルと市場モデルの間にはほとんど結果に差異はないことが知られている（Sirower 1997）。

4 その後の非公開化によって480日間のリターンが得られない銘柄は（2022年末までに480日間が計測できなかった場合など），取得できた日数までで算出する。なお，終値データとして，配当込の値を利用するのが望ましいが，データ取得の制約のため，今回は見送った。

図9-1 再上場後のBHARとCAR

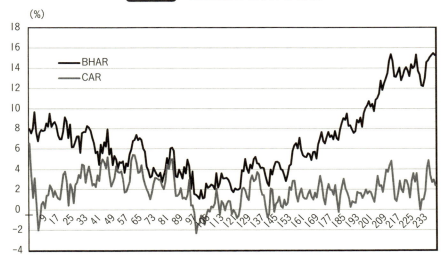

表9-3 再上場後の株価パフォーマンス

パネルA：BHAR

期間	Obs	平均値 (%)	t値	中央値 (%)	z値
30日後	11	7.24	1.08	2.72	1.25
60日後	11	5.46	0.82	2.43	1.29
120日後	11	1.93	0.35	1.27	0.53
240日後	10	15.26	1.74	8.85	1.89 *

パネルB：CAR

期間	Obs	平均値 (%)	t値	中央値 (%)	z値
30日後	11	3.47	0.93	-0.65	0.27
60日後	11	2.80	0.85	0.07	0.09
120日後	11	-0.43	-0.52	-0.93	-0.98
240日後	10	2.38	0.90	-0.34	0.15

注：アスタリスク（*）は平均値あるいは中央値が0である帰無仮説を10%水準で棄却することを表す。

表9-4　リバースMBO企業と

Variable	① リバースMBO企業（N=11）			
	Mean	Std. dev.	Min	Max
ROA	0.0924	0.0688	0.0278	0.2506
ROE	0.1503	0.0841	0.0355	0.2672
PBR	4.5261	3.8303	0.6269	13.4389
負債比率	0.6140	0.1433	0.3919	0.8415
総還元比率	0.0040	0.0089	0.0000	0.0232
役員持株比率	0.0284	0.0384	0.0000	0.1249
外国人持株比率	0.3793	0.2329	0.0963	0.7766
10大株主集中度	0.6503	0.0933	0.4566	0.7931
従業員数	3,043	6,970	48	23,747
海外売上高比率	0.0615	0.1649	0.0000	0.5438
時価総額	77,168	62,972	18,594	234,798
総資産	72,426	79,857	13,706	278,270

注1：総還元比率＝（配当＋自社株取得支出）／売上高。
注2：***，**，* はそれぞれ1％，5％，10％水準で有意であることを表す。

5　再上場とパフォーマンス

　最後に，再上場後の財務を中心とするパフォーマンスの推移に目を移そう。仮に，バイアウト・ファンドが株主として引き続き残ることで，それらからのモニタリングや，人材支援，あるいはファンドが過去に培った企業ネットワークを引き続き利用できるのならば，再上場後においても財務パフォーマンスの改善が期待できる。また，株主目線での財務政策の維持，そしてファンドによって経営再建し，再上場を果たしたというマーケットに対する情報生産効果が継続するのならば，株価パフォーマンスも高い水準での維持が期待できるであろう。ここでは再上場後3年間平均のROA，ROE，PBRでこれら効果を検証したい。

リファレンスグループの比較

| ②リファレンスグループ (N=53) |||| 平均値の差の検定 |
Mean	Std. dev.	Min	Max	
0.0645	0.0675	-0.0816	0.3642	0.0280
0.1032	0.4394	-0.6995	3.0129	0.0471
1.6089	1.5119	-1.9672	7.6675	2.9172 ***
0.4746	0.1880	0.1520	0.8257	0.1394 **
0.0212	0.0619	0.0000	0.3208	-0.0173
0.1155	0.1486	0.0002	0.5530	-0.0871 *
0.1468	0.1464	0.0000	0.5777	0.2324 ***
0.5376	0.1732	0.1388	0.8283	0.1127 **
1,752	2,318	44	9,652	1,290
0.1146	0.2335	0.0000	0.9678	-0.0531
72,577	99,901	2,680	468,579	4,591
75,202	80,335	13,736	303,202	-2,776

　再上場企業と比較するサンプルは，それら案件と同業種（日経中分類）で経営規模（総資産）が近似する企業5社[5]をそれぞれリファレンスとして設定した[6]。

　これらを比較した結果は**表9-4**にまとめられている。再上場サンプルとリファレンスグループとのROAの差は2.80%，ROEは4.71%と前者が高いものの，

---

[5] データの制約等により，リファレンスが5社を取得できない場合，取得できる企業までをリファレンスに含めた。

[6] より厳密には，リファレンスグループには，再上場の確率が実際に再上場を果たした企業の確率と近似している企業を傾向スコア・マッチング法（propensity matching method）等で抽出し，それらと再上場サンプルを比較することが望ましい。ただし，非公開化前の財務情報等を体系的に取得することは困難であるので，ここではその手法を見送った。

表9-5　再上場後のパフォーマンスに与える効果

	(1) ROA	(2) ROE	(3) PBR
再上場ダミー	0.0510	-0.0163	2.3059
	(1.33)	(-0.12)	(1.97) *
役員持株比率	0.1432	0.6458	-0.4807
	(1.47)	(1.22)	(-0.26)
外国人持株比率	0.0231	0.2200	1.9553
	(0.37)	(0.94)	(1.10)
10大株主集中度	0.0447	0.1472	-1.7539
	(0.86)	(1.18)	(-1.14)
負債比率	-0.1488	0.3671	2.3166
	(-3.08)***	(0.76)	(1.39)
総資産対数値	0.0048	-0.0411	-0.2581
	(0.38)	(-0.63)	(-0.72)
製造業ダミー	-0.0122	-0.0304	-1.6007
	(-0.71)	(-0.54)	(-3.36) ***
_cons	0.0433	0.1980	4.5778
	(0.34)	(0.40)	(1.22)
N	62	62	62
Adj-R-squared	0.2015	-0.0262	0.3210

注1：上段は係数，下段は不均一分散に頑健な標準誤差で測ったt値を示す。
注2：***，**，* はそれぞれ1%，5%，10%水準で有意であることを表す。

サンプルサイズが小さいことが災いしてか，統計的有意性は乏しい。その一方で，PBRは再上場サンプルが4.53倍，リファレンスが1.61倍と2.92倍上回り，その平均値の差は1％水準で有意となっている。

　もっとも，この差は，企業規模や資本構成，産業属性の差を他の要因でコントロールしていないプリミティブな結果にとどまる。そこで，これらパフォーマンス変数を被説明変数として，再上場ダミーのほかに，所有構造（役員持株比率，外国人持株比率，10大株主集中度），負債比率，総資産対数値，製造業

ダミーを説明変数として追加した推計（OLS）を試みた。その結果，再上場ダミーは，ROA，ROE に対しては非有意であるが，PBR に対しては10%水準ながら正に有意となっている（**表9-5**）。ファンドによる株主重視の財務政策の継続，そのモニタリングの継続，あるいはマーケットからの注目が持続（または企業とマーケットの情報の非対称性が緩和）しており，「保証効果」の方が支配的だと理解できる。ここでも，再上場は株主価値を引き上げたと判断してよかろう。

6 おわりに：株価パフォーマンスの顕著な改善

　本章では，再上場後の MBO 案件に関する財務や株価パフォーマンスについての検証を行った。分析の結果，以下のことが明らかになった。

　第1に，財務パフォーマンスについては ROA，ROE のいずれにおいても改善は観察されなかった。ただ，これは自然な結果である。そもそも MBO 企業群は非公開化する段階において，他の企業よりも財務パフォーマンスは劣っていないからである（川本 2022）。経営改善を行うベクトルが別にあるという点において，非上場時，そして非上場後においてそれの改善が見られないという点に違和感はないとも思われる。

　第2に，その一方で，株価パフォーマンスに関しては，目覚ましい上昇が観察された。CAR，そして BHAR で測った超過リターンは再上場後1年，あるいは3年間にわたってポジティブな効果を示した。上述のように財務パフォーマンスは相対的に劣らないものの，そもそもこれら非公開化時において企業群は深刻なアンダーバリュエーションに陥っており，企業価値についてマーケットとの間に深刻な情報の非対称性が存在していた。再上場というイベントを通じ，当該銘柄に関する情報生産が行われ，アンダーバリュエーションが解消したものとみられる。

　第3に，当該企業の資本構成と所有構造に目を向けると，再上場後においても，負債比率は高く，ファンドがブロックホルダーとして残存しており，依然

非公開化時の企業特性を色濃く残していた。ただ，当該企業にとっては，ファンドが大株主として存在することは，強いモニタリングが与えられ，経営支援の提供を受けられるということを意味する。それは「保証効果」となって，上記の超過リターンの根拠になったと推察される。

　もっとも，ファンドの持分は再上場後3年になると大きく減少し，非公開化企業の特性が弱まり「平均に回帰」する兆しもみられた。リバースMBOの効果が中長期を超えてどこまでサスティナブルであるかは，今後よりサンプルの拡充をまって再検証されるべき課題であろう。

　また，今回は再上場のイベントについてMBO案件に限定したものであった。ただし，日本には私的整理に入った企業が上場廃止期間中に再建し，再上場を果たしたケースや，経営危機に陥った子会社がいったん親会社の下で改革に取り組み，再上場を果たしたケースも存在する。これらケースとリバースMBOとの差異はどのようなものであろうか。再上場案件を類型化し，それら企業の非公開化の動機，非公開期間中における経営改革の取り組み，そして再上場後のパフォーマンスの差異について検証してみるのも，興味深い課題であろう。

結論と展望

1 はじめに：何が明らかとなったのか

　本書では，MBO の経済的機能について，最新のデータセットと分析手法を用いて，さまざまな角度から検証を行ってきた。具体的には，MBO の動機，経営者属性がバイアウトの実施と非公開化後のステータスに与える影響，上場廃止後のバリューアップの有無，MBO をはじめとするキャッシュアウト法制の変遷，公正性担保措置と少数株主の富の関係性，アクティビスト介入の評価などの諸点から，近年の MBO の動向について探ってきた。

　本章では，これらの分析結果の整理と，それらから得られる今後の MBO マーケットに対するインプリケーションについて提示する。

2 MBO の動機

　第 2 章では，非公開化型 MBO の決定要因について，最新のデータセットを用いて検証した。分析の結果からは第 1 に，アンダーバリュエーションの解消やフリーキャッシュフローの削減が，株式非公開化の動機になっていることも示された。そして，以上のような非公開化を促す要因は，2010 年代半ば以降においてより明確となっていることがわかった。第 2 に，MBO へのバイアウト・ファンド関与の分析では，ファンドは役員持株比率が低い一方で，外国人持株比率，あるいは出来高やボラティリティが高い流動性に富む企業と組んで

MBOを実施しており，オーナー企業は投資対象に入らないという傾向があることが確認された。第3に，ファミリー主導型MBOの決定要因についても検証を行ったところ，時価総額が小さく，それらは小規模案件で発生していることが示された。

続く**第3章**では，公開買付届出書のテキストデータを解析することで，株式非公開の動機，少数株主の富への影響について検証した。その分析結果によると，MBO案件と支配株主による完全子会社化案件とも，非公開化を通じ，上場維持コストの削減をしようとしていることがわかった。そのうえで，MBO案件では，抜本的なリストラクチャリングを実施することを志向しているのに対し，完全子会社化案件では，親会社やグループ企業との連携を深め，グループ全体の企業価値向上を目指していることが明らかとなった。また，バイアウト・ファンド関与案件では，「コスト」や「抜本」という単語の記載を避ける傾向にあった。さらに，買収プレミアムの検証では，「コスト」という単語がその水準を引き上げていることが示された。

東京証券取引所やマーケットからのPBRの改善要請を受け，過小規模に起因する投資家との情報の非対称性，さらにはそれを原因とする当該企業のアンダーバリュエーションの顕在化は，経営者にとってより悩ましい問題となるであろう。また，2つのコードに代表されるガバナンス強化等の上場維持コストの増加は，今後も続く見込みである。それら事象はMBOによる非公開化のニーズを今後も刺激し続けるであろう。

なお，本書では，MBO実施企業の経営者属性が，非公開化の形態，およびエグジットの経路に与える影響についての検証も行った（**第5章**）。それによると，第1に，創業者とその一族を含めた買収案件がMBO全体の6割を超え，ファミリーという支配株主によるバイアウトが中心であることが明らかにされた。第2に，ファミリー企業はファンドと共同しての買収を選択しないとの結果が得られた。また，在職年数の短い経営者は，MBOに踏み切る確率が高いことがわかった。第3に，ファンドが関与した案件のエグジット確率は高い。その一方で，創業者一族経営などのファミリー企業案件では，エグジット形態

としてM&Aよりも再上場を選択する確率が高いことが示された。

　以上の検証結果からわかることは，MBOの動機やストラクチャー（ファンド関与の有無など）と非公開化後のステータス（再上場か非上場維持か，など）は密接に関連しているという点である。今後はこれらメカニズム，さらにはそれが事後的なパフォーマンスにいかなる影響を与えるのかに関する解明が必要となってこよう。

3　バリューアップを実現したのか

　この問いについては，単線的にMBOがバリューアップをもたらすとはいえないというのが回答になるであろう。たとえば，川本（2022）では傾向スコア・マッチング法を用いて，MBO実施企業と特性が近似する非実施企業とを比較することで，非公開化後の財務パフォーマンスを追跡している。その結果，純粋MBOや負債依存度が高まった案件では，買収後に資産の削減が観察され，総資産回転率の上昇がみられた。ただし，売上高利益率（＝収益力）は変わらず，トータルとしてのパフォーマンス（ROA）に影響を与えていないことがわかった。

　もっとも，再上場を果たした企業に限れば（**第8章**），非公開化前から再上場後にかけて株価パフォーマンス（PBR）は改善している。これら案件では，再上場というイベントを通じ，買い手と投資家の間の当該企業に関する情報の非対称性が緩和され，アンダーバリュエーションが解消したと推察される。バイアウトは当該企業に関する情報を生産し，マーケットにポジティブな影響を与えたのである。

　ところで，本書では，再上場後のMBO案件に関する財務や株価パフォーマンスについての検証も行っている（**第9章**）。これら案件では，財務パフォーマンスに関してはROA，ROEともに改善は観察されなかった。その一方で，株価パフォーマンスに関しては，目覚ましい上昇が観察された。CAR，そしてBHARで測った超過リターンは再上場後2年から3年にわたってポジティ

ブな効果を示した。そして，当該企業の資本構成と所有構造に目を向けると，再上場後においても，負債比率は高く，ファンドがブロックホルダーとして残存しており，依然非公開化時の企業特性を色濃く残していた。すなわち，当該企業にとっては，ファンドが大株主として存在することは，強いモニタリングが与えられ，経営支援の提供を受けるということを意味する。それは「保証効果」となって，上記の超過リターンの源泉になったと推察される。

4　キャッシュアウト法制への示唆

　2014年の会社法改正では，株式併合制度の少数株主保護の側面における改善と売渡請求制度の導入がなされた。キャッシュアウトに特化した少数株主締め出しに関する明確なルールが提供されたのである。特に売渡請求制度は，少数株主を迅速にスクイーズアウトすることで，TOBに応じず残存した少数株主を不安定な地位に置かないというメリットがある。**第6章**では，これら改正がその意図（＝機動的なキャッシュアウト）を達成しているのか，それは少数株主の富にいかなる影響を与えているのかに関して分析を行っている。

　以上の分析結果を要約するとともに，今後のキャッシュアウト法制とバイアウトの実務に対するインプリケーションを示すと，以下のとおりとなる。現在の法制度では，買収の第1段階となる公開買付けによって，買収者が議決権比率を取得した状況では，売渡請求か，略式合併または略式株式交換によって，株主総会の決議を要せずに，キャッシュアウトが実行できる[1]。その一方で，第1段階の公開買付けで買収者が取得した議決権の保有割合が9割に満たない場合には，株式併合によってキャッシュアウトを実行しなければならず，株主総会の特別決議と株式の端数の金銭処理手続（会社法235条）も必要となることから，時間を必要とすることが指摘されている（笠原 2022：44）。それぞれ

1　現状では，前掲図6-3が示すように，90％以上の議決権比率を取得した買収者によるキャッシュアウトは売渡請求によって実行されている。

のスキームを利用したキャッシュアウトのタイムラインについて，第6章第3節で示した結果を整理したものが**図終-1**となる。

　同図の結果が示しているように，公開買付開始からキャッシュアウトが完了するまでの日数については，売渡請求の事案が，平均95.4日であり，株式併合の事案の平均143.5日を大幅に下回っている。このことから，株主総会決議などの手続を省略することが，キャッシュアウトの日程を短縮する効果としては顕著であるといえるだろう。日数短縮には，対象会社株主への強圧性を緩和させる効果が期待できることから，株主総会を省略できるキャッシュアウトの実行に必要となる議決権保有比率を，現行の90%以上から3分の2以上へ引き下げる立法が検討されている（笠原2022：45-46）。

　キャッシュアウトの日数短縮によって，対象会社株主への強圧性が緩和されるのであれば，それが株主に支払われるプレミアムにどのように反映されるのかを検討する必要がある。具体的には，株主総会決議を省略できる議決権保有比率が3分の2にまで引き下げられた場合に，対象会社の株主に充分なプレミアムが払われるのかが検討されなければならないといえるだろう。

　この検討には，同章第4節での分析結果が参考になる。この分析では，2014年会社法改正の前後で，キャッシュアウトのスキームごとに買収プレミアムを比較検討し，売渡請求の事案で支払われるプレミアムが，株式併合よりも上回っているとする結果を得た。さらに，2014年会社法改正以前で，キャッシュアウトは一律に株主総会の特別決議を必要とする状況で，公開買付けによって90%以上の議決権を取得できた事案と，取得割合が90%未満にとどまった事案について，双方のプレミアムに差が見られなかったという分析結果も得ている。これら2つの分析結果から，90%以上の議決権比率取得を必要とする売渡請求のスキームが用いられたことが，高いプレミアムの要因になっていると判断できる。そして，高いプレミアムの要因は，売渡請求におけるキャッシュアウトの日数短縮に伴って強圧性が緩和されたことにあると理解するよりも，高い議決権保有比率を公開買付けで取得しなければならないことにあると理解することが，より自然な理解と考えられる。素朴な理解ではあるが，より高い

図終-1　公開買付けからキャッシュアウトのまでのタイムライン（平均日数）

(a) 全部取得条項付種類株式（取得比率90%未満）

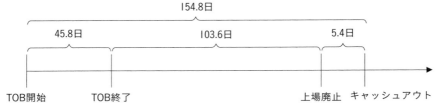

(b) 全部取得条項付種類株式（取得比率90%以上）

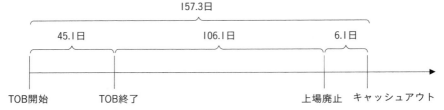

(c) 株式併合

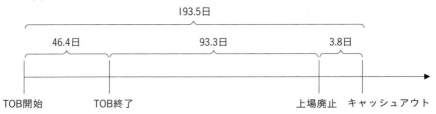

(d) 売渡請求

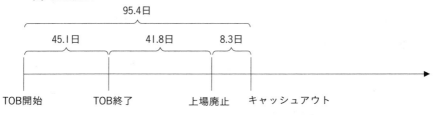

議決権比率の取得を要件とすることによって，より高いプレミアムが引き出されているといえるだろう。

5　公正性担保措置の評価

　第7章では，特別委員会をはじめとする公正性担保措置について，その導入状況，およびそれらが少数株主の富に与える影響について検討している。特に公正性担保措置と買収プレミアムの分析から明らかとなったことは，低い買収プレミアムしか支払えないというエクスキューズとして，特別委員会のメンバーやその措置が充実するという状況にあるという点である。マネジメントと買収側はプレミアムの上乗せと，公正性担保措置にかけるコストを両天秤にかけ，案件によっては後者の方が買収コストの節約になると踏んで取引条件を組成している懸念がある。今後，こうした逆の因果関係（プレミアムを多く支払えない可能性 →代わりに公正性担保措置が充実）の蓋然性が高い案件では，交渉権限の付与など，特別委員会の独立性の強化や積極的なマーケット・チェックの採用などの措置が不可欠となってこよう。

6　アクティビストの介入をいかに捉えるのか

　最後に，MBO案件へのアクティビストの介入はいかに理解すればよいのかについて考えておきたい。**第4章**では，MBO案件へのアクティビストの介入の動機と成果について，いくつかのケースに基づいて検証した。その結果，第1に，アクティビストは流動的な所有構造下にあり，介入の効果が期待できそうな企業をターゲットにしていることが判明した。また，対象企業のPBRは低く，アンダーバリュエーションに陥っていることもわかった。第2に，株主の富への影響を，MBO発表後の株価反応で検証したところ，短期的にも長期的にも，ポジティブなリターンが発生していることが観察された。第3に，アクティビストの介入による経営政策への影響について分析したところ，介入後，

株主還元の拡充，あるいはガバナンスの強化が実施されていることが確認された。

　総じて，アクティビストの介入はターゲット企業に「目覚め効果（wake-up call）」をもたらし，経営改革に向けた「気づき」になる。これらから，アクティビスト関連の制度設計にあたって，過度な規制は上場企業のコーポレート・ガバナンス改革の妨げとなるおそれがある。むしろアクティビストに買付目的のさらなる公開を求め少数株主に対する情報開示を強化しつつ，デューデリジェンスや株主名簿の閲覧等の側面でエントリーを緩和し，アクティビストによる牽制が効きやすくなる状況を醸成することがMBOマーケットの制度設計にとって望ましい方向性になってこよう。こうした手順を踏むことにより，アクティビストのターゲットとなったMBO企業以外にも経営規律が与えられることが期待できよう。

初出一覧

　本書収録の各章は，書下ろしを除き，それぞれの記載雑誌に掲載された論文を加筆・修正したものである．

序　章　書き下ろし
第1章　川本真哉（2023）「MBOは何をもたらしたのか：動機，株主の富，事後パフォーマンスに関するサーベイ研究」『証券レビュー』第63巻第6号，60-75頁．
第2章　書き下ろし
第3章　川本真哉（2023）「株式非公開化の動機に関するテキストデータ分析：MBOと完全子会社の比較を中心に」『証券経済学会年報』第58号，3-21頁．
第4章　川本真哉（2022）「MBOとアクティビズム：介入の動機と成果」『アカデミア（社会科学編）』第23号，1-27頁．
第5章　川本真哉（2023）「マネジメント・バイアウトと経営者属性：非公開化の形態とエグジットの経路に関する実証分析」『アカデミア（社会科学編）』第25号，69-85頁．
第6章　家田崇・川本真哉（2022）「キャッシュ・アウト法制の実証分析(1)-(5)」『旬刊商事法務』第2305号，第2307号，第2308号，第2310号，第2311号．
第7章　川本真哉（2023）「MBO対応における特別委員会の役割」『月刊監査役』第749号，92-108頁．
第8章　川本真哉（2023）「MBOは何を変えたのか：再上場の動機と成果に関する実証分析」『証券経済研究』第122号，49-61頁．
第9章　川本真哉（2024）「リバースMBO：MBOの効果はサスティナブルか？」『アカデミア（社会科学編）』第27号，1-137頁．
終　章　書き下ろし

参考文献

日本語文献

飯岡靖武（2020）「プライベートエクイティファンドの価値創造機能に関する実証分析」『証券アナリストジャーナル』第58巻第10号，83-92頁．

家田崇（2004）「支配株式の取得規制と敵対的企業買収への防御策(1)」『名古屋商科大学総合経営・経営情報学論集』第48巻第2号，23-28頁．

家田崇・川本真哉（2022a）「キャッシュ・アウト法制の実証分析(1)：キャッシュ・アウト法制の変遷」『旬刊商事法務』第2305号，26-32頁．

家田崇・川本真哉（2022b）「キャッシュ・アウト法制の実証分析(4)キャッシュ・アウトにおける公正性担保措置の意義」『旬刊商事法務』第2310号，55-61頁．

池田賢生・安藤智哉（2022）「公開買付けにおける Fiduciary Out 条項の考察」『MARR』第331号，48-57頁．

石田基広（2017）『R によるテキストマイニング入門（第2版）』森北出版．

伊藤歩（2011）『TOB 阻止：完全対策マニュアル』財界展望新社．

伊藤晴祥・E. メイズ（2016）「非公開化を伴う MBO における投資家へのリターン」『証券アナリストジャーナル』第54巻第3号，35-42頁．

井上光太郎（2008a）「日本の TOB は強圧的か？」日本経済研究センター『M&A 時代のファンドと株主利益：効率的で公平な資本市場を求めて』（日本経済新聞社との共同研究「M&A と資本市場」研究会報告書）日本経済研究センター研究統括部，99-114頁．

井上光太郎（2008b）「アクティビストファンドの効果：日米比較」『証券アナリストジャーナル』第46巻第2号，56-66頁．

井上光太郎・加藤英明（2006）『M&A と株価』東洋経済新報社．

井上光太郎・加藤英明（2007）「アクティビストファンドの功罪」『経済研究』第58巻第3号，203-216頁．

井上光太郎・中山龍太郎・増井陽子（2010）「レックス・ホールディングス事件は何をもたらしたか：実証分析からの示唆」『旬刊商事法務』第1918号，4-17頁．

太田洋（2023）『敵対的買収とアクティビスト』岩波書店．

笠原武朗（2022）「キャッシュ・アウト」『旬刊商事法務』第2303号，43-54頁．

河西卓弥・川本真哉（2019）「日本企業の非公開化型 MBO における買収プレミアムの分析：業績予想の修正と少数株主利益」細江守紀編著『企業統治と会社法の経済学』勁草書房，263-291頁．

河西卓弥・川本真哉（2020）「バイアウト・ファンドのターゲット選択に関する実証分析」『証券経済研究』第112号，39-57頁．

河西卓弥・川本真哉・齋藤隆志（2015）「非公開化型 MBO 選択の決定要因」ディスカッションペーパー（明治学院大学経済学部），No.14-02．

川本真哉（2017）「株式非公開化と買収プレミアム：キャッシュアウトの実証分析」『福井県立大学経済経営研究』第36号，63-79頁．

川本真哉（2018）「アクティビストが会社にもたらす経済的効果：そのコストとベネフィッ

トとは？」『企業会計』第70巻第5号，40-47頁．
川本真哉（2019）「非公開化型MBOの異質性に関する実証分析：動機・買収プレミアム・エグジット」『証券経済研究』第107号，63-81頁．
川本真哉（2021）「バイアウト・ファンドはどのような企業とMBOを行うのか」『アカデミア（社会科学編）』第21号，61-85頁．
川本真哉（2022）『日本のマネジメント・バイアウト：機能と成果の実証分析』有斐閣．
北川徹（2011）「現金対価による少数株主の締出し：（キャッシュ・アウト）をめぐる諸問題」『旬刊商事法務』第1948号，4-12頁．
北川教央（2008）『企業再編における経営者の利益調整行動に関する実証研究』，博士論文（神戸大学）．
清宮陽二（2017）「スクイーズアウト関連税制の創設に伴う組織再編税制の改正」『PwC's View』Vol.8，10-13頁．
経済産業省（2007）『企業価値の向上及び公正な手続確保のための経営者による企業買収（MBO）に関する指針』．
経済産業省（2019）『公正なM&Aの在り方に関する指針：企業価値の向上と株主利益の確保に向けて』．
経済産業省（2023）『企業買収における行動指針：企業価値の向上と株主利益の確保に向けて―』．
齋藤隆志・河西卓弥・川本真哉（2017）「日本企業の非公開化型MBOに関する実証分析」宮島英昭編著『企業統治と成長戦略』東洋経済新報社，191-224頁．
坂本三郎・髙木弘明・堀越健二ほか（2015）「平成二六年改正会社法の解説」『別冊商事法務』第393号，119-218頁．
志谷匡史（2021）「産活法の20年」『神戸法学年報』第34号，1-38頁．
下谷政弘・川本真哉（2020）「日本の持株会社：歴史と現状」下谷政弘・川本真哉編『日本の持株会社：解禁20年後の景色』有斐閣，2-24頁．
胥鵬（2007）「どの企業が敵対的買収のターゲットになるのか」宮島英昭編著『日本のM&A：企業統治・組織効率・企業価値へのインパクト』東洋経済新報社，197-221頁．
胥鵬（2011）「日本における経営権市場の形成：バイアウトを中心として」宮島英昭編著『日本の企業統治：その再設計と競争力の回復に向けて』東洋経済新報社，151-177頁．
杉浦慶一（2005）「日本のゴーイング・プライベート案件における少数株主の排除：バイアウト案件の事例を中心として」『経営力創成研究』第1巻第1号，161-175頁．
杉浦慶一（2009）「日本におけるゴーイング・プライベートと再上場：トーカロとキトーの事例分析」『年報経営分析研究』第25号，88-94頁．
杉浦慶一（2010）「産業活力再生特別措置法を活用したバイアウト案件：タンガロイの事例分析」『年報経営分析研究』第26号，83-90頁．
杉浦慶一（2012）「バイアウト実施企業の財務特性と経営改善：キトーの海外における事業展開の強化を中心として」『年報経営分析研究』第28号，60-69頁．
杉浦慶一（2013）「日本における第二次バイアウトの特徴」『大学院紀要（法学研究科・経営学研究科・経済学研究科）』（東洋大学）第50号，87-99頁．
杉浦慶一（2017）「ワールドの非公開化後の経営分析」『年報経営分析研究』第33号, 159-167頁．
鈴木貴博（2008）『カーライル：世界最大級プライベート・エクイティ投資会社の日本戦

略』ダイヤモンド社．

田中亘（2014）「キャッシュ・アウト」『ジュリスト』第1472号，40-45頁．

田中亘（2020）「公正性担保措置(2)：株式価値算定書，フェアネスオピニオン」藤田友敬編『M&Aの新たな展開：「公正なM&Aの在り方に関する指針」の意義』有斐閣，35-43頁．

田中亘（2021）『会社法（第3版）』東京大学出版会．

田中亘・後藤元（2020）「日本におけるアクティビズムの長期的影響」『JSDAキャピタルマーケットフォーラム論文集』第2期，115-161頁．

玉井裕子・西村修一・濱口耕輔（2020）「新M&A指針公表後の実務」『MARR』第312号，26-34頁．

月岡靖智（2013）「MBOにおける利益調整と株価下落タイミングの利用」『経営財務研究』第33巻第1・2合併号，2-16頁．

内藤良祐編著（2016）『スクイーズ・アウトと株価決定の実務』新日本法規出版．

中東正文（2020）「裁判例から読み解く今後のM&A実務」『法律のひろば』第73巻第8号，22-30頁．

中東正文（2007）「組織再編—対価の柔軟化を中心として—」淺木愼一・小林量・中東正文編『検証会社法：浜田先生還暦記念』信山社，557-598頁．

中村謙太（2019）「MBO等の構造的利益相反取引において，利益相反の程度・強度及び公正性担保措置等が買収プレミアムに与える影響等についての考察」慶應義塾大学大学院経営管理研究科修士論文．

野瀬義明（2022）『日本のバイアウト・ファンド』中央経済社．

野瀬義明・伊藤彰敏（2011）「株式非公開化の決定要因」『証券経済学会年報』第46号，39-55頁．

藤田友敬（2020）「『公正なM&Aの在り方に関する指針』の意義」藤田友敬編『M&Aの新たな展開：「公正なM&Aの在り方に関する指針」の意義』有斐閣，1-14頁．

前澤博一（2008）「MBOと利益相反問題」日本経済研究センター『M&A時代のファンドと株主利益：効率的で公平な資本市場を求めて』（日本経済新聞社との共同研究「M&Aと資本市場」研究会報告書）日本経済研究センター研究統括部，115-140頁．

前田雅弘（1984a）「支配株式の譲渡と株式売却の機会均等(1)」『法学論叢』第115巻第4号，64-88頁．

前田雅弘（1984b）「支配株式の譲渡と株式売却の機会均等(2)」『法学論叢』第115巻第6号，57-79頁．

松尾拓也・若林義人・西村美智子・中島礼子（2021）『スクイーズ・アウトの法務と税務（第3版）』中央経済社．

松田千恵子（2016）「非上場化を伴うMBO対象企業の特性分析」『産業経理』第75巻第4号，16-34頁．

三河主門（2019）『カーライル流 日本企業の成長戦略』日本経済新聞出版．

宮島英昭・齋藤卓爾（2020）「アベノミクス下の企業統治改革：二つのコードは何をもたらしたのか（第5回）企業統治改革と企業行動（上）経営者のマインドセットを変えることができたのか」『旬刊商事法務』第2231号，49-54頁．

森田果（2016）「公開買付けの当事者・価格その他の公開買付けの条件」田中亘／森・濱田松本法律事務所編『日本の公開買付け：制度と実証』有斐閣，273-304頁．

矢澤憲一・金鉉玉・伊藤健顕（2022）「テキストマイニングで解き明かす有報の60年」『企業会計』第74巻第2号，27-37頁．

吉村一男（2010）「MBOと少数株主利益：MBOにおける少数株主は十分に補償されているか」『企業会計』第62巻第10号，83-94頁．

吉富優子（2021）「M&A・グループ内再編による上場廃止動向（下）金銭対価7割。TOBが主流に（1-11月期）」『MARR』第327号．

英語文献

Amess, K. and M. Wright (2007), "The Wage and Employment Effects of Leveraged Buyouts in the UK," *International Journal of Economics and Business*, Vol.14(2), pp.179-195.

Amihud, Y. (1989), "Leveraged Management Buyouts and Shareholders' Wealth," in Y. Amihud (ed.), *Leveraged Management Buyouts: Causes and Consequences*, New York: Dow-Jones Irwin.

Andrews, W. D. (1965), "The Stockholder's Right to Equal Opportunity in The Sale of Shares," *Harvard Law Review*, Vol.78(3), pp.505-563.

Becht, M., J. Franks, C. Mayer and S. Rossi (2009), "Returns to Shareholders Activism: Evidence from a Clinical Study of the Hermes UK Focus Fund," *Review of Financial Studies*, Vol.22(8), pp.3093-3129.

Bethel, J. E., J. P. Liebeskind and T. Opler (1998), "Block Share Purchases and Corporate Performance," *The Journal of Finance*, Vol.53(2), pp.605-634.

Boucly, Q., D. Sraer and D. Thesmar (2011), "Growth LBOs," *Journal of Financial Economics*, Vol.102(2), pp.432-453.

Boyson, N. M., N. Gantchev and A. Shivdasani (2017), "Activism Mergers," *Journal of Financial Economics*, Vol.126(1), pp.54-73.

Brav, A., W. Jiang, F. Partnoy and R. Thomas (2008), "Hedge Fund Activism, Corporate Governance, and Firm Performance," *The Journal of Finance*, Vol. 63(4), pp.1729-1775.

Cao, J. and J. Lerner (2009), "The Performance of Reverse Leveraged Buyouts," *Journal of Financial Economics*, Vol.91(2), pp.139-157.

Chatterjee, S., J. S. Harrison and D. D. Bergh (2003), "Failed Takeover Attempts, Corporate Governance and Refocusing," *Strategic Management Journal*, Vol.24(1), pp.87-96.

Cremers, K. J. M., E. Giambona, S. M. Sepe and Y. Wang (2015), "Hedge Fund Activism and Long-Term Firm Value." (https://ssrn.com/abstract=2693231)

Croci, E. and A. D. Giudice (2014), "Delistings, Controlling Shareholders and Firm Performance in Europe," *European Financial Management*, Vol.20(2), pp.374-405.

DeAngelo, H., L. DeAngelo and E. M. Rice (1984), "Going Private: Minority Freezeouts and Stockholders Wealth," *Journal of Law and Economics*, Vol.27(2), pp.367-401.

Degeorge, F. and R. Zeckhauser (1993), "The Reverse LBO Decision and Firm Performance: Theory and Evidence," *Journal of Finance*, Vol.48(4), pp.1323-1348.

Denis, D. J. and J. M. Serrano (1996), "Active Investors and Management Turnover following Unsuccessful Control Contests," *Journal of Financial Economics*, Vol.40(2), pp.239-266.

Easterwood, J. C., R. F. Singer, A. Seth and D. F. Lang (1994), "Controlling the Conflict of Interest in Management Buyouts," *Review of Economics and Statistics*, Vol.76(3), pp.512-522.

Geranio, M. and G. Zanotti (2012), "Equity Markets Do Not Fit All: An Analysis of Public-to-private Deals in Continental Europe," *European Financial Management*, Vol.18, pp.867-895.

Goergen, M., N. O'Sullivan and G. Wood (2011), "Private Equity Takeovers and Employment in the UK: Some Empirical Evidence," *Corporate Governance: An International Review*, Vol.19(3), pp.259-275.

Greenwood, R. and M. Schor (2009), "Investor Activism and Takeovers," *Journal of Financial Economics*, Vol.92(3), pp.362-375.

Guo, S., E. S. Hotchkiss and W. Song (2011), "Do Buyouts (Still) Create Value?" *Journal of Finance*, Vol.66(2), pp.479-517.

Halpern, P., R. Kieschnick and W. Rotenberg (1999), "On the Heterogeneity of Leveraged Going Private Transactions," *Review of Financial Studies*, Vol.12(2), pp.281-309.

Holthausen, R. W. and D. F. Larcker (1996), "The Financial Performance of Reverse Leveraged Buyouts," *Journal of Financial Economics*, Vol.42(3), pp.293-332.

Jensen, M. C. (1986), "Agency Costs of Free Cash Flow, Corporate Finance and Takeovers," *American Economic Review*, Vol.76(2), pp.323-329.

Jensen, M. C. (1993), "The Modern Industrial Revolution: Exit and the Failure of Internal Control System," *Journal of Finance*, Vol.48(3), pp.831-880.

Jensen, M. C. and W. H. Meckling (1976), "Theory of the Firm: Managerial Behavior, Agency Costs and Ownership Structure," *Journal of Financial Economics*, Vol.3(4), pp.305-360.

Kaplan, S. (1989a), "The Effects of Management Buyouts on Operating Performance and Value," *Journal of Financial Economics*, Vol.24(2), pp.217-254.

Kaplan, S. (1989b), "Management Buyouts: Evidence of Taxes as a Source of Value," *Journal of Finance*, Vol.44(3), pp.611-632.

Kaplan, S. and P. Strömberg (2009), "Leveraged buyouts and private equity," *Journal of Economic Perspectives*, Vol.23(1), pp.121-146.

Kasznik, R. (1999), "On the Association between Voluntary Disclosure and Earnings Management," *Journal of Accounting Research*, Vol.37(1), pp.57-81.

Kawanishi, T. (2021), "Going-Private Transactions and Ex-Post Firm Behaviors: Evidence from Japanese Management Buyouts," RIETI Discussion Paper Series 21-E-067.

Kawanishi, T., T. Saito and S. Kawamoto (2014), "An Empirical Study on the Sources of Acquisition Premiums: The Case of Management Buy-outs in Japan," 『ディスカッションペーパー（明治学院大学経済学部）』No.13-05.

Lehn, K. and A. Poulsen (1989), "Free Cash Flow and Stockholder Gains in Going Private Transactions," *Journal of Finance*, Vol.44(3), pp.771-787.

Liu, B. (2016), "The Disciplinary Role of Failed Takeover Attempts," *Journal of Financial Research*, Vol.39(1), pp.63-85.

Martinez, I. and S. Serve (2011), "The Delisting Decision: the Case of Buyout Offer with Squeeze-out (BOSO)," *International Review of Law and Economics*, Vol.31(4), pp.228-239.

Mian, S. and J. Rosenfeld (1993), "Takeover Activity and the Long-run Performance of Reverse Leveraged Buyouts," *Financial Management*, Vol.22(4), pp.46-57.

Muscarella, C. and M. R. Vetsuypens (1990), "Efficiency and Organizational Structure: A Study of Reverse LBOs," *Journal of Finance*, Vol.45(5), pp.1389-1413.

Opler, T. and S. Titman (1993), "The Determinants of Leveraged Buyout Activity: Free Cash Flow vs. Financial Distress Costs," *Journal of Finance*, Vol.48(5), pp. 1985-1999.

Pour, E. K. and M. Lasfer (2013), "Why do Companies Delist Voluntarily from the Stock Market?," *Journal of Banking and Finance*, Vol.37(12), pp.4850-4860.

Renneboog, L., T. Simons and M. Wright (2007), "Why do Public Firms Go Private in the UK? The Impact of Private Equity Investors, Incentive Realignment and Undervaluation," *Journal of Corporate Finance*, Vol.13(4), pp.591-628.

Shleifer, A. and L. H. Summers (1988), "Breach of Trust in Hostile Takeovers," in A. J. Auerbach (ed.), *Corporate Takeovers: Causes and Consequences*, Chicago, IL: University of Chicago Press.

Shleifer, A. and R. Vishney (1986), "Large Shareholders and Corporate Control," *Journal of Political Economy*, Vol.94(3), pp.461-488.

Singh, H. (1990), "Management Buyouts: Distinguishing Characteristics and Operating Changes Prior to Public Offering," *Strategic Management Journal*, Vol. 11, pp.111-129.

Sirower, M. L. (1997), *The Synergy Trap: How Companies Lose the Acquisition Game*, Free Press (宮腰秀一訳『シナジー・トラップ：なぜ M&A ゲームに勝てないのか』プレンティスホール出版，1998年).

Slovin, M. B. and M. E. Sushka (1998), "The Economics of Parent-Subsidiary Mergers: An Empirical Analysis," *Journal of Financial Economics*, Vol.49(2), pp.255-279.

Smith, A. J. (1990), "Corporate Ownership Structure and Performance: The Case of Management Buyouts," *Journal of Financial Economics*, Vol.27(1), pp.143-164.

Thomsen, S. and F. Vinten (2014), "Delistings and the Costs of Governance: A Study of European Stock Exchanges 1996-2004," *Journal of Management & Governance*, Vol.18(3), pp.793-833.

Travlos, N. G. and M. M. Cornett (1993), "Going Private Buyouts and Determinants of Shareholders' Returns," *Journal of Accounting, Auditing & Finance*, Vol.8(1), pp.1-25.

Weir, C., D. Laing and M. Wright (2005a), "Incentive Effects, Monitoring Mechanisms, and the Market for Corporate Control: An Analysis of the Factors Affecting Public to Private Transactions in the UK," *Journal of Business Finance and Accounting*, Vol.32(5-6), pp.909-943.

Weir, C., D. Laing and M. Wright (2005b), "Undervaluation, Private Information, Agency Costs and the Decision to Go Private," *Applied Financial Economics*, Vol.15(13), pp.947-961.

Wright, M., K. Robbie and M. Albrighton (2000), "Secondary Management Buy-outs and Buy-ins," *International of Entrepreneurial Behavior & Research*, Vol.6(1), pp.21-40.

索　引

欧文

100％減資······················136
AAR··························95
ACAR·························95
BHAR················97, 206, 214, 219, 223
breach of trust·················71
Bumpitrage（バンプトラージ）······6, 69
CAR················94, 95, 97, 213, 214, 219
CEO·······················74, 76
CHINTAI······················113
coarsened exact matching 法·········22
COX 比例ハザードモデル···········30, 31
COX モデル····················35
credible signal··················70
CVC キャピタル・パートナーズ········3
debt overhang·················207
EBITDA マルチプル····198, 200, 202, 208
EBO（Employee Buy-outs）·········64, 83
eol··························47
explicit competition··············75
FO······················168, 173, 175
Hermes U.K. Focus Fund（HUKFF）
··························74, 76
IMC·························116
implicit competition··············76
IPAdic························47
IPO アンダープライシング············212
IRR·················198, 200, 202, 208
JAG 国際エナジー···············87, 104
JR··························84
KDDI························180

LBO··············90, 189, 197, 205, 207
LINE·······················116
MBI（Management Buy-ins）··········64
MeCab·······················47
MoM（Majority of Minority）
······················21, 172-174, 185
NEologd·····················47
NPV（Net Present Value：
　正味現在価値）···················71
OLS（Ordinary Least Squares：
　最小二乗法）·············57, 58, 219
operational engineering···········188
PBR（株価純資産倍率）········8, 16, 24,
　　31, 36, 37, 41, 42, 58, 66, 73, 91, 92,
　　94, 121, 153, 158, 176, 198, 200, 202,
　　208, 209, 216, 218, 219, 222, 223, 227
R&D························91
ROA（使用総資本経常利益率）
···············22, 35, 59, 72, 76, 91, 93,
　　　　　　　197, 208, 209, 216, 219, 223
ROE（自己資本当期利益率）·······72, 91,
　　　　101, 191, 197-199, 209, 216, 219, 223
stock picking·················71, 75
TOB······3, 24, 25, 29, 42, 59, 69, 76, 77, 80,
　　87, 91, 95, 97, 100, 144, 146, 148, 149,
　　161, 173, 174, 176, 178-181, 185, 224
TOC ビル······················78
toehold（事前保有比率）·············17
TOPIX··················58, 95, 214
t 検定·······················146
wake-up call··················70, 77

索　引

あ行

アートコーポレーション……………47
アームズ・レングス（arm's length
　＝距離を置いた）…………144, 156, 158
アクティビスト………………6, 10, 11
アベノミクス………………36, 58, 64
アライメント……………………30
アルガーブ……………………104
アンダーバリュエーション
　（株価の過小評価）……14, 16, 17, 26, 29,
　　　30, 35-37, 41, 44, 47, 59, 66, 73,
　　　92, 94, 100, 106, 153, 151, 158,
　　　192, 202, 209, 219, 221-223, 227
暗黙の契約……………………198
イベントスタディ………………95, 214
インセンティブ・リアライメント……14,
　　　26, 35, 44, 47, 52, 59, 74,
　　　110, 151, 153, 163, 192, 198
インテグラル……………………7
インフォームド・ジャッジメント……166
ウィルコクソンの順位和検定……146, 156
ウィングアーク1stホールディングス
　………………………………212
エイブル………………………113
　──＆パートナーズ…………113, 114
エージェンシー………………41, 198
　──コスト…………16, 27, 29, 73, 189
　──問題………………………202
エフィッシモ・キャピタル・マネージ
　メント（エフィッシモ）……86, 104, 182
エンゲージメント……………72, 74-76
オアシス・マネジメント………………78
オークション（入札手続き）…………168
オフィスサポート………………80
親子上場………………………149

か行

カーライル………………2, 54, 87, 88
会計発生高………………………19
会社法………43, 129, 130, 132, 133, 135,
　　　137, 140, 141, 144, 149, 160, 225
片倉工業………………………78
金子修…………………………80
株式
　──移転…………………133, 135
　──買取請求制度………43, 140, 160
　──交換……………133, 135, 137, 141
　──併合……43, 137, 138, 140, 141, 143,
　　　144, 149, 158, 160, 161, 224, 225
株主総会……………149, 166, 224, 225
殻会社（Shell Company）……………132
監査等委員会設置会社…………163, 171
監査役会設置会社………………171
間接的マーケット・チェック…………169
完全子会社化……7, 10, 44, 52, 54, 66, 144,
　　　148, 149, 152, 153, 158, 173, 187, 222
機会均等ルール…………………132
企業活動基本調査………………22
疑似マネジメント・バイアウト
　（疑似MBO）……………144, 148, 156
キトー………………2, 115, 188, 212
キャッシュアウト…11, 42-45, 57, 129-133,
　　　135-141, 143, 146, 148-153, 158,
　　　160, 161, 173, 178, 221, 224, 225
吸収合併……………133, 135, 137, 141
強圧性…………………………225
共起語…………………………54
強制公開買付規制………………131, 132
業務戦略策定……………………188
金融商品取引法………………48, 130, 137
クラウンジュエル………………88
クレックス……………………114

グロース………………………………7
傾向スコア・マッチング法（propensity matching method）……22, 76, 217, 223
経済産業省…………1, 3, 21, 163, 164, 168
公開買付届出書……45, 47, 58, 66, 114, 222
廣済堂………81, 82, 83, 95, 101, 104, 183
交渉型………………………………176
公正性担保措置………1, 21, 23, 24, 45, 109, 161, 164, 168, 169, 172-176, 178, 180, 185, 227
光陽社…………………………………78
コーポレート・ガバナンス………211, 228
コーポレート・ファイナンス…………191
コーポレートガバナンス・コード……8, 25
国際航業…………………………87, 104
小崎哲資………………………………84

さ行

最高裁………………………………180
サイバーホールディングス……169, 180
財務レバレッジ………………………198
裁量的発生高…………………………19
サカイオーベックス（サカイオーベ）
　………89, 90, 95, 97, 101, 104, 185
搾取効果……………………………207, 212
鞘取り（arbitrage：アービトラージ）…70
サラリード・マネージャー
　（俸給経営者）………………………126
三角合併……………………………133
産業活力再生特別措置法（産活法）
　…………………43, 130, 133, 140, 143, 160
サンスター………………………19, 180
サンテレホン…………………………69
市場調整モデル………………95, 213, 214
市場モデル………………………95, 214
事前保有比率（toehold）……………146

シティインデックスイレブンス
　（シティ）………69, 87, 88, 90, 104
私的情報（insider information）………22
シナジー………47, 52, 54, 57-59, 62, 64, 67
社外監査役…………164, 166, 168, 171, 183
社外取締役………………21, 76, 104, 163, 166, 168, 171, 174-176, 178, 179, 181, 185
ジャスダック………………………113
ジャフコ………………………………2
シャルレ（旧テン・アローズ）………178
従業員からの富の移転…………14, 26, 151
従業員からの富の収奪…………………36
従業員の富……………………………64, 190
ジュピターテレコム（現 JCOM）……180
純粋マネジメント・バイアウト
　（純粋 MBO）………28, 29, 31, 37, 143, 144, 148, 156, 161
純粋持株会社………………………131, 132
証券取引法…………………………130, 137
商法………………………………130, 133
情報生産……………………………101
情報の非対称性……………14, 26, 35, 36, 151, 153, 201, 219
初期収益率…………………………212
新型コロナウイルス…………1, 6, 69, 89
進研ゼミ………………………………6
新設合併……………………………135
シンプレクス・ホールディングス
　………………………………115, 187
信頼の破壊…………………………199, 201
すかいらーく……………………3, 6, 13
杉本勇次………………………………85
スクイーズアウト………17, 20, 111, 224
スタンダード…………………………7
スチュワードシップ・コード…………25
スティール・パートナーズ……………73
ステークホルダー……………………88

住友商事……………………………180
清算方式……………………………133
セカンダリーMBO………………114
セコム上信越…………………………7
積極的マーケット・チェック……168, 185
選択と集中……………………………2
全部買付義務………………………137
全部取得条項付種類株式………43, 135, 136,
　　　　　　　140, 141, 143, 144, 149, 160
総資産回転率……………197, 198, 223
ソトー…………………………………69

た行

ダイエー………………………………2
ダイオーズ……………………………7
大正製薬ホールディングス………6, 25
第二次バイアウト…………………187
ダイベストメント型………………1, 2
ダヴィンチ・アドバイザーズ
　（ダヴィンチ）…………78, 79, 80, 97, 104
タックス・シールド……30, 35, 59, 152, 153
タンガロイ…………………………116
中央三井キャピタル…………………3
帝国データバンク……………………22, 23
テーオーシー………………………78-80, 95,
　　　　　　　　　　　97, 101, 104, 105
適格合併……………………………135
適格組織再編…………………139, 141
テキスト・アナリティクス…………10
テキストデータ分析……………10, 45, 67
敵対的TOB……………………78, 97, 106
敵対的買収…………………………77
梃子の効果…………………………198
デューデリジェンス………………228
デュポンシステム…………………198
寺田千代乃…………………………48

寺田剛………………………………85
天龍木材……………………………114
東栄リーファーライン（東栄リーファ）
　…………………80, 81, 95, 97, 101, 185
東証プライム…………………………7
東京証券取引所………………1, 69, 222
東京地裁…………………………84, 87
東京博善……………………………83, 183
東芝……………………………………2
東洋経済新報社………………30, 57, 90,
　　　　　　　　　　112, 152, 192, 209
トーカロ………2, 29, 109, 114, 115, 187, 188
トービットモデル……………………58
トービンのq………………16, 35, 72, 73, 76
独占禁止法…………………130, 132
独占交渉権…………………………181
特別委員会……………3, 21, 163, 164, 166,
　　　　　　168, 169, 171, 176, 178, 185, 227
特別決議………………138, 149, 224, 225
特別支配株主の株式等売渡請求
　（売渡請求）…43, 138, 140, 141, 143, 144,
　　　　　　　149, 158, 160, 161, 224, 225
特別目的会社…………………140, 160
独立社外取締役………………………8

な行

内部情報（insider information）…74, 153
内部統制………………………………48
ニチイ学館（ニチイ）……85-87, 181, 182
日経メディアマーケティング
　………………30, 57, 90, 112, 152, 192, 209
日産……………………………………2
日本アジアグループ（日本アジア）
　…………………87, 88, 95, 97, 101, 104
ネットキャッシュ……………………91
野村プリンシパル・ファイナンス……3

は行

バイ・アンド・ホールド・アブノーマル・リターン（Buy and Hold Abnormal Return; BHAR）……………74
買収防衛策…………………………88
端株処理方式………………133, 140
ハゲタカ……………………………64
バリューアップ……191, 197, 208, 221, 223
非公開化型……………………1, 2, 25, 73
　──EBO………………………84
　──MBO…………109, 111, 151, 187
非適格組織再編……………135, 141
ファイナンシャルバイヤー……………19
フェアネス・オピニオン…………21, 168
フォートレス・インベストメント・グループ……………………………83
負債の節税効果（tax shield：タックス・シールド）………14, 26, 44, 47, 151, 192
負の二項回帰モデル………………193
ブラックストーン…………………83
フリーキャッシュ……………91, 105
　──フロー………14, 16, 17, 26, 28, 30, 35-37, 41, 44, 47, 52, 59, 70, 73, 77, 93, 121, 151, 153, 192, 193, 202, 221
プロネクサス………………………47
プロビットモデル………30, 31, 121, 193
ベアリング・プライベート・エクイティ・アジア………………86, 181
ベインキャピタル（ベイン）………………………81, 85, 181-183
ベネッセホールディングス…………6, 25
ベンチャーリパブリック…………116
ポアソンモデル……………………193
保証効果………206, 212, 219, 220, 224
ホワイトナイト……………………83

ま行

マーケット・チェック…………168, 173
マザーズ……………………………113
マジョリティ・オブ・マイノリティ（MoM）……………………168
みずほ………………………………84
南青山不動産…………………83, 183
ミヤコ………………………………114
村上ファンド………69, 73, 75, 80, 82, 83, 104, 184
目覚め効果（wake-up call）…………228
物言う株主……………………35, 41
森・濱田松本法律事務所……………86
森信介………………………………85

や行

山口雄平……………………………84
ユー・エス・ジェイ………………4
優先株（メザニン）………………3
ユニゾホールディングス（ユニゾ）………………………64, 83, 84

ら行

リーマンショック……………19, 25, 58
利益相反構造………………………168
リストラクチャリング………7, 14, 22, 26, 35, 47, 49, 59, 66, 67, 76, 151, 156, 192, 222
リバースLBO……………203, 205-207
リム・アドバイザーズ・リミテッド（リム）……………85, 87, 181, 182
略式合併……………………………224
略式株式交換………………………224
累積異常リターン（Cumulative Abnormal Return; CAR）………76, 206

レコフデータ …… 2, 13, 29, 43, 112, 114, 140, 169, 192, 209
レックス・ホールディングス（レックス）
　　………19, 75, 121, 171, 174, 179, 180
レノ………………69, 82, 83, 97, 104, 183
ローン・スター………………………64, 83
ロジット分析……………………………152

わ行

ワールド…………………3, 6, 13, 115, 116

● 著者紹介

川本　真哉（かわもと　しんや）
南山大学経済学部教授，京都大学博士（経済学）

1977年生まれ。京都大学大学院経済学研究科博士後期課程単位取得退学。早稲田大学高等研究所助教，新潟産業大学経済学部専任講師，福井県立大学経済学部准教授，南山大学経済学部准教授を経て，現職。

専攻　コーポレート・ガバナンス，コーポレート・ファイナンス

主要著作　「MBOはパフォーマンスを改善させたのか：株式非公開化に関する実証分析」（『証券経済学会年報』第55号，2020年，令和2年度　証券経済学会・優秀論文賞）；『日本の持株会社：解禁20年後の景色』（下谷政弘との共編，有斐閣，2020年，第15回M&Aフォーラム賞奨励賞『RECOF奨励賞』）；『日本のマネジメント・バイアウト：機能と成果の実証分析』（有斐閣，2022年，2021年度日本応用経済学会著作賞）；『データ分析で読み解く日本のコーポレート・ガバナンス史』（中央経済社，2022年）；『日本のM&A150年史：日本企業はどう成長してきたか』（日本評論社，2024年）．

南山大学学術叢書
マネジメント・バイアウトの経済分析
──動機・パフォーマンス・株主の富

2025年3月30日　第1版第1刷発行

著　者	川　本　真　哉	
発行者	山　本　　　継	
発行所	㈱中央経済社	
発売元	㈱中央経済グループ パブリッシング	

〒101-0051　東京都千代田区神田神保町1-35
電話　03（3293）3371（編集代表）
　　　03（3293）3381（営業代表）
https://www.chuokeizai.co.jp
印刷／文唱堂印刷㈱
製本／誠　製　本㈱

©2025
Printed in Japan

＊頁の「欠落」や「順序違い」などがありましたらお取り替えいたしますので発売元までご送付ください。（送料小社負担）
ISBN978-4-502-53121-7 C3034

JCOPY〈出版者著作権管理機構委託出版物〉本書を無断で複写複製（コピー）することは，著作権法上の例外を除き，禁じられています。本書をコピーされる場合は事前に出版者著作権管理機構（JCOPY）の許諾を受けてください。
JCOPY〈https://www.jcopy.or.jp　eメール：info@jcopy.or.jp〉

好評発売中

データ分析で読み解く
日本のコーポレート・ガバナンス史

川本 真哉［著］

● A5判／244頁
● ISBN：978-4-502-43821-9

データ分析の視点で日本のコーポレート・ガバナンス史を捉えた，新機軸のテキスト。企業行動の歴史分析をデータ分析で行うための基本的な考え方，分析結果の解釈方法等も解説。

◆本書の構成

序　章　本書の目的
第1章　データ分析のポイント
第2章　日本のコーポレート・ガバナンス
第3章　会社制度と株主主権
第4章　財閥
第5章　専門経営者と内部労働市場
第6章　金融恐慌と銀行淘汰
第7章　M&Aの経済機能
第8章　コーポレート・ガバナンスの変容
第9章　戦時源流論

中央経済社